# DIE SCHÜTZENDE HAND

Wolfgang Schorlau

# DIE SCHÜTZENDE HAND

Denglers achter Fall

Kiepenheuer & Witsch

Trotz der Verwendung von Ermittlungsunterlagen und obwohl »Die schützende Hand«
sich mit realen Verbrechen beschäftigt: Dieses Buch ist ein Roman, ein Werk der Fiktion.
Alle Figuren sind ausschließlich meiner Fantasie entsprungen.

Informationen zu diesem Buch:
www.schorlau.com

MIX
Papier aus verantwor-
tungsvollen Quellen
FSC® C083411

Verlag Kiepenheuer & Witsch, FSC® N001512

3. Auflage 2015

© 2015, Verlag Kiepenheuer & Witsch, Köln
Umschlaggestaltung: Barbara Thoben, Köln
Umschlagmotiv: © plainpicture / Millennium / Tim Robinson
Autorenfoto: © Timo Kabel
Lektorat: Nikolaus Wolters
Gesetzt aus der Dante und der Formata
Satz: Buch-Werkstatt GmbH, Bad Aibling
Druck und Bindung: CPI books GmbH, Leck
ISBN 978-3-462-04666-3

Dieses Buch ist gewidmet den Familien von Enver Şimşek, Abdurrahim Özüdoğru, Süleyman Taşköprü, Habil Kılıç, Mehmet Turgut, İsmail Yaşar, Theodoros Boulgarides, Mehmet Kubaşık, Halit Yozgat und Michèle Kiesewetter.

In Erinnerung an alle 178 Todesopfer rechtsradikaler Gewalt seit 1990.

»Ich empfehle ein gewisses Vertrauen in den Staat und seine
Sicherheitsbehörden. ... Außerdem weise ich darauf hin,
dass sowohl BND als auch das Bundesamt
für Verfassungsschutz von zwei hochkompetenten
und absolut integren Beamten geleitet werden.«
Der frühere Bundesinnenminister Otto Schily,
Spiegel vom 29.7.2013

»Als Bundeskanzlerin der Bundesrepublik Deutschland verspreche
ich Ihnen: Wir tun alles, um die Morde aufzuklären und die
Helfershelfer und Hintermänner aufzudecken und alle Täter ihrer
gerechten Strafe zuzuführen. Daran arbeiten alle zuständigen
Behörden in Bund und Ländern mit Hochdruck. Das ist
wichtig genug, es würde aber noch nicht reichen. Denn es geht
auch darum, alles in den Möglichkeiten unseres Rechtsstaates
Stehende zu tun, damit sich so etwas nie wiederholen kann.«
Bundeskanzlerin Angela Merkel,
am 23. Februar 2012 auf der Gedenkfeier für die Opfer der NSU

# Inhalt

# Figuren

| | |
|---|---|
| *Georg Dengler* | Privatermittler |
| *Olga* | Denglers Freundin |
| *Martin Klein* | Schreiber von Horoskopen und angehender Kriminalschriftsteller Denglers Freund |
| *Mario* | Künstler, Denglers Freund |
| *Leopold Harder* | Journalist vom *Stuttgarter Blatt*, Denglers Freund |
| *Marius Brauer* | Kriminaloberkommissar, LKA Thüringen |
| *Arthur Schütz* | Kriminalhauptkommissar, LKA Thüringen |
| *James D. Spencer* | Botschafter der USA in Deutschland |
| *Klaus-Dieter Welker* | stellvertretender Präsident des Bundesamtes für Verfassungsschutz in Köln |
| *Iris Welker* | seine Frau |
| *Gerhard Stenzel* | Polizeidirektor |
| *Harry Nopper* | stellvertretender Präsident des Landesamtes für Verfassungsschutz in Thüringen |
| *Tufan Basher* | Buchhändler, Keupstraße in Köln |
| *Dr. Schweikert* | Denglers früherer Vorgesetzter beim BKA |
| *Marlies* | Chefsekretärin im BKA |
| *Hans Bader* | Kriminalist und OibE der Staatssicherheit |
| *Professor Ludwig Stern* | früherer Leiter der Rechtsmedizin in Jena |
| *Professorin Edith Kullmann* | Leiterin der Rechtsmedizin in Jena |

# Erster Teil

## Köln

# 1. Köln, 9. Juni 2004, Buchhandlung von Tufan Basher, Keupstraße

Es ist 15.42 Uhr.

Ein warmer Sommernachmittag. Tufan hat das Jackett zur Seite gelegt und steht im kurzärmligen Hemd vor dem neuen Kopierer. Hier in seinem Buchladen ist es nicht so heiß wie draußen auf der Straße. Schon mittags, nachdem Frau Uzun als letzte Angestellte den Laden verlassen hatte, hat Tufan die Rollläden an der Vorderfront des Schaufensters und an der Eingangstür fast ganz herabgelassen. Mittwochnachmittags ist die Buchhandlung immer geschlossen. Er mag diese ruhigen Stunden, in denen er allein im Laden ist.

Ratsch, ratsch, ratsch – der Kopierer spuckt die Einladungen für die nächste Sitzung des »Vereins Keupstraße« aus, eines Zusammenschlusses der Einzelhändler in der Straße. Große Entscheidungen stehen an. Ratsch, ratsch, ratsch – Tufan legt die Hand auf die Abdeckung des Geräts. Die Investition hat sich gelohnt. Doch als hätte die Maschine auf dieses Zeichen gewartet, stößt sie genau in diesem Moment ein würgendes Geräusch aus und bleibt stehen; die rote Signalleuchte leuchtet auf. »Papierstau«, meldet die Anzeige. Tufan schaut instinktiv auf die Uhr.

Es ist 15.46 Uhr.

Wo ist der Hebel, um die Abdeckung zu öffnen? Tufans Hände tasten suchend die Seitenwände und die Rückwand ab – ohne Erfolg. Frau Uzun wird wissen, wie der Kopierer zu öffnen ist. Ob er sie anrufen soll? Er verwirft den Gedanken sofort. Sie wird ihn auslachen. Ohne mich sind Sie verloren, wird sie triumphierend sagen. Und das will er heute nicht hören. Verdammt noch mal, ich bin doch der Chef, also muss ich auch wissen, wie dieser neue Kopierer funktioniert, denkt er. Seine Hände fahren weiter die Seitenwände entlang. Er tastet, als wäre er blind. Nichts.

Wenige Minuten später findet er ihn, den länglichen Hebel, direkt oben auf der Abdeckung in einer Mulde, nicht mehr an der Rückseite wie bei dem alten Gerät. Tufan betätigt ihn, die Verriegelung löst sich. Tufan klappt das Kopfteil des Kopierers nach oben. Es geht ganz leicht. Er sieht das verknautschte Blatt sofort, das sich zwischen den Walzen verheddert hat. Er greift mit zwei Fingern ins Innere, zieht vorsichtig an dem Papier, die Walzen bewegen sich träge und geben das Blatt frei. Er drückt die Abdeckung zurück und atmet auf. Das hat er doch ganz fein ohne Frau Uzun hingekriegt.

Es ist jetzt 15.51 Uhr.

Der Toner hat seine Finger schwarz gefärbt. Zeigefinger und Daumen sind verdreckt. Auch die Abdeckung hat er mit Toner beschmiert. Er fährt mit dem Handballen über den grauen Kunststoff, doch der Schmutz bleibt. Er reibt fester, aber er verteilt den Toner nur über eine größere Fläche. Frau Uzun wird morgen den Fleck wegwischen, so, dass es jeder sehen kann. Der Chef hat kopiert und einen Saustall hinterlassen, wird ihr Blick ohne Worte sagen, und sie braucht dazu nicht einmal mit den Augen zu rollen. Tufan seufzt und geht in den hinteren Teil des Ladens, öffnet die Tür zu der kleinen Teeküche und wäscht sich die Hände. Dann nimmt er ein Papierhandtuch aus dem Spender, hält es unter den laufenden Wasserhahn, reibt zweimal mit der Seife über das nasse Papier, dreht den Wasserhahn zu und geht zurück ins Dämmerlicht, das in der Buchhandlung herrscht.

Als er mit dem Papiertuch über den Kopierer wischt, ist es 15.56 Uhr.

Dann bleibt mit einem Mal die Zeit stehen.

Ein Donnerschlag. Das Oberlicht über der Eingangstür platzt, Scherben schießen wie Geschosse durch den Raum. Instinktiv wirft Tufan sich auf den Boden, bäuchlings, die Hände schützend über dem Hinterkopf gekreuzt. Rechts und links, er hört es genau, knallen die Scherben auf den Kopierer, die Computer, die Tische und gegen die Wände.

Plötzlich ist es still.

Eine Explosion, denkt Tufan. So musste es ja kommen. Ali, der Kneipenwirt gegenüber – ständig lädt er die schweren Butangas-flaschen aus dem Kofferraum seines Autos direkt vor dem Restaurant aus, hortet sie irgendwo im Keller seines Lokals. Eine, zwei, drei. Tufan hält den Kopf unter seinen Oberarmen geschützt, bewegt sich nicht. Eine weitere Flasche könnte explodieren. Wer weiß. Wie oft hat er Ali gesagt, dass er mit dem Butangas vorsichtig sein soll? Warum reicht ihm nicht *ein* Behälter? Warum schleppt er immer mehrere davon an? Was, wenn jemand verletzt worden ist?

Er bleibt noch einen Moment liegen, ein paar Sekunden nur, dann steht er auf, klopft sich den Staub von den Knien und läuft über die Scherben des Oberlichts zum Schaufenster. Auf dem Boden liegt etwas, was da nicht hingehört: ein Stift, grau, groß wie ein Kugelschreiber. Ein zweiter Stift ragt aus einem Buch-rücken. Goethes »Wahlverwandtschaften«, ohnehin unverkäuf-lich, aber eines seiner Lieblingsbücher. Er bückt sich, greift nach dem Stift, hebt ihn auf – und lässt ihn sofort wieder fallen. Das Ding ist glühend heiß. Er reibt den schmerzenden Finger an der Wange. Doch auch die ist heiß. Verwirrt wendet er sich wieder zum Schaufenster, zieht den Rollladen ein Stück hoch, sodass er durch die schmalen Schlitze zwischen den Lamellen nach drau-ßen sehen kann.

Verwüstung.

Glasscherben, Splitter – überall auf der Straße. Gegenüber ist eine Markise heruntergerissen, weiter hinten liegt eine Tür mit-ten auf der Fahrbahn, eine Rauchwolke wölbt sich über die Straße. Er hört Schreie, sieht Körper auf dem Boden liegen. Eine Frau brüllt, laut und schrill. Das Schreien kommt von der linken Seite des Buchladens.

Er ahnt mehr, als dass er versteht: Was immer hier passiert ist, es muss am Eingang der Keupstraße geschehen sein. Gedanken-fetzen jagen ihm durch den Kopf: die Gasflaschen. Er hat Ali –

verflucht sei er – oft genug gesagt: Sei vorsichtig mit den Gasflaschen! Die Keupstraße ist belebt, hat er zu ihm gesagt. Hier laufen, leben, arbeiten Menschen. Aber Ali hat nicht auf ihn hören wollen.

Da sieht Tufan einen Mann, der vor seinem Schaufenster steht. Ein Deutscher wahrscheinlich, helle Haut, mittelgroß, braune kurz geschnittene Haare. Unter seinem offen stehenden Jackett schaut der Griff einer Pistole hervor.

Allah sei Dank! Die Polizei ist schon da!

Tufan geht zwei Schritte auf die Eingangstür seines Geschäftes zu, bemerkt dann die herabgelassenen schweren Rollläden davor, greift in die Hosentasche, um die Schlüssel zu suchen, findet sie nicht, hastet hinüber zur Seitentür, die in den Flur führt und nicht abgeschlossen ist, er öffnet sie, steht im Treppenhaus, reißt die Tür zur Keupstraße auf – und steht direkt vor dem Polizisten, der gerade einem Mann auf der anderen Straßenseite etwas zuruft, einem Mann, der auch eine Waffe sichtbar im Schulterhalfter trägt. Noch ein Polizist, denkt Tufan. So schnell sind sie da in Deutschland. Wie beruhigend. Der zweite Mann steht direkt neben dem Torbogen, einer Art Durchfahrt, durch die man die Keupstraße verlassen kann. Tufan kann nicht verstehen, was der Mann seinem Kollegen zuruft.

Aber warum helfen sie nicht, diese Männer? Vor dem Friseurladen weiter rechts liegen Menschen auf der Straße, Blut überall, ein Mann torkelt mit aufgerissenen Augen von einer Straßenseite zur anderen, stolpert über ein Fahrrad, das aussieht, als sei es von einer Riesenhand zusammengedrückt worden, die Frau schreit immer noch, ein Kind brüllt, schwarze Rauchschwaden vor dem Friseurladen, es stinkt nach … nach Schwarzpulver, denkt Tufan. Fenster ohne Scheiben, Häuser ohne Türen, überall.

»Was ist passiert?«, fragt er den Polizisten. Der Mann ist etwa ein Meter fünfundsiebzig groß, größer als er, doch Tufan steht auf dem Treppenabsatz und blickt ihm daher direkt in die Augen. Der Mann weicht dem Blick aus, antwortet nicht, dreht sich um.

20

»Was ist passiert?«, wiederholt Tufan.

Der Polizist deutet auf den Boden: »Na, wonach sieht das wohl aus?«

Tufan blickt nach unten, und erst jetzt sieht er die großen Nägel, die überall auf dem Boden liegen. Zimmermannsnägel, lange Stifte, genau wie die in seinem Laden. Woher kommen diese Nägel, wenn eine Gasflasche explodiert ist? Irgendwo in seinem Kopf macht sich Angst breit. Es geht um etwas ganz anderes. Er kann jetzt nicht nachdenken. Tufan Basher springt vom Treppenabsatz und läuft in Richtung des Friseursalons, um den schreienden Menschen zu helfen.[1]

*

Es ist 17.04 Uhr.

Zu diesem Zeitpunkt setzt das Lagezentrum der Kölner Kriminalpolizei die erste Meldung ab:

```
betr.: terroristische gewaltkriminalitaet
hier: anschlag auf zwei geschaefte in koeln -
muelheim - bezug: fernmuendliche vorausmel-
dung am 09.06.2004, 16:35h durch br koeln
vorbehaltlich der fernschriftlichen bestae-
tigung durch die tatortbehoerde teile ich
folgenden sachverhalt mit: bei der explo-
sion von zwei geschaeften auf der kolbstr.
in koeln-muelheim wurden 10 bis 15 personen
verletzt, davon einige schwer. da im umkreis
zimmermannsnaegel gefunden wurden geht man
von einem anschlag aus.
```

Kurz danach geht im Lagezentrum ein Anruf ein. Das Landeskriminalamt erteilt eine Weisung. Es wird eine neue Meldung verbreitet:

die im bezug genannte lageerstmeldung wird
korrigiert. bisher liegen keine hinweise
auf terroristische gewaltkriminalitaet vor.
nach bisherigen erkenntnissen handelt es
sich um einen anschlag unter verwendung von
unkonventionellen spreng- und brandvorrich-
tungen bei dem personen- und sachschaden
entstand. es wird nachberichtet.

Es ist jetzt exakt 17.45 Uhr in Köln.
Man wird nie herausfinden, wer diese Weisung veranlasst hat.

## 2. Stuttgart, Büro Georg Dengler

Vorsichtig legte er das Päckchen vor sich auf den Tisch. Postgelb, ein DHL-Karton, wie er auf jedem Postamt verkauft wurde, nicht groß, zwanzig Zentimeter mal fünfzehn Zentimeter, schätzte er. Leicht, zweihundert, vielleicht dreihundert Gramm. Die Anschrift auf dem Etikett in Times New Roman, Computerschrift, die jeder Rechner lieferte: Georg Dengler, Privatermittler, Wagnerstraße 39, 70182 Stuttgart.

Kein Absender.

Er hielt das Paket hoch und schüttelte es vorsichtig neben seinem Ohr. Ein leichter Gegenstand schlug gegen die Innenwände. Dengler neigte das Paket zur Seite. Der Gegenstand im Inneren folgte der Richtung und berührte die Kartonwand. Er wurde durch nichts gebremst, kein Füllmaterial. Vorsichtig legte er das Paket zurück auf den Tisch und roch daran. Kein verdächtiger Geruch. Er zog die Schublade des Schreibtischs auf, nahm ein Paar extradünner Latexhandschuhe heraus und streifte sie sich über.

Sicher ist sicher.

Wo ist die Schere? Er kramte in der Schublade, aber die verdammte Schere war nicht da, wo sie sein sollte, selbst in der
hintersten Ecke lag sie nicht, dort, wohin die Rolle mit dem Klebeband gerutscht war. Er ließ die Schublade halb offen, stand
auf und ging aus dem Büro durchs Schlafzimmer in die Küche.
Kein schöner Anblick, seine Küche. Er zog die Luft tief durch
die Nase ein. Ein Fehler, wie er sofort feststellen musste. Dengler öffnete das Fenster, dann zog er ein Messer aus dem wack-
ligen Stapel schmutziger Teller und Bestecke, verschmiert mit
getrockneter Tomatensoße, hielt es unter den Wasserhahn, rieb
es mit zwei Fingern sauber, hielt die Schneide gegen das Licht
des Fensters und prüfte die Schärfe mit dem Daumen. Das Küchenhandtuch lag zwischen den Tellern und sah aus, als fei-
erte es bald das zehnjährige Dienstjubiläum, also zog er einen
Hemdzipfel aus dem Gürtel und trocknete damit die Schneide
des Messers, während er zurück ins Büro ging.

Er ließ sich auf den Stuhl fallen und griff nach dem Paket. Sein
Blick fiel auf die Vase auf dem Tisch, in die Frau Muscic, die
wunderbare Frau Muscic, die alle zwei Wochen bei ihm sauber
machte, Kugelschreiber, Bleistifte und auch seine Schere ange-
ordnet hatte. Dengler seufzte, legte das Messer zur Seite und zog
die Schere aus der Vase. Er zerschnitt die durchsichtigen Klebe-
streifen, die das Paket zusammenhielten. Er hielt den Atem an
und öffnete vorsichtig den Deckel.

In dem Paket lag eine quadratische Kartonhalterung, so ausge-
stanzt und gefaltet, dass sie einem Handy und einem Ladegerät Platz bot, das ganze Ensemble mit einem Gummiband um-
spannt. Dengler entfernte das Gummiband, nahm das Handy aus
der Halterung, hob es hoch, genau vor seine Augen, betrachtete
es von vorne, von der Seite, von unten. Schwarz, klein, billig.
Nicht mal halb so groß wie seine Handfläche. Kein Smartphone,
sondern ein einfaches Samsung-Handy. Er drückte auf die »Gespräch beenden«-Taste, das Telefon schaltete sich ein, und auf

dem kleinen Display leuchteten Lettern und Zahlen auf hellem Grund auf: Lebara – die Telefongesellschaft, deren SIM-Karte in dem Gerät steckte. Voll aufgeladener Akku. Ein Prepaid-Handy. Ein Handy, das man nach dem ersten Telefonat wegwirft. Schwer zurückzuverfolgen. Er prüfte das Adressbuch. Keine Einträge. Er drückte die Wahlwiederholtaste. Nichts. Das Gerät war sauber.

Dengler legte das Handy vorsichtig auf den Tisch. Er nahm das Ladegerät heraus. Es passte zu dem Telefon. Das Telefon schob er in die Hosentasche. Den Karton und das Ladegerät deponierte er im Regal an der Wand.

Jemand wollte mit ihm telefonieren. Und diese Person legte Wert darauf, dass niemand von diesem Gespräch erfuhr. Dengler hielt einen Moment inne, dachte nach, zuckte mit den Schultern. Abwarten.

Vorsichtig zog er sich die Latexhandschuhe von den Fingern. Dann ging er zurück in die Küche. Zeit für einen Kaffee.


Rückblende
## 3. Berlin, 3. Januar 2011,
## Botschaft der Vereinigten Staaten von Amerika


James D. Spencers Karriere war steil und außergewöhnlich verlaufen, und dass er sich dessen bewusst war, sah man unter anderem an dem aufrechten, federnden Gang, auf den er stolz war und den er vor dem großen Spiegel im Fitnessraum im Keller der Botschaft immer wieder übte und perfektionierte. Er beherrschte noch einen weiteren Trick: Bei offiziellen Anlässen bog er die Ellbogen leicht nach hinten, bis die Brustmuskeln rechts und links auf Höhe der Schultergelenke angespannt waren, seine

Brust nach vorne drückten und gleichzeitig die Nackenmuskulatur spannten, sodass er den Kopf automatisch hoch trug. Das brachte seine 6 feet – 1,85 Meter nach dieser eigenwilligen europäischen Messweise – erst richtig zur Geltung.

Der Botschafter saß im Kaminzimmer. Das Feuer wärmte ihn, zumindest von vorne. Auf dem kleinen Tisch vor ihm lag eine Mappe mit Hintergrundinformationen für das Gespräch mit der deutschen Kanzlerin und ihrem Finanzminister. Er nahm sie in die Hand, blätterte immer schneller die Seiten um und legte das Dokument dann zurück. Zahlensalat. Fuck 'em. Er las lieber noch ein Kapitel in dieser aufregenden Biografie über Louis Mountbatten, den letzten englischen Vizekönig in Indien. Er mochte diesen Kerl. Toller Bursche. Der kannte den Trick mit den Brustmuskeln sicher auch. Wahrscheinlich noch ein paar andere. Aufrecht stand er da auf diesem Foto, langes schmales Gesicht (das Spencer leider nicht hatte), ganz ohne Doppelkinn (das Spencer leider hatte), die Marineuniform stand ihm gut, edel irgendwie, die ganze Erscheinung – klasse!

Der Bursche hatte einiges erlebt: von hohem englischem Adel, Ausbildung bei der Marine, wurde dann Admiral, später sogar Generalstabschef. Er sollte das Weltreich der Briten retten. Die Biografie schilderte, wie er seit Ende der Sechzigerjahre Putschversuche gegen den damaligen Premierminister Harold Wilson plante. Wichtige Leute des Geheimdienstes MI5 waren dabei, aufrechte Angehörige des britischen Generalstabs, Mitglieder des Königshauses waren informiert – der Plan stand. Eine Horde englischer Faschisten und anderer mob waren bereits bezahlt, um als Stimme des Volkes für Unterstützung des Projekts auf der Straße zu sorgen. Mountbatten sollte dann als neuer Premierminister eingesetzt werden. Hätte sich gut gemacht mit dieser aristokratischen cakehole.

War eine unruhige Zeit damals in Europa, speziell in Großbritannien. Die Freiheit des Westens war in Gefahr. Hohe Inflation, steigende Arbeitslosigkeit und ständige Streiks in den großen

Industriezweigen bedrohten diese Freiheit von innen – und die Sowjetunion bedrohte sie von außen. Die Männer um Mountbatten glaubten, dass die sozialdemokratische Labourpartei, die zu einem beachtlichen Teil von den streikwütigen Gewerkschaften finanziert wurde, zu einer Bedrohung von innen werden könnte. Sie nahmen an, dass Wilson ein sowjetischer Agent oder zumindest ein Sympathisant der Kommunisten war. Doch Mountbatten zögerte zu lange – der Putsch fand nie statt. Wilson blieb, und die Streiks blieben auch. Auch das Ende Mountbattens hing mit dem Kampf Großbritanniens um den Erhalt des Empires zusammen: Die IRA sprengte ihn 1979 samt seinem Boot mithilfe einer Fernzündung in die Luft. Seither galt er als englischer Held. Drei Seiten lang zählte der Biograf im Anhang des Buches Titel und Orden auf. Wirklich erstaunlich, dieser Mountbatten.

Spencer schlug das Buch zu, legte es auf seinen Schoß, ließ aber den linken Zeigefinger zwischen den Seiten, die er gerade gelesen hatte. Er sah zur Wanduhr und fuhr sich mit der rechten Hand über die verbliebenen Haare. Noch eine Stunde Zeit. Zahlensalat oder Mountbatten? Ganz klar: Mountbatten. Die Akten lieferten ihm nur Details, Kleinkram, Mäuseschiss. Mountbatten lieferte ihm die großen Denklinien, die gleichen Überlegungen, denen auch er sein ganzes Leben lang gefolgt war. Hier ging es um Überzeugungen und Haltung. Diese Biografie war die beste Vorbereitung für das Gespräch mit der deutschen Kanzlerin und ihrem Minister.

Der Botschafter öffnete mit einem kleinen Druck seines Zeigefingers erneut das Buch, aber er senkte den Blick nicht wieder auf die Buchstaben. Er starrte ins Kaminfeuer.

Mountbatten hatte die richtigen Ideale und war gut aussehend; trotzdem, er war in Wirklichkeit ein gut aussehender *loser,* egal, ob in Uniform oder in edlem Tuch. Vornehm, völlig verweichlicht. Er verlor nicht nur Indien. Seine Frau, so schrieb der Biograf, soll über einige Monate ein Verhältnis mit Nehru gehabt haben, während ihr Mann Vizekönig in Indien war. Nehru war ein *insurgent* aus Sicht der Briten. Wie muss sich so ein Aufständischer fühlen, wenn der die Frau des Vizekönigs vögelt, die Frau des höchsten Repräsentanten des britischen Feindes? Unbesiegbar muss er sich gefühlt haben. Das wäre ungefähr so, als triebe es die Frau des amerikanischen Vizepräsidenten mit einem kubanischen Minister.

Spencer schloss die Augen. Widerlich. Er schüttelte sich leicht. Nehru. Später wurde der immerhin ein Staatsmann. Das werden die Aufständischen nun mal, wenn man sie vorher nicht umlegt. Außerdem soll Mountbatten es mit Männern getrieben haben, Indern und Engländern. Kreuz und quer. Adelige Unzucht. Die Engländer verloren ihre Weltmacht zu Recht.

Diese Engländer konnten sich nie entscheiden, ob sie ein Land ausbeuten oder es lieben wollten. Sie schleppten die Naturschätze ab und schrieben zugleich Gedichte über das geheimnisvolle Indien. Ihre Afrikapolitik war genauso: Sie beuteten Afrika aus und liebten es zugleich.

Spencer war einige Jahre lang Konsularbeamter in London gewesen. Bei jeder Gelegenheit schenkten ihm die britischen Ehefrauen selbst gemachtes Chutney, manchmal mit der Bemerkung: nach einem Rezept aus Südindien oder aus Rajasthan oder weiß der Henker woher. Alle englischen Frauen kochten unentwegt indisches Chutney und verschenkten es an Kollegen, an die Nachbarn und besonders gerne an die amerikanischen Freunde. Millionen von Gläsern mit selbst gemachtem Chutney zirkulierten im Vereinigten Königreich, mehr als die englische Bevölkerung je würde essen können. Diese Liebe zu den Kolonien – das war die Achillesferse der Engländer.

Kein Wunder, dass sie alles verloren hatten, wenn sie sich solchen adligen Versagern anvertrauten, typisch englische Oberschicht-Inzucht. *The Right Honourable The Viscount Mountbatten of Burma* – einer der unzähligen Titel, die die Biografie dokumentierte. Mountbatten verlor immer. Letztlich ein schwacher

Charakter. Er verlor Indien, er verspielte die Chance, den Sozialdemokraten einen Schlag zu versetzen, von dem sie sich nie wieder erholt hätten. Zum Schluss ließ er sich von Terroristen in die Luft sprengen, weil die britische Security Mountbattens Boot nicht richtig durchsucht hatte. Was für eine Schande! Was für ein erbärmliches Lebensende.

Von Mountbatten konnte man lernen, wie man es auf keinen Fall machen durfte. Das faszinierte Spencer an der Biografie. Nicht nachgiebig sein mit dem Feind (Indien), auf Zucht achten, auch bei der Familie und der Frau, eine Geheimdienstoperation entschlossen zu Ende führen, wenn man sie schon einmal begonnen hat, die Terrorristen in die Luft sprengen, bevor sie es mit dir tun. Nur so hätten die Briten ihr Reich retten können. Vielleicht.

Wir machen das anders. Spencers Denken drehte sich seit seinem Studium um das gleiche Thema, das Mountbatten auch umgetrieben hatte: Wie schützt sich ein Weltreich vor dem Niedergang? Er hatte sie alle studiert, die gefallenen Mächte: Aufstieg und Fall der Griechen, der Römer, Venedigs, Spaniens, Portugals, der Briten, das kurze Intermezzo der Russen im Gewand der Sowjetunion, jetzt der Aufbruch der Chinesen. Doch die Macht der USA stand seit einem Jahrhundert unerschütterlich. Und alles strategische Denken drehte sich in Washington darum, dass dies im 21. Jahrhundert auch so bleiben sollte.

Deshalb war er in Berlin.

Deshalb auch das Gespräch mit der Kanzlerin.

Spencer sah auf die Uhr.

# 4. Mietschulden

Helga Lehnhard war attraktiv. Sie trug ihre schwarz-braunen Haare hochgesteckt. Falls sie gefärbt waren, dann sehr gut, denn Dengler sah weder einen grauen Ansatz noch unregelmäßig verteilte Tönung. Sie trug schwarze Jeans, ein schwarzes T-Shirt und darüber eine Jacke aus Wolle mit schwarz-weißen Mustern, Rauten und Linien, Sonnen und Monden, die Dengler an indianische Ornamente erinnerten. Sie saß aufrecht vor Dengler, ihre Hände ruhten auf dem Schreibtisch. Eine gute Figur. Eindeutig. Dengler sah ihr in die Augen und unterdrückte das dringende Bedürfnis, auf ihren Busen zu starren. Aber auch die Augen waren bemerkenswert. Sie strahlten in einem hellen Blau, manchmal, das wusste Dengler, wenn Helga wütend war, konnten sie in ein stahlhartes Grau wechseln. Jetzt zeigten ihre Augen ein helles Grau, eingebettet in ein freundliches Netz von Lachfalten. Sie kannten sich nun seit zehn Jahren, und in dieser Zeit waren sie so etwas wie Freunde geworden. Helga war nicht nur die Hauseigentümerin, sie war die Managerin des Basta, des Lokals unten im Erdgeschoss. Sie war eine Freundin – aber auch Georgs Vermieterin. Leider saß sie nun in dieser Eigenschaft vor ihm.

»Wer braucht in Stuttgart schon einen Detektiv?«

»Viel zu wenige, ich weiß. Aber ich hab nichts anderes gelernt. Ich war Polizist. Zielfahnder. Helga, das ist das Einzige, was ich kann. Menschen jagen. Ich meine, das kann ich gut. Wirklich. Beim BKA ...«

Sie seufzte. Er sah zur Urkunde an der Wand, die dort akkurat auf gleicher Höhe neben der blauen Marienstatue hing, sorgfältig gerahmt und hinter Glas. Eine Belobigung, unterschrieben vom BKA-Präsidenten persönlich.

Lange her.

Helga folgte seinem Blick und seufzte zum zweiten Mal.

»Es gibt hier ein großes Landeskriminalamt. Ein paar höhere Bullen essen ab und zu im Basta. Vielleicht könnten die dich dort brauchen. Wer braucht denn in Stuttgart einen Privatdetektiv?« Und nach einer Weile:»Soll ich nicht mal mit denen reden?« Dengler senkte den Blick. Nicht auf ihren Busen, sondern auf den Schreibtisch. Er ballte die Hand zu einer Faust. »Ich meine, wie stellst du dir das vor? Du musst doch irgendwann einmal auf die Beine kommen. Finanziell, meine ich.« Sie brauchten es nicht auszusprechen. Sie wussten, worüber sie eigentlich sprachen, auch wenn sie das Thema umschifften wie ein Segelschiff eine Klippe: Dengler schuldete ihr vier Monatsmieten; insgesamt 2960 Euro. Und das Schlimmste: Er hatte keine Ahnung, wie er sie bezahlen sollte. Zwar schuldete ihm ein Kunde 1800 Euro für die Überwachung seiner Ehefrau, die Rechnung hatte Dengler schon vor vier Wochen verschickt, aber seit Dengler herausgefunden hatte, dass die Frau dienstags nicht zu einem Liebhaber, sondern zu den regelmäßigen Treffen der Anonymen Alkoholiker ging, hatte der Mann keinerlei Eile gezeigt, das fällige Honorar zu überweisen. Aber selbst wenn der Kunde endlich zahlte, würde es nicht ausreichen, Helga die ausstehenden Mietschulden komplett zu bezahlen. Und der nächste Monatsanfang drohte.

Dengler hob die Hände.»Ich warte auf die Zahlung eines Kunden. Sobald sie eintrifft …«

»Ich will dir nicht auf die Nerven fallen.« Sie stand auf.»Aber ich mache mir Sorgen um dich. Wie soll das denn weitergehen? Außerdem muss ich das Dach reparieren lassen. Und spätestens dann …«

Dengler nickte.

Er fühlte den Schweißtropfen auf seiner Stirn, der langsam abwärtsglitt und einen Zwischenstopp an der Nasenwurzel einlegte.»Ich werde meinen Kunden anrufen. Ich bin kein guter Kaufmann, Rechnungen schreiben, Mahnungen hinterherschicken, all das bürokratische Zeug, weißt du …«

»So viele untreue Ehefrauen gibt's in Stuttgart gar nicht, dass du von ihnen leben kannst«, sagte Helga.

»Doch, die gibt es, aber leider nicht genügend eifersüchtige Ehemänner.«

In diesem Augenblick schrillte die Klingel.

Dengler, dankbar für die Unterbrechung, sprang auf, eilte zum Fenster und sah hinunter auf die Straße. »Der Briefträger«, sagte er. »Bin gleich wieder da.«

Er drückte den Türöffner und lief die Treppe hinunter zur Eingangstür. Der Postbote warf gerade einen weißen Umschlag in seinen Briefkasten, steckte die taz in den Briefkasten von Martin Klein, seinem Nachbarn, und verschwand sofort wieder. Dengler griff in den Schlitz und zog den Umschlag mit zwei Fingern heraus, stieg wieder die Treppe hinauf in sein Büro und legte ihn vor sich auf den Schreibtisch. Es war ein DIN-A4-Umschlag, die Adresse auf dem gleichen computergeschriebenen Etikett wie bei dem kleinen Paket gestern. Kein Absender. Keine besonderen Merkmale. Verschlossen mit einem durchsichtigen Klebeband. Niemand hatte den Verschluss also mit der Zunge abgeleckt. Der Absender war jemand, der DNS-Spuren vermeiden wollte. Er öffnete die Schublade und zog zum zweiten Mal die Latexhandschuhe an, nahm die Schere aus der Vase und ritzte vorsichtig den Umschlag auf.

»Machst du deine Post immer so auf?«, fragte Helga.

Dengler antwortete nicht. Er hob den Umschlag mit beiden Händen hoch und schüttelte ihn. Nichts. Er griff hinein – und zog ein Bündel Geldscheine heraus. 50-Euro-Noten mit Banderole.

»Oha! Die untreuen Ehemänner zahlen bar«, sagte Helga mit einer Spur Bewunderung in ihrer Stimme. »Wahrscheinlich sind deine Rechnungen beim Finanzamt nicht absetzbar.«

Dengler griff wieder in den Umschlag und zog zwei weitere Geldbündel heraus. Er legte sie vor sich auf den Schreibtisch. Dann steckte er die Hand tief in den Umschlag, aber er war nun leer. Er hob den Umschlag hoch, sah hinein und schüttelte ihn;

vergebens, keine Nachricht, keine Notiz, kein Brief, kein Computerstick, nichts. Helga sah ihm interessiert zu.

»Da will jemand sein Schwarzgeld loswerden«, sagte sie.

Dengler nahm aus der Schublade seines Schreibtisches ein Lineal und maß die Höhe der Stapel.

»Anderthalb Zentimeter«, sagte er.

»Ich würde die Scheine zählen. Halte ich für die exaktere Methode«, sagte Helga spöttisch.

Drei Stapel. Jeder mit einer Banderole. Neue Scheine. Er untersuchte den Umschlag noch einmal. Nichts. Nur die drei Bündel Geldscheine.

Offensichtlich jemand, der selbst keine Geldsorgen kannte. Jemand, der allerdings seine Geldsorgen kannte.

»Soll ich dir zählen helfen?«

Dengler sah Helga an. »Ich hab keine Ahnung, woher die Kohle kommt.«

»Zählen würde ich's trotzdem.«

Dengler befeuchtete den Handschuh vorne an der Kuppe des Zeigerfingers. »Eins, zwei, drei …«

»100«, sagte er nach einer Weile.

Helga: »5000 Euro.«

Dengler zog den zweiten Stapel zu sich.

»Muss eine tolle Frau sein. Dein eifersüchtiger Ehemann lässt sich das etwas kosten.«

Dengler wollte den Zählrhythmus nicht verlieren. »64, 65, 66, 67 …«, sagte er laut, und Helga schwieg.

Ausgeschlossen, dass der kleine Anwalt, dessen Frau er in den letzten Wochen jeden Dienstagabend überwacht hatte, ihm mehr Geld schickte, als die Rechnung betrug. Dr. Burger, so hieß der Mann, sprach aristokratisch klingendes Honoratiorenschwäbisch, und er feilschte mit ihm doppelt so lange um das Honorar, wie er mit ihm über den Verdacht gegen seine Frau gesprochen hatte. Der Mann klammerte sich an jeden Cent wie ein Schiffbrüchiger an die letzte Planke.

Von wem stammte das Geld also?

»… 98, 99, 100.«

Helga: »Nochmals 5000 Euro. Ein Hoch aufs Fremdgehen.«

Dengler nahm sich den dritten Stapel vor: »Eins, zwei, drei, vier …«

Achte auf die kleinen Dinge, die kleinen Ungereimtheiten – das hatte ihn Dr. Schweikert gelehrt. Wie es ihm wohl ging? Er hatte seinen früheren Chef beim Bundeskriminalamt schon lange nicht mehr besucht. Schweikert hatte ihn gefördert. »Dengler, Sie sind mein Lieblingsschüler«, sagte er einmal. Auf diese Bemerkung war er stolz gewesen, sie bedeutete ihm mehr als die Urkunde an der Wand, auch wenn diese die Unterschrift des Präsidenten trug. »Es sind die kleinen Dinge, die uns den großen Einblick geben.« Auch so ein Satz von Dr. Schweikert. »Aber die kleinen Dinge fallen am wenigsten auf.«

»37, 38, 39 …«

Wenn jemand mit der Post einen großen Geldbetrag nur in einem einfachen Umschlag verschickt, nicht als Wertbrief, nicht einmal als Einschreiben – was bedeutet das? Ein unerschütterliches Vertrauen in die Deutsche Post? Eher wohl, dass er im Notfall den Verlust einer solchen Summe verschmerzen kann. Dengler könnte ebenso gut den Betrag einstecken und, falls der Besitzer sich meldet, behaupten, er habe den Umschlag nie bekommen.

Ich hab noch viel mehr davon. Ich kann dir auch noch mehr davon schicken – das war die erste Botschaft dieser Sendung.

Neue Scheine, kein gebrauchtes, abgegriffenes Geld. Sauberes Geld. Auch das war eine Botschaft. Kein Drogengeld, nichts offensichtlich Kriminelles. Auch das eine Botschaft.

Der Absender schien aber zu wissen, dass diese drei Bündel Denglers drängende Probleme lösen würden. Für den Absender nicht viel Geld, für ihn ein Lottogewinn.

Ich kenne dich, ich kenne dich gut – die dritte Botschaft.

Ich werde dir ein Geschäft vorschlagen, dir einen Auftrag erteilen, und dies ist die erste Anzahlung – die vierte Botschaft.

»98, 99, 100. Noch einmal hundert Scheine.«

Helga:»15 000 Euro. Gratulation.«

Dengler griff in die Hosentasche, zog das kleine Samsung-Handy heraus und betrachtete es.

Dann nahm er den ersten Stapel in die Hand und schob ihn über den Tisch.»Und zweieinhalb Monatsmieten im Voraus«, sagte er.

Rückblende

## 5. Berlin, 8. November 2011, Büro des Fraktionsvorsitzenden der SPD

Deutscher Bundestag. Klaus-Dieter Welker wartete.

Eine der beiden Sekretärinnen hatte ihn in das Büro des mächtigen Fraktionsvorsitzenden der Sozialdemokratischen Partei geführt. Da saß er nun auf einem mit schwarzen Stoff bezogenen Stuhl und wartete. Die Sekretärin hatte ein Tablett mit einer silbernen Kaffeekanne und eine Flasche Mineralwasser auf den runden Besprechungstisch neben dem Stuhl gestellt, auf dem er saß.

Hell war es hier. Aus hellem Holz der Schreibtisch und die Tischplatte, helles Licht fiel durch die beiden großen Fenster, helles Rot war die Farbe des Teppichs. Welker stand auf und sah hinaus. Unten floss die Spree. Schöne Aussicht. Schön hatte er es, der Herr Fraktionsvorsitzende. Wirklich. Hier war es freundlicher als in Welkers Kölner Dienstsitz mit den langen Fluren, den dunklen langen Fluren.

Abgeordnete sind beschäftigte Menschen. Und manchmal, nun ja, manchmal lassen sie die Beamten spüren, dass sie vom Volk gewählt sind und die Beamten bestenfalls ihre Laufbahn vervollkommnen. Welker wusste, dass der Fraktionsvorsitzende ihn absichtlich warten ließ. Wahrscheinlich saß er in der Lobby und palaverte mit einem Journalisten oder hielt ein Schwätzchen mit einem Kollegen. Welker stellte sich vor, wie er hin und wieder auf die Uhr sah und überlegte, ob er ihn nun lange genug hier schmoren lassen. Vermutlich wird er zu dem Journalisten sagen: In meinem Büro wartet der stellvertretende Präsident des Bundesverfassungsschutzes, vermutlich will er mehr Geld oder sich rechtfertigen für die Erfurter Scheiße.

Welker seufzte. In der letzten Woche hatten sich in Eisenach nach einem Banküberfall zwei Rechtsterroristen erschossen. In ihrem Campingwagen war die Dienstwaffe der ermordeten Heilbronner Polizistin Michèle Kiesewetter gefunden worden und in Zwickau, in der Wohnung der toten Terroristen, die Waffe, mit der neun Ausländer in den letzten Jahren in der Bundesrepublik erschossen worden waren. Die sogenannte Döner-Mord-Serie war damit aufgeklärt und der Heilbronner Polizistenmord auch. Die Zeitungen, das Fernsehen, Radio, alle, kurz: jedes Arschloch dieser Republik fragte, warum Polizei und Verfassungsschutz vorher nichts gewusst hatten.

Löst den Verfassungsschutz auf – titelte eine Zeitung.

Deutschland war in Aufruhr.

Mal wieder.

Welker dachte nicht daran, sich zu rechtfertigen.

Klaus-Dieter Welker machte seinen Job.

Deshalb saß er hier und wartete.

Abgeordnete gab es nun mal. Knetmasse. Hielten sich für etwas Besseres, weil vom Volk gewählt. Tatsächlich verzehrten sie nur deshalb ihre Diäten, weil ihre Parteivorstände sie für hinlänglich berechenbar hielten. Deshalb setzten sie sie auf die vorderen Plätze der Landeslisten. Und manch einer kassierte das Sitzungsgeld nur wegen einer Laune irgendeines Parteitags. Knetmasse.

Die Medien rührten jetzt kräftig in der Suppe. Wie kann das sein, fragten sie mit ihren Schlagzeilen, ihren Kommentaren und Brennpunkt-Sendungen: Zwei Mörder ziehen jahrzehntelang marodierend und unerkannt durch Deutschland, erschießen zehn Menschen, verüben mehrere Sprengstoffattentate, rauben Banken aus – und niemand verhaftet sie. Schlimmer: Niemand bemerkt sie. Wo war die Polizei? Wo der Verfassungsschutz? Vollständiges Versagen der Sicherheitsbehörden.

Affen!

Welker reckte das Kinn. Wir werden gestärkt aus dieser Krise hervorgehen. Am Ende dieser sogenannten Krise wird das Amt besser dastehen als zuvor, es wird mehr Kompetenzen, mehr Personal haben und mehr Geld, viel mehr Geld. Das war Welkers Plan.

Hier war seine Chance.

Er würde sie nutzen.

Deshalb war er hier. Deshalb wartete er auf den SPD-Fraktionschef. Während ganz Deutschland auf den Sicherheitsorganen herumhackte, bereitete er den nächsten Coup vor.

Klaus-Dieter Welker war ein wuchtiger Mann. 1,93 Meter groß. Er wirkte kahl, obwohl auf seinem Kopf noch einige verstreute Haare sich millimeterhoch dem Himmel entgegenstreckten. Kurz geschnittene graue Haare an der Seite, die den kahlen Eindruck seines Schädels nicht minderten. Klare graue Augen, moderne Funktionsbrille mit schmalen, elastischen Bügeln, randlosen Gläsern, dünne, kaum wahrnehmbare Lippen, immer dunkelgraue, manchmal schwarze Anzüge. Immer Krawatte. Elegant wirkte er nicht, weiß Gott nicht, und das wusste er.

Welker stammte aus Niederbayern, aus Scharnling, einem kleinen Dorf mit zweihundert Einwohnern. Fast wäre er Bauer geworden, hätte den Hof der Eltern übernommen, schließlich war er der älteste Sohn, das älteste von fünf Kindern. Nach ihm kamen drei Schwestern, dann Florian, der Jüngste, der vor zwölf Jahren den Hof vom Vater übernommen hatte. Florian stellte viel um, betrieb jetzt nachhaltige Landwirtschaft, artgerechte Tierhaltung und diese Dinge, aber einfach war es nicht. Der Milchpreis fiel nach Aufhebung der Milchquoten ins Uferlose, das Mästen der Bullen, mit dem der Vater noch einigermaßen Geld verdient hatte, lohnte sich schon lange nicht mehr.

Damals, in seiner Kindheit, beherbergte das Dorf noch zwei Krämerläden, eine Sparkasse, einen Metzger, eine Freibank, ein Feuerwehrhaus, ein Wirtshaus, einen Schuster, der zugleich die Post austrug, einen Schmied, einen Schreiner, und es gab noch eine Schule; zumindest die ersten beiden Klassen, die alle Kinder vom Welker-Hof besucht hatten.

Auf dem Gehöft, einem klassisch bayerischen Vierseithof, arbeiteten alle von früh morgens, bis es dunkel wurde: die Eltern und auch die fünf Kinder. Dreißig Kühe, zehn Jungkühe und zwölf Kälber mussten versorgt werden, zehn Bullen, die später an den Schlachthof verkauft wurden, mussten gefüttert werden. Es gab zwei Schweine, eines wurde im Frühjahr und eines im Herbst geschlachtet, über ein Dutzend Hühner, es gab den Kaninchenstall, einen Hund und unzählige Katzen. Zum Hof gehörte ein drei Hektar großes Waldstück, in dem die Kinder im Winter Äste und Zweige und Bruchholz sammelten, zum Anzünden des Feuers. Auf der Wiese mähte der Vater im Sommer das Gras, und wenn es trocken war, half die ganze Familie beim Rechen und dem Verladen des Heus auf den großen Wagen, beim Abladen und Hinaufschleppen in den Heuboden der Scheune. Ansonsten bestand zwischen Vater und Mutter eine strenge Arbeitsteilung. Die Mutter molk die Kühe, der Vater mistete die Ställe aus, die Mutter arbeitete im Garten, der Vater fuhr die Gülle aus, die Mutter kümmerte sich um die Kälber, während der Vater auf den Feldern ackerte und säte.

Die Welkers waren nahezu Selbstversorger gewesen. In ihrem Garten zog Mutter Salatgurken, Bohnen, Radieschen, Zwiebeln, Kartoffeln und Karotten. Es gab drei große Walnussbäume, deren Nüsse die Kinder im Herbst aufklaubten. Im Sommer lieferte der Garten Kirschen, im Spätsommer Zwetschgen und Birnen, es gab Himbeeren, Stachelbeeren und Johannisbeeren, die die Mutter einweckte und aus denen sie Marmelade kochte.

Die Schwestern kochten jeden Tag das Essen für die ganze Familie, sie stellten Gebäck her, kochten die Blutwurst, wenn geschlachtet wurde, halfen der Mutter im Garten und flickten die

Kleider von allen. Klaus-Dieter half seinem Vater morgens im Stall, er half ihm, wenn die Scheune ausgebessert werden musste und wenn neue Wege angelegt wurden. Klaus-Dieter Welker konnte hart arbeiten. Er hatte noch nie aufgegeben. Und das würde er jetzt auch nicht tun.

Böhnhardt und Mundlos – mögen sie in der Hölle schmoren – verhalfen dem Amt zu einem großen Sprung nach vorne.

Welker sah auf die Uhr.

Der Fraktionsvorsitzende mag ihn warten lassen. Er gab nicht auf.

Dass Welker das Abitur machen konnte, verdankte er dem Pfarrer Wildgruber. Bei ihm war Welker Messdiener gewesen. Wie die Buben von den benachbarten Höfen auch. Damals mussten die Messdiener während der Messe lateinische Gebete aufsagen. Klaus-Dieter schaffte es nicht. Schon der Anfang der unverständlichen Litanei wollte ihm nicht in den Kopf: *Confiteor Deo omnipotenti, beatae Mariae, semper Virgini, beato Michaeli Archangelo …* Bereits hier stieg er aus. Die ersten Wörter konnte er sich merken (und er kannte sie heute noch): *Confiteor Deo omnipotenti*, aber dann verwechselte er die lateinischen Begriffe, trug sie in der falschen Reihenfolge vor, vergaß einige oder erfand in seiner Verzweiflung neue Wörter, die zumindest in seinen Ohren irgendwie nach Latein klangen.

Für den Messdienerunterricht hatte Pfarrer Wildgruber große Tafeln aufgestellt, auf denen das *Confiteor* in Großbuchstaben stand, und sie lasen den Text gemeinsam. Im Sprechchor, den Text vor Augen, klappte das auch meistens, aber sobald einer der Buben allein und auswendig das Gebet aufsagen sollte, scheiterte er nach wenigen Worten.

Nur Alexander, der Sohn des Apothekers, und Maximilian, dessen Vater Tierarzt war und die Kühe des Vaters besamte – diese beiden Jungs schafften es. Sie sagten das komplette Confiteor auswendig auf und schauten verächtlich auf die Bauernbuben, die sich *quia peccavi nimis cogitatione, verbo et opere* und die vielen anderen Sätze nicht merken konnten. Der Pfarrer, das Scheitern seiner Messdiener gewohnt, schlug ihnen daher den Trick vor, mit dem er seufzend seit Generationen das Problem löste.»Das kriegt ihr in eure Bauernschädel sowieso nicht rein. Ihr murmelt nicht *Confiteor Deo omnipotenti, beatae Mariae, semper Virgini, beato Michaeli Archangelo, beato Ioanni Baptistae, sanctis Apostolis Petro et Paulo, omnibus sanctis et tibi, pater, quia peccavi nimis cogitatione, verbo et opere* – das macht ihr nicht. Sondern ihr zählt, aber so, dass die Leute in den ersten Bankreihen es nicht verstehen. Ihr zählt bis 32. Also los.«

Und so murmelten sie vor sich hin, dass niemand es verstand.

»Und bei 32 sagt ihr laut: ›*Mea culpa, mea culpa, mea maxima culpa*‹ und schlagt euch an die Brust.«

Das klappte bei allen.

»Dann zählt ihr murmelnd weiter: 33, 34 – bis 42. Und die 42 sagt ihr ein bisschen lauter.«

So machten sie es. Sobald Pfarrer Wildgruber die gebrummelte Zahl 42 von den Messdienern hörte, hob er die Arme zum Herrn empor und die Messe nahm ihren vorgesehenen Verlauf.

Zunächst war Klaus-Dieter so erleichtert wie die anderen Messdiener auch, dass er nicht mehr die unverständlichen lateinischen Wörter auswendig lernen musste. Doch als er die hochmütigen Gesichter von Alexander und Maximilian sah, ihre Verachtung für sie, die dummen Bauernburschen, da wollte er nicht länger zu den Dummen gehören. Er schrieb den lateinischen Text ab, einmal, zweimal, unzählige Male – er las ihn sich selbst immer wieder laut vor, und schon frühmorgens, wenn er dem Vater beim Stallausmisten half, deklamierte er laut zum Schwung der Mistgabel:»*Ideo precor beatam Mariam, semper Virginem, beatum Michaelem Archangelum*« – und schließlich: »*... omnes sanctos et te, pater, orare pro me ad Dominum, Deum nostrum.*«

Es war schwer. Doch er gab nicht auf. Irgendwann legte sich ein Schalter in seinem Hirn um, und Klaus-Dieter Welker, der Junge vom Welker-Hof, sprach das komplette *Confiteor* ruhig und fehlerfrei – wie ein perfekter Messdiener. Er tat es in der Frühmesse, und Franz, der zweite Messdiener, hörte auf zu zählen und starrte ihn an, und der Pfarrer, wie immer mit dem Rücken zur Gemeinde stehend, hob die Hände mit Verzögerung dem Herrn entgegen, und wandte den Kopf und sah mit einem verzückten Lächeln zu dem knienden Messdiener, der nicht aufsah und stattdessen mit klarer, heller Bubenstimme das *Confiteor* fehlerfrei betete.

»Da Bua is gscheid, der muass studiern«, sagte Pfarrer Wildgruber eine Woche später zum Vater. Und der Pfarrer war nun einmal eine unangefochtene Autorität im Dorf. »Da Bua übernimmt den Hof, und dafür is gscheid sei koa Schoadn«, antwortete der Vater. Damals gab es im weiten Umkreis keine Höhere Schule. Der Bub musste also fast zwanzig Kilometer nach Deggendorf gebracht werden. Aber wie? Die Eltern konnten ihn nicht zur Schule fahren. Sie arbeiteten von fünf Uhr in der Früh bis um halb acht im Stall, sie misteten aus, sie fütterten die Kühe und versorgten die Kälber, sie säuberten die Melkkammer und die Milchkannen. Dann wurde die Milch in die Kannen gefüllt, die Kannen auf den Hänger gehoben, und der Vater fuhr mit Schlepper und Hänger zur nächsten Kreuzung, wo er die Kannen für das Molkereiauto abstellte. Niemand konnte den Bub ins Gymnasium fahren.

Wie soll der Bub dort hinkommen, fragte der Vater. Aber der Pfarrer hat's gesagt, antwortete die Mutter. Seine Eltern waren tiefgläubig. Gläubigere Menschen hatte er nie wieder kennengelernt. Selbstverständlich ging die Familie jeden Sonntag in die Kirche und lauschte der Predigt von Pfarrer Wildgruber. Einmal im Jahr fuhr die Familie mit auf eine Wallfahrt der Kirchengemeinde nach Altötting. Sie beteten in der Gnadenkapelle der Schwarzen Madonna. Nie sah Klaus-Dieter seine Eltern so versunken, so weit entfernt von ihrem von Arbeit und Verzicht geprägten Leben, wie dann, wenn sie in dieser Wallfahrtskirche knieten, die Hände gefaltet und versunken im Gebet, vermutlich flehend um das Gelingen der nächsten Ernte oder darum, dass die Maul- und Klauenseuche sie nicht heimsuchte. Irgendwann berührte Wildgruber den Vater am Arm, und der Vater wachte aus dem Gebet auf, verwirrt wie nach einem langen Schlaf, berührte die Mutter mit einer sanften Geste. Sie standen auf, die Beine noch steif vom langen Knien, und folgten ihrem Pfarrer nach draußen in die spätsommerliche Wärme.

In jungen Jahren war Wildgruber Soldat gewesen, und irgendwo im Osten, als Hitlers Armee bereits auf dem Rückzug war, verfolgt von der Roten Armee, hatte er wohl etwas Schlimmes erlebt – etwas, worüber er nie sprach, nie direkt jedenfalls, doch jeden Sonntag predigte Wildgruber inbrünstig und lange wider den Kommunismus und die Russen, sodass es Klaus-Dieter und den anderen Buben, die auf der Jungenseite in ihren Bänken saßen, Angst und Bange wurde vor den Russen. Manchmal träumte Klaus-Dieter in der Nacht davon, wie die Russen den Hof überfielen, die Ställe anzündeten, die Mutter erstachen und die Schwestern an den Haaren davonzogen.

Schreiend wachte er dann auf, und der kleine Florian, der im selben Zimmer schlief, musste ihn beruhigen. Das Predigen wider die Russen ließ bei Wildgruber nie nach. Selbst als es die Sowjetunion schon lange nicht mehr gab und die Demenz das Gedächtnis des alten Priesters weitgehend perforiert hatte, geschah es regelmäßig, dass Wildgruber bei einer Beerdigung den Namen des Verstorbenen vergaß und das Totengedenken erneut in eine wilde Predigt wider den Kommunismus verwandelte. Die Angehörigen und die Trauernden erstarrten, doch niemand sah sich an, niemand nahm den alten Pfarrer zur Seite, niemand lachte, seine Autorität im Dorf blieb unangetastet bis zu seinem letzten Atemzug.

In der knappen arbeitsfreien Zeit betete die Mutter mit den Kindern oft den Rosenkranz. Besonders wenn ein Gewitter aufzog: Auf Geheiß der Mutter huschten die Kinder durch die Stube und zogen die Stecker aller elektrischen Geräte, die Mutter entzündete eine Wetterkerze, stellte sie auf den Tisch – und dann knieten die Kinder mit der Mutter nieder und beteten den

Rosenkranz, damit das Unwetter dem Vieh und der Ernte nichts zuleide tat.

Hat ja auch immer geklappt, dachte Welker und sah auf die Uhr. Vierzig Minuten saß er nun schon auf diesem Stuhl und wartete. Er stand auf und ging ins Nebenzimmer zu den beiden Sekretärinnen. Die eine, die den Kaffee gebracht hatte, sah ihn schuldbewusst an und hob die Schultern. Welker nickte ihr zu, drehte sich um und setzte sich wieder auf den Stuhl, dessen Sitzfläche noch warm war.

Selbstverständlich wählten seine Eltern CSU. Sie waren nie Mitglied in der Partei gewesen. Aber die CSU war der Familie und der Kirche zugetan, sie war der Landwirtschaft verbunden. Den Kandidaten der SPD hätten seine Eltern alleine schon deshalb niemals gewählt, weil er geschieden war. Aber das war nicht der Grund, warum Klaus-Dieter Welker in die CSU eingetreten war. Und erst recht nicht der Grund, warum er dort Karriere gemacht hatte.

Als er in die vierte Klasse ging, kam Pfarrer Wildgruber auf den Hof und erklärte dem Vater, dass im übernächsten Ort nun jeden Morgen ein Bus nach Deggendorf fuhr. Der Bub müsse nur pünktlich an der Bushaltestelle sein, eine Haltestelle sei direkt an der Schule, da könne er aussteigen. So half Klaus-Dieter nun am Morgen dem Vater beim Stallausmisten, ging dann zwei Kilometer zur Haltestelle, und am Nachmittag trottete er dieselbe Strecke zurück. Es war ihm früh klar, dass dies eine besondere Auszeichnung war. Keines seiner Geschwister würde auf die höhere Schule geschickt werden. Die Schwestern würden eine Lehre machen und dann heiraten, am besten einen Bauern aus der Umgebung. Schönheit vergeht, Hektar besteht. Aber er wollte Pfarrer werden.

War er in der Familie nun etwas Besonderes, so war er in der Schule ein Aussätziger. Natürlich, wenn er morgens seinen Schulranzen unter der Bank verstaute, roch er nach Stall, nach den Kühen und den Bullen, die er gefüttert hatte. Schließlich hatte er mit dem Vater den Mist von dreißig Kühen und zwei Schweinen auf den großen Haufen vor der Scheune geworfen. Seine Mitschüler rümpften die Nase, wenn er die Klasse betrat. Der Deutschlehrer öffnete demonstrativ das große Fenster und sah dabei nur ihn an. Welker war unglücklich. Er wollte nicht auf diese Schule. Er wollte nach Hause. Wildgruber half ihm bei den Lateinaufgaben. Er paukte mit ihm sonntags nach dem Hochamt Vokabeln, erklärte ihm die Grammatik, half ihm bei den Übersetzungen, und bereits gegen Ende des ersten Jahres war er der Beste in Latein. Er war besser als Alexander, der Sohn des Apothekers, und das erfüllte ihn mit einem solchen Stolz, dass er dachte, es würde seine Brust sprengen. Seine Eltern verstanden seinen Stolz nicht, seine Schwestern auch nicht. Heimlich brachte er seiner jüngsten Schwester Agnes lateinische Wörter bei. Sie lernte rasch, es gefiel ihnen beiden. Sie hatten ein Geheimnis. Die Mutter mochte ihre Heimlichkeiten nicht.

Entscheidend aber war, dass er plötzlich begriff, dass er genauso klug war wie Alexander und Ferdinand und Franz und wie die Mitschüler alle hießen, die die Nase rümpften, wenn er in ihre Nähe kam oder einfach nur das Klassenzimmer betrat. Er wollte es ihnen zeigen. Er wollte dazugehören. Und mehr noch: besser sein als alle anderen. Und: die anderen seine Überlegenheit spüren lassen.

Es half ihm, dass Pfarrer Wildgruber zweimal in der Schule erschien und jeweils ein langes Gespräch mit dem Rektor führte. Der Hohn der Lehrer hörte auf, und damit erstarb nach einer Weile auch der Spott der Mitschüler. Er blieb Außenseiter, das schon, aber seine Leistungen wurden anerkannt und respektiert. Der Mathelehrer, der in den ersten beiden Jahren noch Witze auf seine Kosten gemacht hatte (»Klaus-Dieter bringt mal wieder gesunde Landluft mit in den Unterricht«), legte ihm einen Aufnahmeantrag für die Junge Union vor. Er unterschrieb, doch eigentlich dachte er dabei an seine Zukunft als Pfarrer. Darüber redete er mit Wildgruber, und vor allem redete Wildgruber darüber jeden Sonntag mit ihm. An diese Zukunft glaubte er damals ganz fest.

Bis er Iris kennenlernte.

Endlich – die Tür wurde aufgestoßen: Der Fraktionsvorsitzende stürmte ins Büro. Wie immer trug er einen dunkelgrauen Anzug, ein weißes Hemd und eine karierte rote Krawatte: sein Markenzeichen bei Auftritten im Parlament oder bei Parteiveranstaltungen. Der Mann war in den frühen Fünfzigern, in den letzten Jahren hatte die Parlamentsarbeit seine Falten tiefer gegraben, aber das Haar war noch braun und nicht gefärbt, wie Welker feststellte, nur an den Schläfen kurz geschnitten und grau. Er hatte noch Reste des offenen Blicks, der ihn aus der Masse seiner Kollegen hervorhob. Doch jetzt wirkte er fahrig und müde.

»Entschuldigen Sie, dass ich Sie warten ließ: der Innenausschuss … eine Sondersitzung … Was jetzt alles rauskommt … das Trio … der Polizistenmord … Vertrauenseinbruch … in unvorstellbarem Umfang … Heilbronn … Polizistenmord … Versagen der Sicherheitsorgane … eine katastrophale Presselage … Neuaufstellung … Sicherheitsbehörden …«

Klaus-Dieter Welker hatte der einladenden Geste des Mannes folgend sich auf den Stuhl vor dem Schreibtisch des Fraktionsvorsitzenden gesetzt und diese Unhöflichkeit hingenommen, ohne auch nur einen Gesichtsmuskel zu verziehen. Er wurde nicht an den Besprechungstisch gebeten.

»Also«, sagte der Fraktionsvorsitzende schließlich, hob die Hände und ließ sie gleich wieder in den Schoß fallen, »was kann ich für Sie tun?«

Welker schwieg. Er ließ das Schweigen und seinen Blick einige Sekunden wirken.

»Der Untersuchungsausschuss«, sagte er schließlich. »Es wird einen Untersuchungsausschuss geben. Ihre Partei ist an der Reihe und wird den Ausschussvorsitzenden stellen.«

»Da sind Sie ja schneller als wir«, sagte der Fraktionsvorsitzende.

»Noch ist nichts beschlossen, die ganze Lage ist …«

Welker, dessen Hände auf dem Schreibtisch lagen, hob den Zeigefinger und senkte ihn sofort wieder. Der Fraktionsvorsitzende verhaspelte sich und schwieg dann.

»Es wird einen Untersuchungsausschuss geben. Wir möchten, dass Ihr Abgeordneter Omani den Vorsitz übernimmt. Deshalb bin ich bei Ihnen.«

»Also, noch ist nichts entschieden. Wir haben auch noch nicht mit der CDU gesprochen, also …«

»Die Union wird einverstanden sein.«

Die beiden Männer sahen sich an.

Welker stand auf.

»Ich danke Ihnen für Ihre Zeit. Glauben Sie mir: Omani ist der richtige Mann.«

Er ging zur Tür.

»Welker, warten Sie.«

Der Fraktionsvorsitzende stand hinter seinem Schreibtisch und wischte sich mit einer schnellen Bewegung den Schweiß von der Stirn.

»Welker, wie lange soll das noch so gehen. Sie haben mir versprochen, dass Sie nicht wieder und wieder …«

Welker sah den Mann kalt an. »Machen Sie sich keine Sorgen. Sein kleines Geheimnis ist bei uns in guten Händen. Entscheidend ist, dass Omani den Ausschuss leitet.«

Dann ging er.


## 6. Abends im Basta


Wie armselig das doch ist: ein Dauerauftrag, der jeden Monat die Miete automatisch abbucht. Lächerlich geradezu. Barzahlung der Miete – zehnmal besser. Hundertmal. Barzahlung löst den

Knoten im Bauch, Barzahlung befreit die Seele, macht stolz, dass man zahlen kann, Barzahlung erinnert daran, dass es keineswegs selbstverständlich ist, seine Miete zahlen zu können. Dengler war in Hochstimmung.

Sie hatten sich im Basta verabredet. Mario war da, sein Freund seit Kindertagen, Leopold Harder kam gerade zur Tür herein, zerknautscht wie immer, und Martin Klein, sein Nachbar, der auf demselben Stock wohnte, gab dem kahlköpfigen Kellner ein Handzeichen: eine Flasche Rotwein. Vom Besten. Georg hatte ausnahmsweise Geld. Ein seltener Grund zum Feiern.

Nur Olga fehlte.

Der kahlköpfige Kellner stellte eine Flasche Nebbiolo auf den Tisch, verteilte vier Gläser. Leopold Harder ließ sich auf den Stuhl fallen und nahm sich sofort ein Glas. »Scheißleben«, stöhnte er und goss sich den Rotwein ein. Er war Journalist, arbeitete in der Wirtschaftsredaktion des *Stuttgarter Blattes,* einer der beiden großen Zeitungen der Stadt, aber sinkende Auflagen und die irrwitzige Politik der Verleger schliffen ihm tiefe und immer neue Falten ins Gesicht, sodass er von Tag zu Tag zerknitterter aussah.

Die Blicke der Freunde richteten sich auf Dengler.

»Welch Wunder ist geschehen? Wieso hast du Geld, uns einzuladen?«, fragte Harder.

»Es ist wirklich ein Wunder«, sagte Dengler und erzählte von dem anonymen Absender, dem Handy und den drei Bündeln Geldscheinen. Als wolle er seine Geschichte beglaubigen, zog er das Samsung-Handy aus der Tasche und legte es auf den Tisch. Da lag es nun wie ein erstarrtes schwarzes Insekt, und Denglers Freunde betrachteten es schweigend.

»Mmh, ich wäre vorsichtig«, sagte Harder. »Wenn du das Geld von dem Unbekannten jetzt ausgibst, musst du den Auftrag später annehmen. Egal, ob er dir passt. Egal, ob es möglicherweise illegal ist. Vielleicht ist der Absender ja irgendein Krimineller.«

»Muss er nicht, Leo. Das Geld kam ohne Absender, ohne Empfangsbestätigung. Ohne alles. Georg kann jederzeit sagen, er habe es nie erhalten. Es gibt kein Risiko«, sagte Mario und hob die Hand. »Noch eine Flasche, bitte!«, rief er dem kahlköpfigen Kellner zu.

»Wer weiß! Vielleicht wird das ein ganz spannender Fall«, sagte Martin Klein und hob das Glas. »Ein Fall, der mit einem guten Rotwein beginnt, kann so schlecht nicht werden.«

Alle lachten. Klein interessierte sich immer für Denglers Fälle, und alle am Tisch wussten, dass Martin einen großen Traum träumte: einen Kriminalroman zu schreiben. Alles, was ihm dazu fehlte, war ein geeigneter Stoff, und jetzt, dieses anonyme Handy und der große Geldbetrag: Vielleicht war das ja der Anfang einer Geschichte, die er zu seinem ersten Kriminalroman verarbeiten konnte.

»Erzähl uns auf jeden Fall, wie es weitergeht«, sagte er.

Martin Klein verdiente sein Geld mit dem Schreiben von Horoskopen. Woche für Woche veröffentlichte er in der Zeitung *Der aktuelle Sonntag* Kurzhoroskope. Er gab es nicht zu, aber seine Freunde waren sich sicher, dass er außerdem die Jahreshoroskope für einige der angesehensten Frauenzeitschriften schrieb. Leopold Harder vermutete, dass im November, wenn *Brigitte* und *Cosmopolitan*, *Vogue* und *Freundin* die Jahreshoroskope für ihre Leserinnen veröffentlichten, Martin Klein eine große Überweisung von diesen Zeitschriften erhielt. Im Dezember und Januar trug Martin Klein Spendierhosen und gab den Freunden im Basta großzügig Runden mit gutem Rotwein aus, im Frühjahr und im Sommer wurde er sparsamer und im Herbst geizig, bis ihn im November erneut ein Geldsegen heimsuchte.

Einen Kriminalroman schreiben. Statt dieser ewigen Horoskope. Dengler kannte die unzähligen Bücher über das Schreiben, die in Kleins Bücherregal standen. Martin Klein wusste wahrscheinlich alles über das Schreiben, doch was ihm fehlte – und darüber sprach er oft mit Dengler –, war ein Stoff, ein Fall, eine spannende Story. Deshalb hatte er sich damals sehr gefreut, als Dengler in dasselbe Haus, sogar in denselben Stock des Hauses einzog, in dem er lebte. Ein ehemaliger Zielfahnder des Bundeskriminalamtes – ein Wink des Schicksals! Er brauchte diesem Privatermittler nur über die Schulter zu schauen, und dann würde er den aufsehenerregenden Stoff finden, den ihm die Verleger, Buchhändler und Leser aus der Hand reißen würden. Dengler ahnte, was in seinem Freund vorging: das anonyme Handy, die große Geldsumme – nicht schlecht, gar nicht schlecht, das konnte tatsächlich der Anfang einer Story sein! Martin Klein hob das Glas und prostete seinen Freunden zu.

Der kahlköpfige Kellner brachte eine neue Flasche, Mario schenkte ihnen ein, Dengler sagte:»Geht auf meine Rechnung!«, und Leopolds zerknittertes Gesicht glättete sich.

In diesem Augenblick summte das Handy, die Resonanz der hölzernen Tischplatte verstärkte den Ton zu einem bedrohlichen Schnarren, das Telefon ruckte mit jedem Ton und begann, sich um die eigene Achse zu drehen, als wäre es lebendig geworden.

## 7. Erfurt, Landeskriminalamt Thüringen

Manchmal träumte Marius Brauer. Er legte dann die Füße auf den Schreibtisch und sah durch das Fenster seines Büros im Landeskriminalamt hinunter auf die vorbeifahrenden Autos. Immer noch sagte die kleine böswillige Stimme irgendwo in seinem Hinterkopf: alles Westautos. Nach so vielen Jahren! Immer noch diese Stimme. Alles Westautos. Alles Westverwandtschaft.

*Mein Schmuck ist mein Halstuch,*
*das blaue, schaut her,*
*ich halt es sauber,*
*es kleidet mich sehr.*

Sein Vater hasste es, wenn er das blaue Tuch der Jungpioniere umband.

Lange her.

Später hasste er das rote Tuch, das sein Sohn als Thälmann-Pionier trug. Steck die Rotzfahne in die Hosentasche, sagte er. Marius tat es und band es dann erst kurz vor dem Fahnenappell über den grauen Pullover. Appell zum Tag der Befreiung. Unterricht bis mittags um ein Uhr. Mittwochs Pioniernachmittag. Tannenzapfen sammeln, damit die Rentner heizen können. Bucheckern sammeln für die Wildschweine, Hagebutten sammeln für – ja, für wen sammelte er damals eigentlich die Hagebutten? Er hatte es vergessen. Unvergessen jedoch: Trupps bilden, die von Haus zu Haus gehen, Altstoffsammlung. Das Soll betrug zwei Kilogramm. Beim Klassenkameraden Arthur halfen der Vater, die Mutter, und sogar seine ältere Schwester, die ihn sonst nicht mochte, half mit. Zwölf Kilo Papier, Pappe und leere Flaschen schleppte Arthur am nächsten Tag in die Schule. Das gab eine Belobigung im Klassenbuch, eine Wandzeitung nur für den jungen Helden. Brauer stellte sich die Tonnen, die Züge, die Lastkähne voller Altstoffe vor, die die Kinder der DDR zum Ruhme des Sozialismus und zur Senkung der Lebenshaltungskosten der Arbeiterklasse gesammelt hatten. Wo ging das nur alles hin? Westexport?

Timurhelfer war er gern. Er trug alten Leuten Kohle aus dem Keller in die Wohnung, er verteilte Essen der Volkssolidarität an Rentner, und er war stolz auf das Timurhelfer-Abzeichen, das er irgendwann bekam.

Arthur half niemals alten Leuten.

Sie gingen in dieselbe Klasse – Erweiterte Oberschule Wilhelm von Humboldt. Arthurs Eltern forderten ihren Sohn nicht auf, das blaue oder rote Halstuch in die Hosentasche zu stecken. Arthurs Eltern trugen das »Bonbon«, das Parteiabzeichen, hatten den Kontakt zur Westverwandtschaft abgebrochen, wie sie jedermann erzählten. Arthur kam mit gebügeltem weißem Pionierhemd in die Schule; das Hemd hatte sogar gebügelte Schulterklappen. Niemand konnte ihn leiden. Außer den Lehrern natürlich. »Wer hat Klassendienst? Ah, Arthur. Also: Wer fehlt?« Und Arthur trat vor, machte Meldung, schlug ein Morgenlied vor.

*Guten Tag, du neuer Morgen*
*bist so jung und fröhlich wie wir.*

Marius hasste ihn.

Arthur hasste ihn zurück.

Und jetzt?

Jetzt saß Arthur ein Stockwerk höher in einem Eckbüro und war sein Vorgesetzter.

Arthur hasste ihn immer noch.

Nach der Schule ging Arthur zur NVA, wurde Offizier und studierte anschließend Kriminalistik an der Humboldt-Universität in Berlin. Sie verloren sich aus den Augen, und keiner von beiden trauerte deshalb.

Marius Brauer schloss die Augen. Wie merkwürdig das alles war. Er erinnerte sich, wie er am 7. Oktober 1989 all seinen Mut zusammennahm und zur ersten Demonstration seines Lebens ging; Treffpunkt vor der Kaufmannskirche in Erfurt. Achtzig Verrückte. Achtzig Mutige. Achtzig Helden und Heldinnen. Die Volkspolizei zog dreihundert Bewaffnete zusammen. Gegen Leute wie ihn. Gegen Jungs, die Angst hatten. Große Angst. Aber noch mehr Mut.

Am 4. Dezember demonstrierten sie vor dem Stasi-Gebäude in der Andreasstraße. Er sah das Bild vor sich, wie er damals vor dem gefürchteten Gebäude stand, eine Kerze in der linken Hand. Mit der rechten schützte er die Flamme vor dem Wind. Einmal glaubte er, er hätte Arthur gesehen. Arthur, der für einen Augenblick an einem Fenster des hell erleuchteten Gebäudes die Gardine zur Seite geschoben hatte, um einen Blick auf die Demonstranten zu werfen. Vielleicht war es Arthur, vielleicht hatte er sich aber auch getäuscht. Es waren schon mehr Mutige geworden, die vor dem Stasi-Haus demonstrierten. Sie wollten verhindern, dass die Stasi-Leute die Akten schredderten. Es war eine Welle, die wuchs und wuchs, sie wussten nicht, wie es weitergehen sollte, aber es würde nie wieder so sein wie vorher. Einiges würde sich ändern, vielleicht alles. Marius Brauer arbeitete im Erfurter Bürgerkomitee mit. Sie sprachen mit der Volkspolizei. Helft uns! Wir wollen nur verhindern, dass die Stasi die Akten vernichtet. Die Volkspolizisten, alte, erfahrene einfache Männer, nickten. Sie spürten die kommende Veränderung ebenso wie die jungen Männer und Frauen, die auf den Straßen demonstrierten. Sie wollten keine Fehler machen, sie wussten nicht, wie die Sache ausging. Sie wollten, so stellte Marius staunend fest, am liebsten ihre Ruhe. Aber man konnte mit ihnen reden. Sie halfen. Keine Akten schreddern!

Brauer sah hinunter auf die Straße. Plötzlich war da ein bitterer Geschmack in seinem Mund. Niemals hätte er damals gedacht, dass wenige Jahre später ein Geheimdienst erneut Akten vernichten würde. Nicht die Stasi, sondern der Geheimdienst des Westens. In Erfurt haben wir es verhindert, in Köln liefen die Maschinen heiß. Hätte er das damals für möglich gehalten? Damals, als er mutig und ängstlich mit seiner flackernden Kerze in der Kälte vor dem Stasi-Gebäude stand?

Diese Erfahrungen, das Bürgerkomitee, die Verhandlungen mit der Volkspolizei, die neuen Freiheiten, zu erleben, wie aus Untertanen plötzlich Bürger wurden, das zu sehen an anderen, aber vor allem an sich selbst, hob ihn hoch in die Luft, machte ihn stark und frei, gab ihm ein solch erhebendes Gefühl, wie er es nie wieder haben sollte. Plötzlich wusste er, was er mit seinem Leben anfangen würde. Er würde die neue Freiheit verteidigen. Dabei wollte er mithelfen. Jetzt wusste er es. Direkt nach der Wende meldete er sich: Er wollte Polizist werden.

Kein Gedanke an Arthur.

Ausbildung bei der Bereitschaftspolizei in Hessen. Staatsbürgerkunde. Jeder konnte seine Meinung sagen. Sagte man etwas Kritisches, passierte einem nichts. Wahnsinn. Dann zurück nach Erfurt. Er kam ins Landeskriminalamt, Abteilung OK, Organisierte Kriminalität. Es gab viel zu tun. Er stürzte sich in die Arbeit. Er war jung. Sein Leben hatte einen Sinn.

Kein Gedanke an Arthur.

Als die Sonderkommission gegründet wurde, hatte er sich sofort gemeldet. Die Soko Rex ermittelte gegen politisch motivierte Straftaten von Rechtsextremen. Marius Brauer war von Anfang an dabei. Manchmal wünschte er, er wäre es nicht gewesen. Er bekam zu viel mit. Böhnhardt hatte ihm im Vernehmungszimmer gegenübergesessen. Ein brutaler Schläger mit dem Hirn eines Spatzen. Türstehermilieu. Rotlicht. Ein Typ, der ausführt, was ihm befohlen wird. Mundlos hatte ihm im Vernehmungszimmer gegenübergesessen. Intelligent, doch hochfanatisiert. Nicht ansprechbar. Die schlaue Beate saß ihm gegenüber. Die Klügste von den dreien. Damals gab es noch kein »Trio«. Damals, als er ein junger, ein begeisterter Polizist in Thüringen war, gab es eine Szene aus 160 Neonazis.

Er hatte im TKÜ-Keller gesessen und ihre Telefone abgehört. So viele Abende, so viele Nächte. Alexandra drohte, ihn zu verlassen. Plötzlich begriff er, dass einige Telefonate außergewöhnlich waren. Außergewöhnlich kurz. Nur Verabredungen. Codes. Mit Personen außerhalb der Szene.

Er verstand es lange nicht. Und als er es verstand, wurde die Soko Rex aufgelöst.

Seither stand er unter Beobachtung.

Jetzt war er für Wirtschaftsdelikte zuständig.

Und er hatte einen neuen Vorgesetzten.

Arthur.

Er hatte ihn fast nicht erkannt.

Er war kräftig geworden, trug einen Bürstenhaarschnitt. Auf seinem Schreibtisch stand eine kleine Flagge der USA. Daneben ein Foto: Arthur mit drei anderen Typen, grinsend alle vier. New York. Times Square.

Arthur war Thüringens erster Polizist, der eine FBI-Akademie besucht hatte.

Ein hohes Tier.

Und sein Chef.

Es war zum Verrücktwerden.

Marius Brauer saß hinter seinem Schreibtisch und sah die Autos unten auf der Straße vorbeiziehen. Sie verschwammen vor seinem Auge in eine unendliche weißgrau gemusterte Schlange. Westautos, dachte er wieder.

Er wusste so viel.

Und ihm war klar, dass sein Wissen gefährlich war.

## 8. Der Auftrag

Keiner der Freunde sagte etwas, alle starrten das schwarze Handy an, das sich schnarrend vor ihnen auf dem Tisch drehte wie ein riesiges, unbeholfenes Insekt.

»Willst du nicht rangehen?«, fragte Martin Klein.

Dengler stand auf, beugte sich herab, nahm das Telefon in die Hand, drehte sich um und ging zum Ausgang, öffnete die Tür, trat auf die Wagnerstraße, sah noch einmal auf das Telefon, das ihm auf dem Display »Unbekannter Anrufer« meldete, drückte die grüne Empfangstaste und meldete sich: »Ja?«

»Spreche ich mit Georg Dengler?«

Eine Stimme, merkwürdig verzerrt, durch einen Zerhacker gejagt.

»Am Apparat.«

»Freut mich. Sie haben das Telefon erhalten.«

»Ja. Sicher. Ich telefoniere ja mit Ihnen damit.«

»Und das Geld auch, vermutlich?«

Dengler blickte sich um. Beobachtete ihn der fremde Anrufer? Aber es war niemand zu sehen. Unten in der Wagnerstraße stand eine junge Frau vor dem Geschäft mit schottischen Antiquitäten und Teegeschirr; sie sah nicht zu ihm herüber, sondern schien ganz in die Betrachtung des Schaufensters versunken. Sonst war die Straße leer. Durch das Fenster sah er die Gäste im Basta, die sich vor der Theke drängten. Auch in den Fenstern der Häuser sah er niemanden, nicht einmal einen Schatten.

»Ja. Habe ich. Was wollen Sie von mir?«

»Ich beauftrage Sie mit einer Ermittlung. So nennt man das doch, oder?«

Der unbekannte Anrufer lachte. Selbst der Zerhacker konnte das Unsichere in dem hellen Lachen nicht verbergen. Dengler registrierte es und war überrascht.

»Ich nehme keine illegalen Aufträge an.«

Erneutes Lachen. Diesmal keineswegs unsicher.

»Ich verlange nichts Illegales.«

»Sondern?«

»Ihr Auftrag lautet: Wer erschoss Uwe Mundlos und Uwe Böhnhardt?«

»Die beiden Nazi-Terroristen? Die haben sich selbst erschossen. Wissen Sie das nicht?«

»Der Auftrag lautet: Wer erschoss Uwe Mundlos und Uwe Böhnhardt?«

»Das macht doch keinen Sinn. Die Antwort auf diese Frage können Sie in jeder Zeitung nachlesen.«

»Noch etwas: Werfen Sie dieses Handy weg! Ich schicke Ihnen ein neues.«

»Hallo?«

Die Verbindung war unterbrochen.

Dengler wartete einen Moment, dachte nach, ging zurück ins Basta und setzte sich zu seinen Freunden.

»Und?«, fragte Martin Klein. »Was wollte der Anrufer von dir?«

»Ich hab einen Auftrag bekommen«, sagte er und wog das Handy in der Hand.

»Erzähl schon«, sagte Martin Klein. »Lass uns nicht hängen.«
Mario füllte sein Glas. Dengler hob es hoch, aber er trank nicht.
»Es ist seltsam. Der Auftrag lautet: Wer erschoss Uwe Mundlos
und Uwe Böhnhardt?«
Alle sprachen sofort durcheinander. Mario: »Die beiden Arschlö-
cher haben sich selbst erschossen. Sollten alle Neonazis so ma-
chen.« Leo: »Das macht doch keinen Sinn. Die Antwort auf diese
Frage kennt doch jeder: Selbstmord!« Martin Klein, enttäuscht:
»Mehr wollte der Anrufer nicht?«
Dengler hob die Hand.
»Das ist alles so widersprüchlich. Das Prepaid-Handy, das sich
kaum orten lässt. Die Stimme – durch einen Zerhacker verstellt.
Die große Geldsumme – und dann eine Frage, deren Antwort
man in jeder Zeitung nachlesen kann.«
»Vielleicht wohnt der Anrufer im Ausland und liest keine deut-
schen Zeitungen«, sagte Leo.
»Wahrscheinlich glaubt er nicht an einen Selbstmord«, sagte Martin Klein.
Mario: »Vielleicht hast du einen Sponsor gefunden. Da draußen ist ein geheimnisvoller Gönner, jemand, der dir einfach eine
Stange Geld zukommen lassen will.«
Dengler lächelte ungläubig, auch wenn er wusste, dass Mario Bilder malte, die immer von demselben geheimnisvollen Samm-
ler gekauft wurden. Keiner der Freunde hatte diesen Mäzen je
zu Gesicht bekommen. Aber wenn Mario sich hin und wieder
in sein Atelier zurückzog, für einige Wochen den Kontakt mit
den Freunden abbrach, dann tauchte er danach meistens mit einem neuen Bild auf, einer abstrakten Orgie aus Blau, Rot und
Gelb, die er auf einer übergroßen Leinwand gemalt und die ihm
alle Kraft aus dem Körper gezogen hatte, denn nach einer solchen Malperiode, die er ohne Schlaf mit viel Kaffee und einer
Schachtel Amphetamintabletten verbrachte, war Mario zitterig,
konnte kaum sprechen und schlief danach drei Tage lang. Kurze
Zeit später war das Gemälde aus dem Atelier verschwunden, und

Mario, sonst immer knapp bei Kasse, wurde für einige Wochen zu einem großzügigen Gastgeber. Zwischen diesen Perioden des Auf und Ab verdiente Mario Geld, indem er an seinem Wohnzimmertisch Gäste bewirtete. Mittlerweile gab es einen beachtlichen Freundeskreis, der sein Eintischrestaurant besuchte. Mario kochte so gut, dass sein Wohnzimmertisch mittlerweile zum Geheimtipp in der Stuttgarter Feinschmecker- und Künstlerszene geworden war.

»Was wirst du tun?«, fragte Leo.

»Wir vertrinken bereits das Honorar. Also: Ich werde ermitteln und einen Bericht schreiben. Ein leichter, gut bezahlter Fall. Um ehrlich zu sein: Das ist genau das, was ich gebraucht habe.«

Sie hoben die Gläser.

»Und ungefährlich«, sagte Martin Klein leise, und Georg wusste sofort, woran Martin dachte: Damals, als Georg vom Bundeskriminalamt beauftragt worden war, die Untersuchungsakten zum Münchner Oktoberfest-Attentat[2] von 1980 neu zu prüfen, hatte Martin Klein ihm geholfen. Der Fall hatte sich dramatisch zugespitzt – Martin geriet zwischen die Fronten und landete schließlich mit lebensgefährlichen Verletzungen im Krankenhaus.

»Klingt nach Schreibtischjob«, sagte Leo.

Rückblende
## 9. Köln, 10. Juni 2004, Wohnung von Tufan Basher, Keupstraße

In Tufans Traum platzt das Oberlicht noch einmal. Und noch einmal. Und ein drittes Mal. Es sind wuchtige Stöße, die gegen das Fenster donnern, Holz splittert, Scheiben brechen. Er liegt auf dem Boden, Frau Uzun beugt sich über ihn und rüttelt an seiner Schulter. »Wach auf, Tufan! Einbrecher! Einbrecher sind da.«

Tufan wachte auf und sah das verzerrte Gesicht seiner Frau über sich.

»Einbrecher!«, rief sie. »Schnell, wach auf! Einbrecher sind an der Tür.«

Etwas krachte gegen die Wohnungstür.

»Anne, Anne, Baba!« Die Stimme seines Sohns.

Fehmi stand in der Tür ihres Schlafzimmers, den Daumen der rechten Hand im Mund, mit der linken zog er seine Schmusedecke hinter sich her.

Broch! Erneut donnerte etwas Schweres gegen die Wohnungstür.

Tufan sprang aus dem Bett, rannte zu Fehmi, nahm ihn hoch und trug ihn zu seiner Mutter, lief dann in den Flur, drehte sich noch einmal um und schloss die Schlafzimmertür. Er riss das Telefon aus der Halterung und rannte zurück ins Schlafzimmer, drückte es seiner Frau in die Hand.

»Ruf die Polizei an. Notruf 110. Schnell!«

Erneut krachte ein schwerer Gegenstand von außen gegen die Tür. Tufan rannte vom Schlafzimmer in die Küche, sah sich um, schnappte das Brotmesser von der Arbeitsplatte und stürzte erneut zurück in den Flur.

Was sollte er tun? Ein Buchhändler im Schlafanzug mit einem Brotmesser.

Krachend fiel die Wohnungstür in den Flur. Tufan sprang zurück, stellte sich vor die Schlafzimmertür, das Brotmesser in der Hand. Mehrere Schatten tauchten auf, sprangen ihn an, »Polizei«, hörte er rufen, Fehmi schrie wie am Spieß. Tufan ging zu Boden, zwei maskierte Männer waren über ihm, einer bog seinen Arm auf den Rücken. Er ließ das Messer fallen. Zwei andere Männer stürmten ins Schlafzimmer.

»Neiiin!«, brüllte Tufan, so laut er konnte.

Auf dem Boden liegend sah er, wie Männer seine Frau im Nachthemd und Fehmi ohne seine Schmusedecke aus dem Schlafzimmer zerrten. Yasemin schrie, Fehmi brüllte. Tufan bäumte sich auf, wurde aber von vier Fäusten auf den Boden gedrückt.

»Polizei«, hörte er. »Polizei.«

Aber er glaubte ihnen nicht.

Zehn Minuten später saßen sie auf der Couch im Wohnzimmer. Tufan war immer noch im Schlafanzug, Yasemin in einen Morgenmantel gehüllt. Sie hielt Fehmi in den Armen und redete leise auf das wimmernde Kind ein. Ein Polizist mit einer Maschinenpistole saß ihnen gegenüber und bewachte sie wie Schwerverbrecher, ein anderer zeigte ihnen den Durchsuchungsbefehl.

Er hörte, wie die Polizisten in der Küche Schränke aufrissen, er hörte den Tontopf mit dem Mehl auf dem Boden zerbersten, Tufan hörte, wie sie die Besteckschublade rausrissen, er hörte das Klirren der Teller, als die Polizisten sie aus dem Wandschrank hoben, er hörte, wie die Lade der Geschirrspülmaschine aufgerissen wurde. Im Schlafzimmer wurde die Matratze aus dem Bett gewuchtet, die Schranktüren und Schubladen wurden von fremden Männern aufgerissen. »Meine Gardinen«, sagte Yasemin und griff nach seiner Hand.

»Baba«, rief Fehmi und schmiegte sich an ihn.

Er konnte seine Familie nicht schützen.

In seinem Kopf war kein Platz für einen anderen Gedanken. Dieser eine Gedanke füllte seinen Schädel vollständig aus. Er dachte nur das. Diesen einen Satz. Ununterbrochen.

Ich kann meine Familie nicht schützen.

Die Polizisten wüteten in der Wohnung, bis die Sonne aufging. Dann setzte sich ein Mann im Anzug ihm gegenüber in den Sessel.

»Herr Basher! Sie machen Geschäfte mit den Kurden.«

»Selbstverständlich«, sagte Tufan leise.

»Heroin? Drogen? Waffen?«

»Bücher«, sagte Tufan. »Ich bin Buchhändler. Ich verkaufe Bücher auch an meine kurdischen Nachbarn.«

»Zahlen Sie Schutzgeld an die Kurden? An die PKK? An sonst wen?«

»Ich zahle. Steuern. Regelmäßig. Alle drei Monate bucht das Finanzamt die Steuern ab.«

»Haben Sie Angst? Werden Sie bedroht?«

»Im Augenblick fühle ich mich nur von Ihnen bedroht.«

Der Beamte verzog das Gesicht und stand auf:»Ich rate Ihnen, mit uns zu kooperieren. Wir untersuchen einen Anschlag. Wer bei einem solchen Verbrechen nicht mit der Polizei kooperiert, hat etwas zu verbergen. Und wir finden heraus, was Sie zu verbergen haben. Das verspreche ich Ihnen, Herr Tufan Basher.« Dann zeigte er ihm ein Formular.»Sie müssen unterschreiben, dass in Ihrer Wohnung nichts fehlt. Und das hier ist eine Vorladung. Heute Vormittag um zehn Uhr. Ich rate Ihnen, pünktlich zu sein.«

## 10. Sieben goldene W

»Wie wär's, wenn wir dir ein bisschen helfen?«, fragte Martin Klein.

Dengler sah ihn an und runzelte die Stirn.

»Wir bilden ein Ermittlungsteam: Leo, Mario und ich, wir sind deine Hilfsermittler. Du zeigst uns, wie man so etwas macht, und wir helfen dir.«

»Superidee«, sagte Mario.»Und du bezahlst uns mit Rotwein.«

Leo schmunzelte.»Ein Laien-Ermittlerteam. Ich könnte die alten Presseberichte besorgen. Wann haben sich die beiden eigentlich erschossen? 2010 oder 2011?«

»Im November 2011«, sagte Dengler. Seine Stimmung verdüsterte sich. Er erinnerte sich an seinen Freund Tufan. Wie war das damals noch gewesen?

»Also: Sag schon Ja, Georg«, drängte Martin.»Ich hab grad eh nichts zu tun.«

Dengler seufzte. »Leute, das geht nicht. Ermittlungen haben bestimmte Abläufe, Regeln, die man als Polizist kennt. Ich müsste euch ein paar Grundsätze der Kriminalistik beibringen.«

»Genau«, sagte Klein. »Die könntest du uns tatsächlich beibringen.«

Alle sahen ihn an.

»Warum nicht? Superidee«, sagte Mario.

»Wenn ihr mir dann nicht mehr mit eurer Vorstellung einer Laien-Ermittlergruppe in den Ohren liegt. Also o. k., meinetwegen. Vielleicht hilft es mir ja, meine Gedanken zu ordnen.«

Dengler zog sein Notizbuch und einen Kuli aus der Hosentasche.

»Die sieben goldenen ›W‹ der Kriminalistik«, sagte Dengler, »sind das Wichtigste überhaupt und in der Regel ein guter Start in eine Ermittlung. Die grundsätzliche Frage ist: Wer hat Was Wo Wie Wann Womit und Warum getan? Wenn man die Antwort auf jede dieser Fragen weiß, hat man in aller Regel den Fall gelöst.«

»Hinter jedem einzelnen ›W‹ steht also ein eigenes Analysefeld«, sagte Leo. »Wer ist der Täter oder die Täterin? Was ist die Tat?«

»Ja, ›Wo‹ ist der Tatort, ›Wie‹ der sogenannte Modus Operandi, ›Wann‹ die Tatzeit, ›Womit‹ die Waffe oder das Tatmittel, ›Warum‹ das Motiv.«

»Wir untersuchen den Selbstmord von Uwe Mundlos und Uwe Böhnhardt also nach diesen sieben Analysefeldern?«, fragte Martin Klein.

»Leute, ist das alles wirklich nötig? Bei allem Spaß, aber ich habe wirklich anderes zu tun«, sagte Mario plötzlich. »Georg, schreib doch einfach einen Bericht: Die beiden Neonazis Uwe Mundlos und Uwe Böhnhardt haben sich selbst erschossen. An diesem Datum, um soundso viel Uhr, mit diesen oder jenen Waffen, weil sie Angst vor einer Festnahme hatten. Und das war's. Dann hast du deinen Job gemacht.«

»Wenn mir jemand 15 000 Euro bezahlt, dann erwartet er wohl eine sorgfältige Arbeit. Und ich erwarte das auch von mir.«

Martin Klein: »Lasst uns anfangen. Also: Was mache ich? Leo, schick mir ein paar Artikel aus dem Archiv. Ich schau mal, was der aktuelle Stand der Ermittlungen ist.«

Dengler hob resigniert sein Glas:»»Macht, was ihr wollt.« Und Mario winkte dem kahlköpfigen Kellner:»Noch einen Nebbiolo, bitte!«

## 11. Der Zauber des Anfangs

Jedem Anfang wohnt ein Zauber inne. Von wem stammt das noch? Egal. Es stimmte nämlich nicht. Diesem Anfang wohnte die Angst inne. Und eine ungute Erinnerung.

Es war erst nur ein unbestimmtes Gefühl gewesen, jetzt wurde ihm immer klarer, was ihm an diesem Auftrag so missfiel. NSU-Trio. Die sogenannten Döner-Morde. Und ...

Er erinnerte sich gut an den Bombenanschlag auf der Kölner Keupstraße. Dengler hatte damals, im Jahr 2004, die Umzugskisten noch nicht ausgepackt. Alles war so rasend schnell gegangen. Seine Kündigung im Bundeskriminalamt, die Erleichterung bei Dr. Müller, dass er endlich das BKA verließ, die Enttäuschung, dass keiner seiner Vorgesetzten ihn umstimmen wollte, seine Kollegen, die Erstaunen über seinen Schritt zeigten, aber sie staunten nur deshalb, weil er mit diesem Schritt alle Pensions-ansprüche verlor.

Sie hielten ihn für einen ausgemachten Idioten. Und vermutlich hatten sie recht.

## 12. Köln, 10. Juni 2004, Polizeipräsidium

»Noch sind Sie Zeuge, Tufan.«

»Herr Basher, bitte. Und was bitte sollte ich anderes sein als ein Zeuge?«

»Sie machen Geschäfte mit den Kurden, Tufan.«

»Ich bin für Sie: Herr Basher. Ich verkaufe Bücher. Auch an Kurden. An jeden, der ein Buch braucht. Das habe ich Ihnen schon mehrfach gesagt. Ich verkaufe jedem Bücher, der in meinen Laden kommt und welche kaufen will.«

»Bezahlen Sie der PKK Schutzgeld?«

»Nein. Ich bezahle nur Steuern.«

»Machen Sie hier keine Witze, Tufan.«

»Das ist leider kein Witz.«

»Wer zahlt in der Keupstraße an die PKK?«

»Ich glaube, niemand. Aber ich weiß über diese Dinge nichts. Ich bin Buchhändler, wissen Sie.«

»Wir glauben, dass Sie verantwortlich sind für die Bombe.«

»Ich?«

»Sie waren am Tatort?«

»Ich wollte helfen. Mein Geschäft ist nur ein paar Meter … Fragen Sie doch Ihre beiden Kollegen. Die waren doch da und müssen alles gesehen haben.«

»Werd nicht frech.«

Ein zweiter Polizist kam in das Büro, flüsterte seinem Kollegen etwas ins Ohr. Daraufhin verließen beide das Verhörzimmer.

Nach einigen Minuten kam der Polizist wieder. »Tufan Basher, Sie können jetzt gehen. Sie werden sich jeden Tag bei mir melden. Das nächste Mal müssen Sie damit rechnen, als Beschuldigter vorgeladen zu werden.«

»Beschuldigter?«

»Wir kriegen dich dran. Glaub mir. Wir kriegen dich.«

Auf dem Rückweg durch die endlosen Flure hörte er das Gespräch zweier Polizisten.

»Du kennst doch den Dengler? Von der Zielfahndung in Wiesbaden?«

»Klar, Georg Dengler – der ist der Beste, den sie dort haben.«

»Hatten! Der ist nicht mehr in Wiesbaden. Der macht jetzt einen auf Privatdetektiv in Stuttgart, hab ich gehört.«

»Ach du Scheiße – hat er silberne Löffel geklaut?«

»Keine Ahnung.«

An diesem Tag hörte Tufan Basher den Namen Dengler zum ersten Mal.

Am nächsten Tag rief er die Auskunft an und ließ sich die Telefonnummer eines Georg Dengler in Stuttgart geben.


## 13. Dengler und Olga


Als er am nächsten Morgen aufwachte, war ihm auf einmal leicht ums Herz. So, als wöge er nichts.

Dengler schaute auf die Fliesen, ob seine Füße tatsächlich den Boden berührten, und tatsächlich, er trat fest auf, obwohl ihm zumute war, als würde er einer unbekannten Choreografie folgend wie von selbst über den Küchenboden geführt werden.

Olga kommt zurück.

Heute Abend.

Er nahm das Küchenhandtuch, legte es über die linke Schulter, hielt den unteren Zipfel mit der rechten Hand fest und drehte sich durch die Küche, den Kopf an den oberen Tuchrand geschmiegt. Er drehte sich, machte einen Ausfallschritt, das Gesicht entgleiste wie bei einem glücklichen Idioten, noch eine Drehung, und er stand vor dem kleinen CD-Spieler, den er auf das Regal neben dem Fenster gestellt hatte, drückte eine Taste, drehte sich zurück in die Zimmermitte, die Augen geschlossen und wartete auf die Musik.

Junior Wells sang Denglers Lieblingsblues.

*Please help me*
*Oh Lord, I can't do it all by myself*

Junior Wells füllte die kleine Küche mit den silbernen Tönen seiner Mundharmonika. Dengler tanzte. Wendete sich, drehte sich, sodass er erneut vor dem CD-Spieler stand, drehte den Lautstärkeregler nach rechts bis zum Anschlag.

*I may have to wash*
*I may have to sew*
*I may have to cook*
*I might mop the floor*
*But you help me babe*

Olga kommt zurück.

Heute Abend.

Noch eine Drehung, und er kam abrupt vor der Spüle zu stehen. Die Teller stapelten sich in einer gewagten Turmkonstruktion, eingetrocknete Knoblauch- und Tomatenreste waren unübersehbar. Er atmete tief ein – sie waren auch zu riechen.

Dengler seufzte. Mit der Rechten zog er das Handtuch von der Schulter. Er stellte Junior etwas leiser, der zum nächsten Song wechselte.

*Got my mojo working, but it just won't work on you*
*Got my mojo working, but it just won't work on you*
*I wanna love you so bad till I don't know what to do*

Dengler machte sich an die Arbeit.

Er spülte das Geschirr, trocknete es ab, räumte Teller, Tassen und Gläser in den Küchenschrank, schrubbte den Herd und säuberte die Spüle, wischte den Boden und öffnete die Fenster. Müssten auch dringend geputzt werden! Vielleicht sollte man es aber auch nicht übertreiben. Er trug das mittlerweile völlig nasse Küchenhandtuch ins Schlafzimmer, stopfte es in den Wäschesack, überlegte, ob es nicht besser wäre, das Ding erst trocknen zu lassen, verwarf den Gedanken aber wieder, sah die Van-Morrison-CD auf dem Boden liegen, drehte sich mit einer mehr oder weniger eleganten Bewegung erneut, bückte sich dabei, hob die Scheibe mit der rechten Hand auf, drehte sich tanzend durch den Flur zurück in die Küche, stoppte vor dem CD-Spieler, nahm Junior raus und legte Van The Man ein, drückte den Startknopf, blieb in der Mitte der Küche stehen und überlegte, was als Nächstes zu tun war. Erst mal Van Morrison zuhören.

*I heard Leadbelly and Blind Lemon*
*On the street where I was born*
*Sonny Terry, Brownie McGhee,*
*Muddy Waters singin' »I'm A Rolling Stone«*
*I went home and read my Christmas Humphreys' book on Zen …*
*What's my line?*
*I'm happy cleaning windows*

Er wollte das Bett neu beziehen. Mit vier ausholenden Tanzschritten und drei Drehungen stand er im Schlafzimmer.

*And I'll stand beside you, beside you,*
*Oh child, to never wonder why …*

Mit einer letzten Drehung ließ er sich aufs Bett fallen.
Olga kommt.
Hurra!

Dengler sprang mit einem Ruck aus dem Bett. Er legte Kissen und Bettdecke auf den Hocker, zog das Leintuch herunter und stopfte es in den Ikea-Behälter mit den Luftlöchern.

In der Küche sang Van Morrison jetzt im Duett mit John Lee Hooker:

*I'm back on the corner again*
*In the healing game*

Mensch, dachte er, wenn ich nur ein Motorrad hätte. Ich würde das Nummernschild abschrauben und die Treppen hochfahren, mitten durch die Bahnhofshalle bis an die Gleise, Olga würde sich auf den Sozius schwingen, ich würde Gas geben und wir würden …
Hör auf zu träumen, kümmere dich um die Bettwäsche.

Dengler wühlte im Schrankfach mit dem Bettzeug und zog neue Bezüge für Kissen und Bettdecke und ein weißes Leintuch heraus. Ebenso tapfer wie unbeholfen kämpfte er so lange, bis Kissen und Bettdecke neu bezogen waren. Das Leintuch warf er über das Bett, stopfte die Enden unter die Matratze, zog es über die Diagonalen glatt, und in der Küche sang John Lee.

*In the healing game*

\*

Olga war eine der Ersten in dem langen Strom von Reisenden, die den ICE aus Berlin verließen. Er sah sie sofort. Dann lagen sie sich in den Armen. Hand in Hand liefen sie die Königsstraße hinauf, doch sie kamen kaum vorwärts. Dicht an dicht drängten sich die Menschen. Junge, Alte, Männer, Frauen, die meisten mit merkwürdigen roten Schals.
»Was ist denn hier los?«
»Evangelischer Kirchentag«, sagte Dengler. »Wegen des Kirchentags ist in Stuttgart die Hölle los!«

Sie verließen die Königsstraße und liefen durch den Park an der Oper vorbei. Aber auch hier herrschte ein reges Gewimmel von Menschen. Es war heiß, die Sonne brannte auf die Frommen und die weniger Frommen. Auf dem Marktplatz sprach Heiner Geißler. Er wetterte gegen die bayerische Landesregierung, die die Demonstrationen gegen den G7-Gipfel auf Schloss Elmau zu verhindern suchte. »Nach dem Wahlrecht ist das Demonstrationsrecht das zweitwichtigste Recht in unserer Verfassung«, rief er den Zuhörern zu, die sich auf der Schattenseite des Platzes zusammendrängten.

»Hast du eine Ahnung, warum Politiker erst vernünftig werden, wenn sie nicht mehr im Parlament hocken?«, fragte Olga.

Dengler zuckte mit den Schultern, und sie gingen weiter.

\*

Als beide in der Wagnerstraße 39 ankamen, brachte Olga erst einmal die Reisetasche in ihre Wohnung. Nach dem Duschen schlang sie ein orangefarbenes Badetuch um sich. So ging sie durchs Treppenhaus zu Denglers Wohnung hinunter und klingelte. Dengler öffnete. Und da stand sie an den Türrahmen gelehnt und sah ihm in die Augen. Dengler hielt zwei gefüllte Champagnergläser in der Hand. Er erwiderte ihren Blick. Ohne sie aus den Augen zu lassen, stellte er die Gläser auf den Tisch, sie streckte ihre Hand aus, und zusammen gingen sie hinüber ins Schlafzimmer.

\*

»Hast du mich vermisst?«, fragte sie.

»Vermisst‹ ist gar kein Ausdruck ...«

Sie lachte dieses tiefe, kehlige Lachen, das erneut die merkwürdigsten Schauer in seinem erschöpften Körper hervorrief.

Er lächelte. Entspannt. Glücklich.

Ihre Hand fuhr über seine Brust, streichelte seinen Bauch. Dengler streckte die Beine aus. Ihr Zeigefinger umkreiste seinen Bauch-nabel.

»Und? Was hast du sonst noch gemacht, während ich in Berlin war, außer, mich zu vermissen?«

Sie ließ die Hand etwas tiefer gleiten.

»Die Detektei Dengler hat den höchstdotierten Auftrag ange-nommen, seit es diese höchstkompetent geführte Firma gibt.«

»Mmh. Und?«

Ihre Hand rutschte tiefer.

Ihre Zunge streichelte seine Brust.

»15 000 Euro, stell dir vor. Für einen einfachen Auftrag.«

Sie biss zart in seine rechte Brustwarze. Diese reagierte sofort.

Und wieder hörte er das kehlige Lachen, leiser jetzt.

»Das gefällt mir. Du reagierst auf mich.«

Ihre Hand war jetzt zwischen seinen Beinen.

»Überall«, sagte sie.

»Ein … anonymer Auftraggeber. Er hat … Olga, ich kann jetzt nicht weitererzählen.«

Ihre Zunge glitt von der Brust zum Bauchnabel.

»Doch, das kannst du.«

»Ich … Ich weiß nicht … er will von mir etwas wissen.«

»Mmh, interessant.«

Dengler stöhnte leise.

»Ich soll rausfinden, wer Mundlos und Böhnhardt erschossen hat. Du weißt, diese beiden rechtsradikalen Arschlö…, ich kann so nicht erzählen.«

Plötzlich, innerhalb einer Sekunde, fiel das Thermometer unter null Grad.

Weit unter null Grad.

Olgas Körper, eben noch weich und sanft und feuchtwarm, zog sich zusammen und war hart und steif – wie aus Holz geschnitzt.

Sie starrte ihn an.

Dengler verstand nichts.

»*Was* machst du?«

Er tauchte auf wie aus einem schönen Traum, berührte sie an der Schulter, aber sie schüttelte ihn ab.

»*Was* machst du?«

»Was? Den Auftrag? Ja sicher. Es ist super einfach ...«

Sie richtete sich auf.

»Du weißt, dass diese beiden Typen Leute wie mich erschossen haben. Eine Zigeunerin. Ich hätte denen noch gefehlt auf ihrer Killerliste.«

Dengler legte einen Arm um sie. Olga schüttelte ihn ab.

Er sagte:»Ich beschütze dich. Niemand wird dir nur ein ...«

»Du sollst rausfinden, wer die beiden erschossen hat! Die beiden Mörder sollen plötzlich *Opfer* werden! Und du machst da mit. Ausgerechnet du!«

»Hey, Olga, stopp! Bist du wahnsinnig? Ich ergreife für niemanden Partei. Niemals würde ich ...«

»Du hilfst jemandem, die beiden Mörder reinzuwaschen. Ausgerechnet du!«

»Reinwaschen? Auf keinen Fall. Olga ...«

Ihr Gesicht blieb ausdruckslos. Wie eine Maske.

Sie sprang aus seinem Bett. Sie schüttelte sich, als wollte sie seinen Geruch loswerden.

Dengler verstand noch immer nichts.

»Für Geld! Für Geld willst du diesen Verbrechern helfen.«

Sie schnappte sich das Badetuch und band es sich um.

»Dein sogenannter anonymer Auftraggeber – was will er? Die beiden Verbrecher reinwaschen. Und du hilfst dabei. Ich fasse es nicht.«

Sie hastete in den Flur, und kurz danach schlug die Tür zu Denglers Wohnung zu.

Er lag im Bett, und maßlose Hilflosigkeit überkam ihn.

Zwei Mal ging er in der Nacht die Treppe hoch und klopfte an ihrer Wohnungstür.

»Olga, bitte mach auf.«

Keine Reaktion.

»Olga, bitte, ich bin nicht käuflich. Schon gar nicht für … Bitte, lass uns reden.«

Keine Reaktion.

Er legte sich wieder ins Bett und konnte nicht schlafen. Alles roch nach ihr, das Leintuch, der Bezug, das Schlafzimmer, die ganze Wohnung. Er war verzweifelt, dann wurde er wütend. Dengler warf die Decke zurück, sprang aus dem Bett und ging nackt die Treppe hoch.

»Olga, um Himmels willen, lass uns reden.«

Keine Reaktion.

Er ging hinunter, schloss die Wohnungstür, tappte ins Wohnzimmer und fand im Dunkeln die Flasche Whiskey im Schrank.

## 14. Erste Ermittlung

Er hatte nicht geschlafen.

Glaubte er.

Als es hell wurde, war er bereits wach, und ihm war speiübel. Zweimal torkelte er ins Bad und übergab sich. Zu viel Whiskey, zu viel Trauer. Zu viel Enttäuschung.

Dengler stand nackt vor dem Spiegel und starrte in seine unrasierte Visage, die Augen waren blutunterlaufen, klein und verklebt, das Haar stand nach allen Seiten ab, als hätte eine Großfamilie Fledermäuse darin gewütet. Sein Atem stank. Dengler putzte sich die Zähne ohne große Hoffnung, dass sich daran etwas ändern würde.

Bei dem Gedanken an ein Frühstück rebellierte sein Magen erneut. Aber ein Kaffee! Ein Kaffee wäre nicht schlecht. Er suchte die italienische Caffettiera, schraubte sie auf, legte das Sieb auf die Spüle, füllte Wasser in den Behälter, und da kam ihm die großartige Idee, er könne doch endlich mal den Dichtungsring auswechseln, denn der sah schwarz und bröslig aus. Mit dem Zeigefinger kratzte er daran, aber das elende Ding hatte sich festgefressen. Also zog er eine Gabel aus der Schublade, löste damit das halb verkohlte Gummi ab und warf es in den Mülleimer.

Wo waren noch die neuen Dichtungen? Er fand sie im Küchenschrank ganz hinten und drückte einen neuen Ring in die Caffettiera. Der Rest war Routine. Er warf die Kaffeemühle an, füllte das Pulver ein, stellte das Gerät auf den Herd, suchte die Streichhölzer und entzündete die Gasflamme.

Wenn nur diese tierischen Kopfschmerzen nicht wären.

Dengler ging ins Schlafzimmer zurück und wunderte sich, dass seine Kleider verstreut vor dem Bett lagen. Er erinnerte sich an das Zusammensein mit Olga und daran, wie der Abend geendet hatte. Er setzte sich aufs Bett, und eine Woge von Schmerz und Selbstmitleid schlug über ihm zusammen. Was war passiert? Sie nahm ihm diesen Auftrag übel. Verrückt!

Das war doch absolut verrückt.

Er liebte sie.

Und wie.

Er legte sich aufs Bett. Was sollte er machen?

Er würde den Auftrag sofort zurückgeben, wenn Olga ihn so schlimm fand. Aber er hatte mehr als 5000 Euro schon ausgegeben. Die Miete, der Abend im Basta, die neue Jeans und das T-Shirt, die Sachen, die er eigens gekauft hatte, um Olga am Bahnhof zu überraschen. Warum diese ganze Aufregung? Er würde ein bisschen recherchieren. Vielleicht würde er sich ein paar Akten vom BKA besorgen. Etwas lesen. Drei Seiten Bericht schreiben. Und die alten Geschichten alte Geschichten sein lassen.

Mehr nicht.

Warum regte Olga sich darüber so auf?

Er dachte an die letzte Nacht. Er dachte an ihre Süße, ihre Leidenschaft, ihre Freude an ihm. Dengler schüttelte den Kopf.

Er musste mit ihr reden.

Sie würde es verstehen.

Er wollte sie nicht verlieren.

Auf keinen Fall.

Da hörte er in der Küche ein Geräusch. Ein anschwellendes Zischen. Sssssssch. Es wurde lauter. Dengler sprang auf.

»Was zum …«

Dann ein dumpfer Knall.

Wumms.

Er hastete in die Küche. Heißes, nasses Kaffeepulver war gleichmäßig an der Decke und den Wänden verteilt. Es klebte an dem Schrank und an der Spüle, es zierte Tisch und Stühle.

Es war auf dem Boden.

Es war überall.

Dengler, nackt, von Kopfschmerzen geplagt, betrachtete das braun gesprenkelte Chaos. Sein Blick fiel auf das kleine Sieb, das immer noch auf der Spüle lag. Er hatte es übersehen – er hatte vergessen, das obere Sieb wieder in die Caffettiera zu stecken.

Die Kopfschmerzen verzehnfachten sich.

Unten auf der Straße fiel eine Tür ins Schloss. Er hörte Schritte.

Schritte, die er kannte. Dengler lief über den mit nassem Kaffeepulver verdreckten Boden zum Fenster.

Unten stand Olga.

Mit einem Rollkoffer in der Hand.

Dengler riss das Fenster auf und rief ihren Namen.

Sie drehte sich nicht einmal um.

So schnell er konnte, lief er zur Tür, nahm zwei Stufen auf einmal, riss die Haustür auf und stürzte ins Freie. Von Olga war nichts mehr zu sehen. Zwei ältere Frauen mit den roten Halstüchern des Kirchentages kamen beschwingt die Wagnerstraße hinauf. Sie blieben stehen und starrten den nackten Dengler an.

»Halleluja«, sagte die eine ehrfürchtig.

Georg Dengler hatte sich bereits umgedreht. Gebückt ging er die Treppe hinauf, zurück in seine zerstörte Wohnung und zurück in sein zerstörtes Leben.

*

Drei Stunden lang putzte er die Küche. Jede Tasse, jedes Glas, jeden Topf, jeden Schrank, jeden Quadratzentimeter Wand und Boden säuberte er.

Keine Musik.

Dreimal wählte er Olgas Handy an.

Dreimal antwortete ihm die Mailbox.

»Ich versteh's nicht, Olga. Bitte ruf mich zurück.«

Draußen brannte die Sonne. Aus der Stadt wehten die Klänge der Chöre vom Kirchentag heran. Die Kirchentagsbesucher kamen vom Abschlussgottesdienst auf dem Cannstatter Wasen, sangen begeistert ihre Lieder und Hymnen fröhlich durcheinander, während sie durch die Straßen strömten, und einige Chorgruppen waren längst zum weltlichen Teil ihres Repertoires übergegangen.

»Sailing, I am sailing …«

Denglers Schädel dröhnte. Sie sangen die Intervalle schrecklich unsauber.

Dann rief er Marlies an, obwohl es Sonntag war – weil er wusste, dass sie häufig sonntags alte Akten aufarbeitete. Er erreichte sie an ihrem Arbeitsplatz im Bundeskriminalamt.

»Georg«, sagte sie. »Das ist aber eine schöne Überraschung. Aber was ist mit deiner Stimme? Du klingst wie Rod Stewart …«

»Zu viel Alkohol gestern. Und hör mir auf mit Rod Stewart.«

Sie lachte. »Das hört sich eher nach Depression an. So wie damals, als deine Hilde dich verlassen hat.«

Dengler seufzte. »Das Schlimme an dir ist: Dir kann man nichts vormachen. Es ist die Kombination von beidem.«

»Soll ich dich besuchen? Dich ein bisschen aufpäppeln? Dich auf andere Gedanken bringen?«

73

»Marlies, liebe Marlies, wenn du ein paar Aspirin vorbeibringen könntest … Für mehr reicht mein Zustand im Augenblick nicht.«

»Wir hatten doch eine gute Zeit, oder?«

»Ja. Das hatten wir.«

»Ich denke gerne daran. Weißt du noch, wie wir es auf der Rheinwiese getrieben haben und dich die Stechmücken in den … Schluss damit. Du rufst bestimmt nicht an, um alte Erinnerungen in mir wachzurufen.«

»Ich habe eine Bitte.«

»Natürlich. Was sonst?«

»2011 haben sich doch diese beiden üblen Typen von der NSU erschossen. Mundlos und Böhnhardt. In Eisenach.«

»Eine Nummer kleiner geht's bei dir wohl nicht?«

»Ich brauch nichts Besonderes. Nur den Sachverhalt. Was Kurzes. Drei oder vier Seiten. Tatzeiten, Tatorte, mehr nicht.«

»Was hast du damit zu tun?«

»Kompliziert zu erklären. Ich bin da nur am Rande involviert. Ganz am Rande. Eigentlich gar nicht. Ich brauch nur die Fakten.«

Er hörte, wie Marlies am anderen Ende der Leitung auf einer Tastatur klapperte.

»Stregda«, sagte sie.

»Was?«

»Stregda«, wiederholte sie. »So heißt der Tatort. Ist wohl ein Stadtteil von Eisenach. Ich hab hier … ein paar Sachverhaltsberichte … und einen Bericht der Polizeidirektion Gotha.«

»Das wäre perfekt.«

»Stuttgart, Wagnerstraße. Ist das noch deine Adresse?«

»Ja.«

»Da schick ich's hin – sobald ich Zeit habe. Dr. Müller hat morgen Abteilungsleiterrunde. Da muss ich noch was für ihn mit PowerPoint zaubern. Ist wichtig beim BKA, das weißt du ja noch, oder? Ohne PowerPoint könnten wir hier keine Verbrecher mehr jagen.« Sie lachte. »Dann hat er einen Termin beim Präsidenten.

Islamismus, Islamismus, Islamismus. Danach kümmere ich mich um deine Sachen.«

»Du bist wunderbar.«

»Ich weiß.«

»Ich ruf dich an, wenn mein Kater verflogen ist.«

»Elender Lügner.«

Rückblende

## 15. Dengler in Köln, 2004

Der erste Anruf von Tufan Basher erreichte Dengler, als er die ersten Kisten auspackte. Am Abend zuvor hatte ihn zum ersten Mal sein Sohn Jakob besucht. Hildegard hatte geklingelt und stand mit Jakob an der Hand im ersten Raum, der, wenn alles gut ging, einmal sein Büro werden sollte. Sie hatte sich umgeschaut, leicht die Nase verzogen, und dann hatte sie gesagt: »In einer Stunde hole ich ihn wieder ab.«

Sie ging in die Hocke, wischte ihrem Sohn mit einem Taschentuch die Nase sauber.

»Mama hat dich sehr lieb«, sagte sie.

Dann drehte sie sich um und ging.

Erst Schweigen.

Dann rannte Jakob los. Dengler breitete die Arme aus. Es geschah gegen seinen Willen, doch er konnte nichts dagegen tun, Tränen liefen ihm übers Gesicht, als Jakob mit einem Satz in seine Arme sprang.

Hildegard klingelte nach einer Dreiviertelstunde. Der Junge sträubte sich, mitzugehen. In diesem Augenblick rief Tufan Basher an. Jakob schmiegte sich an seinen Vater und schrie. Dengler fiel es schwer, aber er musste sich von seinem Kind losmachen, um den Anrufer zu verstehen. Er gab Hildegard ein Zeichen und ging mit dem Telefon in den hinteren Raum, der einmal seine Küche werden sollte. Als das Gespräch beendet war, stand die Tür des Büros offen; Hildegard und Jakob waren nicht mehr da.

Am nächsten Tag fuhr er nach Köln.

Tufan Basher hatte das Oberlicht in seinem Buchladen ersetzt. Aber an der Kasse lag auf einem roten Samtpolster der Zimmermannsnagel, der sich in den Buchrücken von Goethes »Wahlverwandtschaften« gebohrt hatte. Als Mahnung vielleicht oder als Erinnerung. Dengler fragte nicht.

»Es war keiner von uns aus der Keupstraße«, sagte Basher. »Das müssen Sie beweisen. Sie sind der Privatdetektiv. Ich zähle auf Sie. Wir alle hier zählen auf Sie.«

Die Polizei verhörte die Anwohner, verdächtigte die Verletzten, beschuldigte jene, die alles verloren hatten.

Dengler sah sich das Video an, das Tufan Basher aufgenommen hatte. Innenminister Schily am Tag nach dem Attentat, die Brust herausdrückend, den starken Mann gebend: »Die Erkenntnisse, die unsere Sicherheitsbehörden bisher gewonnen haben, deuten nicht auf einen terroristischen Hintergrund, sondern auf ein kriminelles Milieu.«

»Woher will er das wissen?«, fragte Basher. »Einen Tag nach der Bombe. Sagen Sie mir, Georg, woher will er das wissen?«

»Er weiß gar nichts«, sagte Dengler. »Er gibt die Linie für die Presse vor.«

Und für die Polizei.

Alle Männer zwischen 25 und 35 Jahren aus der Keupstraße wurden in die Rasterfahndung aufgenommen, die Daten der Mobiltelefone wurden überprüft, die Polizei versuchte, verdeckte Ermittler ins Milieu einzuschleusen. Als alles nichts half, schickten sie die Ermittler vom Finanzamt, die jeden Gastronomen, jeden Einzelhändler durchleuchteten.

In Tufans winzigem Büro hatten drei Beamte des Kölner Finanzamtes gesessen und jeden Beleg dreimal geprüft. Jede Tageseinnahme, jede Überweisung an die Verlage, jede Abbuchung des Großhändlers.

»Es ist fürchterlich«, sagte Tufan zu Dengler einige Wochen später.

»Warum suchen sie nicht diese Täter, die türkische Geschäftsleute umbringen? Die haben bestimmt die Bombe auch bei uns gelegt.« Und er zählte sie alle auf, die bisherigen Opfer – in Köln und in den anderen Städten: Enver Şimşek, Abdurrahim Özüdoğru, Süleyman Taşköprü, Habil Kılıç, Mehmet Turgut.

Immerhin: Man wusste, dass die Täter mit dem Fahrrad gekommen waren. Vermutlich handelte es sich um zwei Männer. Die Überwachungskamera am Eingang des Senders VIVA, der um die Straßenecke seine Studios hatte, hatte die Täter aufgenommen. Auf einem Fahndungsplakat zeigte die Polizei einen der Verdächtigen. *Die Kriminalpolizei bittet um Ihre Mithilfe. Wer kann Angaben zu den oben abgebildeten Personen machen?*

»Nie und nimmer ist das ein Türke«, sagte Tufan, als Dengler ihm die Fahndungsfotos zeigte, die Marlies ihm besorgt hatte.

»Warum nicht?«

Die Fotos zeigten einen Mann mit einer Baseballmütze, die er so tief ins Gesicht gezogen hatte, dass die Augenpartie nicht zu erkennen war. Der zweite Mann war ähnlich gekleidet. Beide Täter trugen kurzarmige T-Shirts. Beide waren schlank, kräftige Arme, trainierte Oberkörper, helle Haut, keine erkennbaren Tätowierungen.

Tufan betrachtete alle Bilder lange: »Nie würde ein Türke eine solche Fahrradhose anziehen.«

Die Täter trugen eng anliegende Hosen, tatsächlich wohl Fahrradhosen, die Hosenbeine eng, die Socken darübergezogen.

Tufan schüttelte den Kopf.

»Weißt du«, sagte er, »kein türkischer Mann würde eine solche Hose anziehen. Egal, ob er ein Bäcker ist, ein Kellner oder ein Killer. Eine enge Fahrradhose, ich bitte dich.«

Achte auf die kleinen Dinge. Auf die kleinen Ungereimtheiten.

Die erzählen dir manchmal das Entscheidende. Dengler hörte Dr. Schweikerts Stimme.

Tufans Argument leuchtete ihm sofort ein. Das waren keine Türken.

Dengler versuchte, die beiden bewaffneten Männer ausfindig zu machen, die Tufan vor seiner Buchhandlung aus nächster Nähe beobachtet hatte. Was könnte das Ziel der beiden gewesen sein? Waren sie wirklich Polizisten? Wenn sie keine Polizisten waren, waren sie dann Komplizen der Täter? Dengler ließ seine Fantasie spielen. Es gab zwei Möglichkeiten: Die beiden beobachteten den Radfahrer, wie er die Bombe auf einem Fahrrad vor dem Friseursalon am Anfang der Keupstraße deponierte. Möglicherweise deckten sie den Attentäter sogar und sicherten seinen Rückzug. Schließlich mussten die Täter einkalkulieren, dass dem Kurier der Bombe etwas misslang. Vielleicht wäre ein Passant auf den Mann aufmerksam geworden, hätte ihn zur Rede gestellt, vielleicht wäre es sogar zu Handgreiflichkeiten gekommen. Dann hätten die beiden Männer den Attentäter aus dem Getümmel gezogen. Rückzugsdeckung, eine Möglichkeit.

Oder einer der beiden zündete die Bombe.

Mit großer Sicherheit war keiner der beiden ein Türke.

Dengler ließ sich von Tufan eine Beschreibung der beiden geben und befragte Nachbarn, Passanten, Polizisten, jeden, den er traf. Nichts.

Jedenfalls waren zwei bewaffnete deutsche Männer am Tatort gewesen, die danach verschwunden waren.

Und niemand wollte Tufans Geschichte von diesen beiden bewaffneten Männern hören.

Er suchte nach anderen Zusammenhängen. Wenn es ein rechtsradikaler Anschlag war, wie Tufan behauptete, dann hatte er Ähnlichkeit mit der Art und Weise, wie die englischen Combat-18-Killer vorgingen. Nagelbombenanschläge waren typisch für sie. Diese Gruppe verstand sich als bewaffneter Arm des Neonazi-Netzwerkes Blood & Honour. Die 18 stand für den ersten und den achten Buchstaben des Alphabets, also für A und H: Adolf Hitler. »Führerloser Widerstand« war deren Theorie und wohl auch Praxis. In England. Aber hier – in Deutschland? Dengler lud sich den letzten Bericht des Bundesamtes für Verfassungsschutz auf seinen Rechner. Dort wurde Combat 18 tatsächlich erwähnt:

Anhaltspunkte für terroristische Aktivitä-
ten anderer Rechtsextremisten lagen im Jahr
2003 nicht vor. Insbesondere gab es auch
keine Hinweise auf terroristische Aktivitä-
ten von »Combat 18«-Gruppierungen.[3]

Immerhin, dachte er, hat das Bundesamt diese Gruppe im Auge, aber hält sie offensichtlich für nicht weiter gefährlich.

Wie in den Vorjahren war im Bereich des
rechtsextremistischen Personenpotenzials
ein weiterer Rückgang zu verzeichnen (vgl.
Kap. II, Nr. 1). Die Zahl gewaltbereiter
Rechtsextremisten ist 2003 erstmals seit
neun Jahren nicht weiter angestiegen, sondern zurückgegangen. Fast die Hälfte der
rechtsextremistischen Skinheads und sonsti-
ger gewaltbereiter Rechtsextremisten lebt
im Osten Deutschlands.[4]

Dengler beschloss, dieser Spur nicht weiter zu folgen.
Die Polizei beschuldigte weiterhin die Opfer.

Rückblende

## 16. Iris

Klaus-Dieter erinnerte sich an den Tag, als Iris zum ersten Mal das Klassenzimmer betrat, deshalb so genau, weil er plötzlich alles wie in einem Schwarz-Weiß-Film sah. Die Tafel dunkelgrau, der Blick durch die Fenster auf den Schulhof in einem helleren Grau, die Köpfe der Mitschüler schwarz. Nur das Mädchen sah er bunt und klar, den grünen Pulli, die engen blauen Jeans, die roten Haare, und er konnte den Blick nicht von ihr wenden, wie sie sich lässig in eine Bank zwei Reihen vor ihm zwängte, wie sie die Augen gelangweilt über die Reihen ihrer neuen Mitschüler schweifen ließ, auch über ihn, ohne ihn wahrzunehmen, so wie eine Königin den Blick über ihre Untertanen gleiten ließ, im Bewusstsein, dass der Einzelne nicht mehr war als einer ihrer unbedeutenden Diener.

Alle Jungs der Klasse waren so sprachlos wie er. Und alle waren sofort verliebt. Alexander und Maximilian waren die ersten Jungs, die unter irgendeinem Vorwand an ihr Pult traten und mit ihr sprachen. Klaus-Dieter beobachtete die beiden von seinem Platz aus und verfolgte ihre Anbaggerei wütend. Wütend auf die zwei beliebtesten Jungs der Klasse, vor allem aber war er wütend auf sich selbst, weil er es nicht einmal wagte, in die Nähe ihres Pultes zu gehen, obwohl ihn alles dorthin zog.

Iris hielt Abstand. Sie hielt Abstand zu Alexander. Sie hielt Abstand zu Maximilian; sie hielt überhaupt Abstand zu jedem in der Klasse – und schon bald rankten sich um sie die wildesten Gerüchte, dass sie einen älteren Freund habe, mit dem sie *es* schon einmal gemacht hatte, dass sie Hasch rauchte oder andere Drogen nahm.

Ihre Eltern waren nach Deggendorf gezogen und hatten hier ein Haus gebaut. Der Vater war Beamter im bayerischen Innenministerium, Iris die einzige Tochter.

In Latein hatte sie schlechte Noten.

Und er war der Klassenbeste. Deshalb sagte der Lateinlehrer zu ihr: Der Klaus-Dieter soll dir helfen. Sie drehte sich um und musterte ihn, nachdenklich, als würde sie ihn zum ersten Mal sehen.

So kam es, dass er eine Woche später in einem großen Wohnzimmer saß, dreimal so groß wie die gute Stube auf dem Hof seiner Eltern in Scharnling, und Latein mit Iris büffelte. Iris' Mutter, eine freundliche kleine Frau, stellte ihnen Limonade und Kekse auf den Tisch.

»Was willst du später einmal studieren?«, fragte sie ihn.

»Theologie. Ich will Pfarrer werden«, erwiderte er ernsthaft.

Da brach Iris in ein lautes, fröhliches Lachen aus. Sie wurde von ihrer Mutter gerügt, einen Gast lache man nicht aus, aber Klaus-Dieter fand, dass Iris über ihn lachen könne, so viel sie wolle. Sie hatte bestimmt recht, denn er kam sich noch fremder in dieser Welt vor, als er sich ohnehin schon fühlte.

An diesem Nachmittag brachte sie ihn zur Bushaltestelle, und als der Bus anhielt, küsste sie ihn auf die Wange. Er blieb stehen, überrascht, alles überschlug sich in seinem Kopf – und hätte der Busfahrer nicht gehupt, wäre er einfach stehen geblieben, hätte diesem zarten Kuss nachgespürt. So aber stieg er schnell ein, setzte sich ans Fenster und schaute zu Iris hinüber, die ihrerseits zu ihm hinsah mit neugierigem Blick, wie eine Forscherin, die soeben die Entwicklung eines Experiments überprüfte.

## 17. Köln, 11. November 2011, Aktenvernichtung

»Rufen Sie mir den Lindner hoch. Sofort. Er soll gleich zu mir kommen«, sagte Klaus-Dieter Welker zu Magda Sternknecht, die sein Büro führte, seitdem er beim Bundesamt für Verfassungsschutz war.

»Setz dich, Mini. Wir haben etwas zu besprechen«, sagte Welker, als Lindner zehn Minuten später in seinem Büro stand. Er deutete auf den Besprechungstisch, und Lindner setzte sich. Welker überlegte einen Augenblick, ob er hinter seinem Schreibtisch sitzen bleiben sollte, entschied sich dann aber anders, stemmte sich mit einem Stöhnen aus dem schwarzen Ledersessel, kam zu Lindner an den Besprechungstisch und setzte sich ihm gegenüber.

»Mini« Lindner hörte seinen Spitznamen nicht gerne. Er wusste, dass er im Amt so genannt wurde, aber niemand wagte es, ihn offen so zu nennen – mit Ausnahme des brachialen Welker. Lindner war ein kleiner Mann, schmal und unauffällig, Brillenträger, weiß Gott kein Adonis. »Der Lindner«, so hatte Frau Sternknecht es Welker gegenüber auf den Punkt gebracht, »leidet ganz eindeutig am Napoleonsyndrom.« Eine zutreffende Analyse dieses Mannes: körperlich klein, aber mit einem riesigen, unstillbaren Geltungsbedürfnis. Kalt wie eine Hundeschnauze. Gefährlich auch. Man musste ihn immer im Auge haben. Aber ein effizienter Mann.

Lindner war seit mehr als zwanzig Jahren im Bundesamt und kannte hier jede Büroklammer. Er war der Leiter Beschaffung der Abteilung 2, Rechtsextremismus, und er war bereits in dieser Abteilung, als die ehrgeizigen Leute noch in den Bereich Linksextremismus wollten. Bei den Zweiern ist ja nichts los, hieß es damals. Lindner hatte aus der Abteilung 2 etwas gemacht, das musste man ihm zugutehalten.

Sein Meisterstück war die »Operation Rennsteig« gewesen. In

Zusammenarbeit mit dem Militärischen Abschirmdienst, dem Erfurter Landesamt und einigen anderen Landesämtern hatten sie nach der Wende in Thüringen über vierzig Neonazis als V-Leute rekrutiert, ein paar davon aus den Beständen der Stasi übernommen, vor allem aber Jüngere angeworben, aus gottverlassenen Käffern wie Rudolstadt/Saalfeld und wie die alle hießen. Mini steuerte mit seinen V-Leuten den Thüringer Heimschutz und, das musste man ihm lassen: Er kümmerte sich um seine Leute.

Trotz einiger harter Vergehen, darunter versuchter Totschlag und ein paar unappetitliche Sachen wie sexueller Missbrauch und Zuhälterei von minderjährigen Jungs, war keinem seiner Schäfchen auch nur ein Haar gekrümmt worden.

»Lindner, wir kommen in schweres Fahrwasser«, sagte Welker zu ihm. »Die Scheiße in Stregda wird in den nächsten Tagen weiter hochkochen.«

Lindner nickte. »Einige Agenturen melden …«

Welker winkte ab. »Ich weiß, ich weiß. Folgendes: Wir werden aus der kommenden Krise gestärkt hervorgehen. Das muss unser Ziel sein. Zum Teil hängt das an dir.«

Lindner legte den Kopf zurück, und Welker sah ihm an, wie er versuchte, seine Chancen zu berechnen.

Welker beschloss, ihm sofort alle Flausen auszutreiben.

»Du wirst jetzt sofort hingehen und alle Akten der Operation Rennsteig vernichten. Du jagst unverzüglich den ganzen Rennsteig durch den Schredder, verstanden? Das gilt auch für alle Akten, die irgendetwas, und jetzt hör genau zu: *irgendetwas* mit den Namen Mundlos, Böhnhardt und Zschäpe zu tun haben. Das ist ein Führungsauftrag.«

Lindner klopfte langsam mit dem Knöchel des Zeigefingers auf Welkers Tischplatte. Poch. Poch. Poch.

»Sie wissen, dass ich das nicht darf. Ihnen ist bewusst, dass ich mich damit strafbar mache.«

Poch. Poch. Poch.

»Hör mit dieser Scheißklopferei auf. Und jetzt hör mir zu: Mach dir keine Sorgen. Ich garantiere, dass dir nichts passiert. Es wird andere treffen, falls es überhaupt jemand merkt.«

Er sah in Lindners fragendes Gesicht.

Welker sagte: »Du bist ein viel zu kleines Licht, Mini, um der Presse zum Fraß vorgeworfen zu werden. Wenn schon, werden sie sich den Präsidenten holen. Fromm wird dran glauben. Dich parken wir eine Zeit lang beim Bundesverwaltungsamt, und wenn Gras über die Sache gewachsen ist, kommst du zurück.«

»Bei vollen Bezügen natürlich«, fügte er hinzu.

Poch. Poch. Poch.

»Die Alternative ist folgende: Du wirst öffentlich geteert und gefedert wegen der Operation Rennsteig. Übereifriger Beamter, völlig aus dem Ruder gelaufen, Entsetzen, dass so etwas passieren konnte. Dann kriegst du alle Strafverfahren dieser Welt. Das versprech ich dir. Lass endlich diese verdammte Klopferei. Du machst mich nervös.«

Lindner sagte: »Volle Bezüge – und ich komme wieder zurück?«

»Beides zugesagt. Ich weiß, was ich von dir verlange. Keine einfache Sache. Ist aber jetzt auch keine einfache Zeit. Doch es geht um das Wohl des Dienstes. Du bist jetzt der Chefschredderer. Ich brauche einen zuverlässigen Mann. Und es wird dein Schaden nicht sein.«

Welker stand auf und streckte Mini die Hand entgegen. Lindner stand auf und schüttelte sie.

*

In den folgenden beiden Monaten vernichtete das Bundesamt für Verfassungsschutz den gesamten Aktenbestand aus der »Aktion Rennsteig«, der umfassenden Anwerbeaktion von V-Leuten in Thüringen. Tausende von Dokumenten fraßen die Schreddermaschinen im Keller des Kölner Amtes. Die Maschinen liefen sogar dann noch heiß, als sich in Berlin ein Untersuchungsausschuss des Bundestages und in Erfurt einer des Thüringer Land-

tages gründete. Als die Sache aufflog, trat Heinz Fromm, der honorige, vielleicht etwas altmodische und umständliche Präsident des Verfassungsschutzes, zurück.
Lindner wurde nie zur Verantwortung gezogen. Er wechselte bei gleichen Bezügen in das Kölner Verwaltungsamt des Bundes und war dort zuständig für die Vergabe von Orden durch den Bundespräsidenten. Als im Bundesamt für Verfassungsschutz eine Kommission gegründet wurde, die die Lehren aus dem NSU-Skandal aufarbeiten sollte, kehrte er ins Amt zurück.

## 18. Zweite Ermittlung

Ohne Espresso geht alles schlechter. Vor allem, wenn der Kater sich ins Hirn krallt, von überall Gesänge im Kirchentagssound ertönen und den Restalkohol wieder aufwühlen. Dengler zwängte sich in eine Jeans, zog ein weißes Hemd an, ging in den Hausflur und klopfte bei Martin Klein an die Tür.
Klein saß an seinem Schreibtisch und notierte sich etwas auf einem Blatt. Um ihn herum lagen ausgedruckt Artikel aus dem *Stern*, dem *Spiegel*, der *Zeit* und dem *Stuttgarter Blatt*.
»Mein Gott – wie siehst du denn aus?«, fragte er, als er sich zu Dengler umdrehte.
»Immerhin hast du mich erkannt.«
»Aber nur mühsam. Harte Nacht?«
Dengler nickte.
»Kann ich einen Kaffee haben? Meine Caffettiera ist außer Betrieb.«
Klein wies mit dem Kopf zur Küche hin. »Du kennst dich ja aus.«
»Ich hab die Geschichte vollständig ermittelt«, sagte Klein, als Dengler mit einem doppelten Espresso in der Hand wieder das

Zimmer betrat. »Du kannst den Fall abschließen. Und mir einen ausgeben.«

»O. k.«, sagte er, als er sah, wie Dengler angeekelt das Gesicht verzog. »Ich verstehe. Im Augenblick ist Alkohol nicht das Richtige für dich. Aber wie ich dich kenne, sieht das morgen Abend schon wieder anders aus.«

»Den Fall abschließen sollte ich dringend. Olga ist nicht glücklich, dass ich ihn überhaupt angenommen habe. Sie vermutet, irgendwelche Neonazis hätten mich beauftragt.«

»Mmh, daran habe ich noch gar nicht gedacht. Aber komisch ist er schon, dein anonymer Auftraggeber.«

»Ich glaube nicht, dass solche Neonazi-Typen 15 000 Euro übrig haben. Und so viel Geld leichtfertig mit der Post verschicken. Ohne Quittung, kein Wertbrief, nicht mal per Einschreiben, ohne alles.«

»Wie auch immer: Ich habe alle möglichen Medien ausgewertet. Ich hab hier einen Artikel aus dem *Stern*. Lies mal. Ich habe die wichtigen Passagen markiert. Das scheint der aktuelle Stand der offiziellen Ermittlungen zu sein.«

Dengler nahm die Ausdrucke, die Klein ihm reichte, trank einen Schluck heißen Kaffee und las. Obenauf lag ein Artikel des *Stern* von Nicolas Büchse, der die Ereignisse vom 4. November 2011 zusammenfasste, dem Tag, an dem sich Mundlos und Böhnhardt nach einem Banküberfall offenbar selbst erschossen hatten und an dem deren Freundin, Beate Zschäpe, ihre gemeinsame Wohnung angezündet hatte. Alles hatte mit einem Banküberfall begonnen.

Es ist Freitag, der 4. November 2011. Kurz vor 9 Uhr am Morgen. Auf dem Parkplatz des OBI-Markts in Eisenach, Stadtteil Stregda, hält ein Fiat-Wohnmobil, weiße Farbe, geräumig. In der Fahrerkabine sitzen zwei Männer, athletisch, sportlich, mittelgroß: Uwe Böhnhardt und Uwe Mundlos.

Hinter ihnen, im Wohnbereich, findet man später eine Kindersandale, einen Teddybär und eine Wasserpistole. In den Holzschränken stapeln sich T-Shirts, Hosen, Unterwäsche. So als wollten sie mit dem Fiat eine lange Reise machen.

In dem Camper haben sie außerdem ein Waffenlager eingerichtet: zwei Pistolen Heckler & Koch P2000, Kaliber 9 Millimeter; eine amerikanische Flinte Typ Mossberg Maverick 88, Kaliber 12 Millimeter; ein tschechischer Alpha-Proj-Trommelrevolver; ein Revolver Marke Melcher; eine kroatische Maschinenpistole Pleter 91 Luger, Kaliber 9 Millimeter; eine Pumpgun Winchester 1300 Defender; eine Handgranate; eine Česká-Pistole VZOR 70. Alle Waffen sind geladen.

Die beiden Männer steigen aus und laden zwei Fahrräder aus dem hinteren Teil des Wohnmobils. Sie fahren die Straße hinunter, durchqueren eine Unterführung in Richtung der Filiale der Sparkasse Eisenach, Nordplatz 13. Sie sind bewaffnet, tragen Masken und Kapuzen auf dem Kopf, Fahrradhandschuhe, Jogginghosen, die sie an den Füßen in die Socken gesteckt haben.

Im Vorraum zwingen sie zwei Kunden der Bank mit vorgehaltener Waffe, mit ihnen in den Schalterraum zu gehen. Dort brüllt einer von ihnen: »Geld her, Tresor auf!« (...)

Es ist 9.18 Uhr. Beute der Bankräuber: 71 915 Euro.

Der Überfall trifft den Polizeidirektor Gerhard Stenzel nicht unvorbereitet. Er hat ein maßgeschneidertes Fahndungskonzept, eine verschärfte Ringfahndung. 10 bis 15 Streifenwagen. Sieben Kontrollstellen. Eisenach abriegeln. Und: auch innerhalb der Stadt auf verdächtige Fahrzeuge achten, auch auf Fahrräder. Der 51-Jährige ist Leiter der Polizeidirektion Gotha, ehemaliger Kampftaucher bei der Nationalen Volksarmee, Typ: bulliger Hüne, Typ: alter Fuchs im Polizeigeschäft, Typ: Ich weiß, was ich kann.

Stenzel scheint entweder ein hervorragendes kriminalistisches Gespür zu haben. Oder er hat geahnt, dass sich in seinem Einsatzgebiet ein Bankraub ereignen würde? Wieso nämlich hielt er seit mehreren Wochen zusätzliche Einsatzkräfte bereit, besonders jeweils für die zweite Wochenhälfte?

Im September 2011 hatten zwei Täter eine Sparkasse in Arnstadt ausgeraubt und waren auf Fahrrädern geflohen. Stenzels Zuständigkeitsbereich. Man fragte daraufhin beim Bundeskriminalamt nach: Hatte es vielleicht schon ähnliche Fluchtmuster gegeben? Es meldete sich die Polizeidirektion Chemnitz, sie hatte zehn solcher Fälle, bei denen die Täter per Rad geflüchtet waren. Der letzte Überfall lag allerdings fünf Jahre zurück.

Doch Stenzel, das erklärt er nicht ohne Stolz bis heute, rechnet in diesen Wochen mit einem Banküberfall nach ähnlichem Muster. Nicht irgendwo. In seinem Einsatzgebiet. Er läuft auf Hochtouren. Gegen 10.30 Uhr erfährt Stenzel von der Zeugenaussage eines Rentners: »Vor dem Baumarkt habe ich ein Wohnmobil gesehen. Ich habe dann zwei Männer gesehen, sie kamen mit dem Rad und waren sehr in Eile. Einer stieg vorne ein, der andere hat die Räder eingepackt. Danach sind sie sehr schnell losgefahren.« Vom Nummernschild kann er nur den ersten Buchstaben erkennen. Ein V. Vogtlandkreis.

Bankräuber auf Fahrrädern. Stenzel scheint richtig zu liegen. (…) Die Bankräuber scheinen wieder einmal entwischt zu sein. Es ist 11.37 Uhr, als der Hubschrauber landet, nach 45 Minuten erfolgloser Suche. Auch der Fährtenhund konnte keine Witterung aufnehmen. Kein Wohnmobil, nirgends. Ende der Ringfahndung. Stenzels Masterplan brachte keinen Erfolg. Doch Stenzel lässt weitersuchen, mit bis zu einem Dutzend Streifenwagen. (…) Die Straße Am Schafrain in Eisenach-Stregda liegt am Hang in einem Neubaugebiet ganz in der Nähe der A 4. Einfamilienhäuser, Mehrfamilienhäuser, gepflegt, ruhig, überschaubar. Ein Wohnmobil fällt hier auf. Auch den beiden Polizisten, die mit ihrem Streifenwagen um 12.05 Uhr vorbeikommen. Nummernschildabfrage per Funk: V-MK 1121. Antwort: wohl ein Mietwagen. Die Streife soll sich schon mal das Wohnmobil näher anschauen, vorsichtig.

Die Fahrerkabine ist leer. Aus dem Innern plötzlich ein Schaben, als ob ein Stuhl verschoben würde. Dann ein Schuss. Die Polizisten sprinten auf die andere Straßenseite, der eine hinter ein Auto, der andere hat sich gerade hinter einen Papiercontainer gebückt, da fällt ein zweiter Schuss, er klingt anders, nach größerem Kaliber. Pause. Sekundenlang. Wieder ein Schuss, ein Stück Dachisolierung fliegt in die Luft, das Wohnmobil steht schnell in Flammen.

Als der *stern* damals Anwohner befragte, hatten viele zwar den Brand bemerkt, aber keine Schüsse gehört. Einige sind nie von der Polizei befragt worden. Als in Eisenach das Wohnmobil brennt, spricht um 12.11 Uhr in Zwickau jemand auf die Mailbox von Beate Zschäpe, 51 Sekunden lang. Wer, weiß nur sie. Die Nachricht wurde gelöscht. (…)

Das Wohnmobil brennt noch, als Polizeichef Gerhard Stenzel gegen 12.30 Uhr in Eisenach ankommt. Er trifft auf einen Feuerwehrmann mit Kamera. Lässt die Speicherkarte beschlagnahmen, Beweismittel für die Akten.

Als der Brand gelöscht ist, stellt sich Stenzel auf die Gummifuß-matte, die man über die Schwelle der seitlichen Eingangstür gelegt hat, bloß keine Spuren verwischen. Er sieht, so sagt er später, im Gang eine Leiche. Verbrannte Haut an Beinen und Oberkör-per, der Schädel zertrümmert. Im hinteren Teil des Wohnmobils eine zweite Leiche, kaum Verbrennungen, der Kopf zerschossen. Und er sieht Waffen. Vor allem aber eine Waffe auf dem Tisch in der Sitzecke, teilweise von Brandschutt verdeckt. Die Munition ist aus dem geschmolzenen Magazin herausgefallen, das macht ihn aufmerksam. Eine Polizeiwaffe, das will er schnell erkannt haben. Er entscheidet: Der Camper muss weggebracht werden, in eine Garagenhalle zur Spurensicherung. (…)

Polizeichef Stenzel, wieder getrieben von ungewöhnlichem kri-minalistischen Instinkt, lässt zuerst die Pistole untersuchen, die ihm noch in Stregda aufgefallen war. Die Überprüfung der Seri-ennummer, ein kriminalistisches Erdbeben: Es ist die Waffe der Polizistin Michèle Kiesewetter, die 2007 in Heilbronn von Unbe-kannten erschossen wurde.

Während in Jena Gerichtsmediziner beginnen, die Leichen aus

dem Wohnmobil zu identifizieren, geht Stenzel in den Feier-
abend. Die Sterbeanzeige von 23.13 Uhr stellt fest: Bei dem einen
Toten handelt es sich um Uwe Mundlos (38). Später wird Uwe
Böhnhardt (34) identifiziert.[5]

»Seltsame Geschichte«, sagte Dengler. »Alles etwas unübersicht-
lich.«
»Ja«, sagte Martin Klein. »Ich war eigentlich der Meinung gewesen, das sei eine klare Sache.«
»Sieht nicht so aus.«

Rückblende
## 19. Dengler in Köln (2), 2004

Damals konnte er Tufan nicht helfen.
Dengler versuchte zu ermitteln, wer die beiden bewaffneten Zi-
vilisten waren, die Tufan gesehen hatte. Er schaffte es nicht.
Niemand wollte Tufan glauben. Kein Polizist nahm die Story auf.
Einige wenige Medien berichteten. Nichts geschah.
Dengler redete mit den ermittelnden Beamten. Doch gegen de-
ren Tunnelblick hatte er keine Chance. Sie hatten Vorgaben von
oben.
Er wusste, wie das war. Schließlich war er selbst lange genug Po-
lizist gewesen.
Polizisten, die aus der Reihe tanzten, waren bei den Vorgesetzten nicht beliebt. Polizisten, die ihren Kopf dazu nutzten, eigene
Überlegungen anzustellen, die neue Ermittlungslinien vorschlu-
gen, wurden nie befördert. Dengler konnte sich gut vorstellen,
wie die Besprechungen der Kollegen in Köln aussahen.
Aber immerhin: Tufan wurde sein Freund. Dengler schrieb ihm

nie eine Rechnung. Nach dem Anschlag waren viele Geschäftsleute der Keupstraße in Schwierigkeiten geraten. Restaurants verloren Gäste. Tufan verlor Kunden. Schließlich musste er seine Buchhandlung aufgeben.

Dann, eines Tages, sieben Jahre später, der Anruf von Tufan: »Georg, stell das Radio an.«

Die beiden Rechtsterroristen, die sich vor ein paar Tagen in Eisenach erschossen hatten, sollten nun auch verantwortlich sein für eine Reihe schwerer und schwerster Gewaltdelikte: neun Morde an türkischen und griechischen Geschäftsleuten, mehrere Banküberfälle, den ungeklärten Mord an der Polizistin Michèle Kiesewetter in Heilbronn und den versuchten Mord an Martin A., ihrem Kollegen. Uwe Mundlos und Uwe Böhnhardt hatten auch, so hieß es nun, die Nagelbombe in der Kölner Keupstraße gezündet. Die NSU beherrschte die Schlagzeilen.

Viele Fragen schienen auf einmal geklärt.

Allerdings nicht die, wer die beiden bewaffneten Männer gewesen waren, die Tufan vor seinem Laden gesehen hatte.

Als der Untersuchungsausschuss des Bundestages zu den Vorgängen seine Arbeit aufnahm, gab Tufan eine eidesstattliche Erklärung ab, in der er seine Beobachtungen noch einmal bestätigte.

Dengler war mit anderem beschäftigt. Er vergaß die Keupstraße.

Beinahe.

## 20. Dritte Ermittlung

Auf Marlies war Verlass.

Dengler zog den Umschlag aus dem Briefkasten, ging ins Büro, öffnete ihn und entnahm einen USB-Speicherstick. Er steckte ihn in den Laptop und prüfte den Inhalt: zwei digitalisierte BKA-

Ermittlungsakten, Einsatzverlaufsberichte der Kripo Eisenach, ein Bericht der Polizeidirektion Südwestsachsen an den zuständigen Staatsanwalt in Meiningen, der Einsatzbericht der Feuerwehr vom 4. November 2011, eine »Darstellung der Ereignisse zum Bankraub und zum Geschehen am Wohnmobil« vom Bundeskriminalamt, verfasst von einem Kriminaloberkommissar Bernhardt, und einige Fotos.

Die Akten lügen nicht, man muss sie nur richtig lesen – auch einer der Lehrsätze von Dr. Schweikert.

Dengler überlegte. Der Name Bernhardt sagte ihm nichts. Der Mann musste nach seiner Zeit ins BKA gekommen sein.

Er sah sich zuerst die Fotos an. Es waren die Aufnahmen der Sicherheitskameras, die den Überfall auf die Sparkasse dokumentierten. Die Bilder bestätigten, was im *Stern* zu lesen war. Die beiden Bankräuber waren gut zu erkennen. Sie waren maskiert, der eine hatte eine schwarze Wollmaske mit Augenschlitzen, der andere eine Art Tiermaske. Beide trugen Sportschuhe, Sporthosen, die sie an den Knöcheln in die Strümpfe gesteckt hatten, und Anoraks, deren Kapuzen sie über den Kopf gezogen hatten. Beide waren bewaffnet, einer mit einem auffälligen silbernen Revolver.

Dengler zog sein Notizbuch aus der Tasche, um sich die Uhrzeit des Überfalls zu notieren. Doch die Fotos trugen keinen Zeitstempel.

Merkwürdig.

Dengler blätterte sich durch Dutzende Fotos der Überwachungskamera, doch kein einziges zeigte den Zeitstempel, den er suchte.

Das muss ein verdammt altes System gewesen sein, dachte er.

Andererseits – seine Kollegen hatten die Bilder in eine Reihenfolge gebracht, sie sortiert und dann sogar nummeriert. Woher kannten sie die richtige Abfolge der Bilder?

Seltsam, aber wohl nicht entscheidend.

Dengler las den Bericht der Kriminalpolizeistation Eisenach. Ein schöner Fall von Polizeiprosa:

Am 4.11.2011 um 9:25 Uhr wurde der Unterzeichner vom Leiter der KPS Eisenach, Herrn
KHK Dreyer, darüber informiert, dass ein bewaffneter Banküberfall auf die Sparkasse in
Eisenach/Nord stattgefunden hat.

Die Polizisten fuhren zum Tatort, vernahmen Zeugen, forder-
ten einen Hundeführer an. Dann, um 10.20 Uhr, meldete sich ein
Kollege, der einen früheren Banküberfall in Arnstadt im selben
Jahr ermittelte, bisher erfolglos.

Es erfolgte ein Informationsaustausch mit
dem Ziel, festzustellen, ob es sich in beiden Fällen um die gleiche Tätergruppe handelt. Dass es offenkundig so ist, konnte
anhand der Begehungsweise, der auffälligen
Maskierung und Bekleidung der Täter so wie
der Bewaffnung (silberfarbener Revolver)
als gesichert angesehen werden.[6]

Bei der folgenden Rundumermittlung fand sich eine Zeugin, die
zwei Männer auf Fahrrädern gesehen hatte, die die beiden zur
Tatzeit am »Café Costa« abgestellt hatten.

Zwei Beamte vom Ermittlungsdienst der PI
Eisenach, welche neben weiteren Beamtinnen
und Beamten mit der Fahndung nach den Tätern beauftragt waren, sprachen im Bereich
der Stadtautobahnunterführung nahe bei dem
Obi-Markt ein älteres Paar an. Der Zeuge S.
konnte auf die Frage hin, ob von ihm zwei
Radfahrer gesichtet worden sind, sagen, dass
er zwei Männer mit Fahrrädern sah, die diese
Fahrräder dann in einem weißen Wohnmobil

verstauten und dann mit dem Wohnmobil zügig
davonfuhren. Das Wohnmobil habe ein Kennzeichen mit »V« beginnend gehabt. Die er-
langten Informationen sind unverzüglich an
die eingesetzten Kräfte übermittelt worden.

Der Ablauf schien klar und leuchtete Dengler auch ein.

Eine Zeugin sah zwei Radfahrer am Tatort, ein anderer Zeuge
berichtete, wie diese beiden Männer ihre Räder in einen Camper
laden. Hervorragend, dass der Zeuge sich einen Teil des Nummernschilds merken konnte.

Die Fahndung konzentrierte sich nun auf das Wohnmobil.

Gegen 12:00 Uhr erhielt der Unterzeichner
die Information, dass ein weißes Wohnmobil
mit einem mit »V« beginnenden Kennzeichen
in einem Wohngebiet in Stregda festgestellt
wurde. Einen Moment später wurde gemeldet,
dass aus dem Wohnmobil Schüsse wahrgenommen wurden und kurz darauf Rauch aus dem
Wohnmobil entstieg. Der Unterzeichner wies
die zwei Beamten an, die Schusswesten wieder anzuziehen und mit dem Unterzeichner den
Standortbereich des Wohnmobils anzufahren.
Dort sollte zunächst observiert werden, bis
Zugriffskräfte zur Verfügung standen.

Bisher deckte sich der Ablauf mit dem Bericht des *Stern*.

Etwa 12:10 Uhr wurde der Bereich »An der
Leite« erreicht. Der Unterzeichner begab
sich zu Fuß in Richtung des Wohnmobiles.
Es war zu erkennen, dass bereits erheblich
Rauch aus dem Inneren drang und die Scheiben

des Führerhauses dick mit Rußniederschlag von innen bedeckt waren. Da dem Unterzeichner klar war, dass unter diesen Umständen niemand mehr im Wohnmobil handlungsfähig sein kann und mit hoher Sicherheit schon allein wegen der Rauchgasintoxikation im Sterben ist bzw. schon verstorben ist, näherte sich der Unterzeichner dem Wohnmobil aus südöstlicher Richtung an. Die gesamte Zeit vom Eintreffen bis dahin war keine Person an dem Wohnmobil.

Dengler notierte sich die Uhrzeiten:

12 Uhr — ein Streifenwagen mit zwei Beamten findet den Camper. Es fallen zwei Schüsse. Die Beamten gehen in Deckung und rufen die Leitstelle an. Das Fahrzeug brennt. 12.10 Uhr — der Kriminaloberkommissar trifft ein, findet einen brennenden Camper vor.

Die Feuerwehr fuhr gerade mit Sondersignal in das Wohngebiet ein, als das Dachfenster des Wohnmobils nach innen stürzte. Dadurch schlugen dann die Flammen nach oben aus dem Wohnmobil, die Feuerwehr fuhr direkt neben das Wohnmobil. Der Unterzeichner forderte die Feuerwehrleute auf, nur vorsichtig zu löschen, da möglicherweise Tote sich im Inneren befinden und die dortige Spurenlage möglichst erhalten bleiben soll. In diesem Sinne löschte die Feuerwehr vorsichtig. Circa zwei Minuten später war der Brand gelöscht.

Dengler öffnete die Datei mit dem Bericht der Feuerwehr.

Die Berufsfeuerwehr (BF) rückte 12:08 Uhr
mit einem LF 16/12, Stärke 1:3, und einem
TLF 24/50, Stärke 0:1, aus der Feuerwache
Eisenach aus. Auf der Fahrt zur Einsatzstelle, im Bereich der Madelunger Straße,
wurde eine starke Rauchentwicklung festgestellt. »Zum Gründchen«, Einfahrt »An der
Leite«, wurden die Löschfahrzeuge der BF
von einem Polizisten gestoppt und sofort
durch Handzeichen die Weiterfahrt zur Einsatzstelle signalisiert. Um 12:14 Uhr wurde
durch den Einsatzleiter die Eintreffmeldung
an die Einsatzstelle abgesetzt.

Dengler schrieb:

12.08 Uhr — Feuerwehr rückt aus
12.14 Uhr — Eintreffen der Feuerwehr
Ca. 12.30 Uhr — Brand unter Kontrolle

Dengler überlegte. Je länger er sich damit beschäftigte, umso klarer und gut rekonstruierbar schien der Fall.
Er las weiter im Bericht der Feuerwehr:

Auf Weisung des Einsatzleiters wurde mit-
tels Feuerwehraxt eine Öffnung durch Entfernen der hinteren rechten Fahrzeugscheibe
geschaffen, da sich die Türen des Fahrzeugs
nicht öffnen ließen. Während der Löschar-
beiten wurde der Einsatzleiter BF von einem
weiteren Polizeibeamten informiert, dass
das Fahrzeug eventuell im Zusammenhang mit

einem Raubüberfall stehe und bei Auffinden von zwei Fahrrädern eine sofortige Information an einen Polizeibeamten erfolgen soll. Des weiteren informierte ein Polizeibeamter, dass sich im Fahrzeug eventuell Personen befinden könnten. Nach erfolgter Brandbekämpfung durch das hintere von der Feuerwehr geöffnete Fenster konnte die rechte Einstiegstür zum Wohnmobil durch den Einsatzleiter BF geöffnet werden. Hinter der Tür im Fahrzeuginneren wurde auf dem Fußboden liegend eine Person und im Heck des Fahrzeugs eine zweite Person vom Einsatzleiter wahrgenommen, zeitgleich wurde er informiert, dass er den Tatort nicht betreten sollte und weitere Löschmaßnahmen auf das Nötigste zu begrenzen sind. Während des gesamten Einsatzverlaufes wurden durch den Einsatzleiter der Berufsfeuerwehr Fotos zur Einsatzdokumentation erstellt. Der Einsatzleiter der Berufsfeuerwehr wurde durch einen Polizeibeamten aufgefordert, das Fotografieren einzustellen und ihm den Fotoapparat zur Sicherung zu übergeben. Um 12:40 Uhr Lagemeldung Einsatzleiter BF Eisenach: Feuer aus.

Dengler notierte:

— Polizei beschlagnahmt Fotos
— Feuer um 12.40 gelöscht
— Danach: zwei Leichen entdeckt

Warum aber hatte die Polizei der Feuerwehr das Fotografieren untersagt und sogar die Kamera konfisziert? Normalerweise war die Polizei froh, wenn möglichst viele Bilder eines Tatorts zur Verfügung standen.

Wie auch immer, diese Fotos waren die ersten Bilddokumente des Tatortes. Er brauchte sie, musste sie in den Akten suchen.

Dengler las seine Notizen durch. Zwei Fragen blieben im Moment offen: Konnte an dem Tod von Mundlos und Böhnhardt Fremdverschulden ausgeschlossen werden? Erschossen sich die beiden also selbst (sehr wahrscheinlich)? Und: Wie entstand das Feuer im Camper?

Auch dazu fand er Informationen in den Berichten:

In der Folge trafen weitere Polizeikräfte vor Ort ein, insbesondere der Leiter der Polizeidirektion Gotha, Herr Polizeidirektor Stenzel. Nach entsprechender Lagebesprechung statteten sich Herr PD Stenzel und der Unterzeichner entsprechend aus, um das Wohnmobil zu betreten. Das war gegen 12:45 Uhr. Eine Gummimatte wurde über den Boden des Einstiegbereichs des Wohnmobils innen gelegt, um Spuren schonend betreten zu können. Durch den Unterzeichner wurden dabei erste Fotos der vorgefundenen Situation gemacht. Die Einnahme von Augenschein durch Herrn PD Stenzel und den Unterzeichner hatte primär zum Ziel, zumindest im Überblick festzustellen, ob für die Schussabgaben im Wohnmobil oder auch sonst im Zusammenhang mit dem Sachverhalt noch eine dritte Person in Betracht kommt und ob im Wohnmobil jeder sich selbst getötet hat oder einer den anderen und dann sich selbst.

Es wurde dazu festgestellt, dass keine dritte Person in Betracht kommt oder sonst unmittelbar eine Rolle gespielt hat. Insofern konnte weitgehend ausgeschlossen werden, dass es nun noch eine akute Fahndungslage nach einer dritten unmittelbar beteiligten Person besteht. Ferner wurde zur Kenntnis genommen, dass offenbar jeder sich selbst erschossen hat.

Also doch. Alles von der Polizei geprüft und verworfen. Klare Sache.

Dengler gähnte. Langsam spürte er die Müdigkeit wieder und seine Niedergeschlagenheit.

Der Einsatzbericht stimmte mit den Pressemeldungen überein. Der Fall schien ausermittelt. Wer immer sein unbekannter Auftraggeber war: Er hätte sich diese Information auch selbst im Internet suchen können.

Doch er hat keine Lust, sich in die Gedankenwelt des Unbekannten einzufühlen. Der Druck vom Solarplexus meldete sich. Dengler wählte Olgas Nummer. Und wieder nur die Mailbox.

»Bitte, Olga, ruf zurück. Die Sache, über die du dich so aufgeregt hast, ist erledigt. Lass uns reden.«

Der Druck vom Solarplexus dehnte sich aus.

Dengler rieb mit der flachen Hand über seinen Bauch. Doch der Druck ließ nicht nach. Es war ein Gefühl wie Angst.

Es war Angst.

Als er eben die Akten studierte, hatte er diesen Druck nicht gespürt. Eher ein Jagdgefühl.

Wie in alten Zeiten.

Liebeskummer. Verlustangst. Er wusste nicht, was genau es war. Sehnsucht auch.

Dengler erinnerte sich, wie Olga neben ihm zu Eis erstarrt war, als er die Namen der beiden Terroristen erwähnt hatte, Mundlos und Böhnhardt. Er erinnerte sich, wie sie aus seinem Bett gesprungen war, voller Panik.

Er verstand es nicht.

Es war doch bloß ein Auftrag. Ein einfacher Auftrag, einer, der seine Geldsorgen zumindest für einige Monate milderte. Er öffnete den Bericht vom 21.11.2011 des Kollegen vom BKA, des ehemaligen Kollegen vom BKA, verbesserte er sich. »Darstellung der Ereignisse zum Bankraub und zum Geschehen am Wohnmobil«, nicht so verschwurbelt geschrieben wie der vorherige. Klarer BKA-Stil.

### Bankraub

Am 4.11.2011 kam es in der Zeit von 9.15 Uhr bis 9.20 Uhr in der Filiale der Wartburgsparkasse Eisenach 99817 Eisenach, Nordplatz 13 zu einem Banküberfall, der durch zwei Täter durchgeführt wurde. Beide Täter trugen Rucksäcke, Sturmhauben und Handschuhe. Ein Täter, vermutlich der Linkshänder Böhnhardt, trug einen silberfarbenen Revolver in der linken Hand. Hier handelt es sich vermutlich um den Revolver SAS, der am 4.11.2011 im Wohnmobil in Eisenach aufgefunden wurde. Über die genaue Bewaffnung des zweiten Täters liegen keine Zeugenaussagen vor. Die Täter erbeuteten aus dem Notkassenraum und dem Tresor circa 72 000 Euro. Während der Tathandlung schlug einer der Täter dem Filialleiter mit dem Knauf der mitgeführten Waffe auf dessen Kopf, sodass dieser Platzwunden erlitt und zu Boden ging. Die Täter flüchteten mit bereitgestellten Fahrrädern. Im Nachgang wurden ab 9.20 Uhr Fahndungsmaßnahmen ausgelöst.

Der Druck in Denglers Bauch legte sich wie ein erschöpfter Sturm. Er las konzentriert den Bericht. Das BKA bestätigte die Aussagen der Eisenacher Polizei.

Gegen 12.00 Uhr wurde eine Funkwagenbesatzung, die im Rahmen der Fahndungsmaßnahmen im Nachgang zum Sparkassenraub den nördlichen Bereich von Eisenach bestreifte, auf das in der Straße »Am Schafrain« abgestellte Wohnmobil aufmerksam ... Die eingesetzten Beamten verließen ihr Fahrzeug und registrierten von dort, dass die Seitentür des Wohnmobils, die zum Bürgersteig zeigte, geschlossen war. Die Beamten begaben sich in die Mitte der Straße »Am Schafrain« in Richtung Wohnmobil. Vor dem Wohnmobil angekommen vernahm POK M., ein »Bewegungsgeräusch, als ob man ein Möbelstück rücken würde«. Unmittelbar darauf folgte ein von beiden Beamten wahrgenommener Schuss. Die Funkwagenbesatzung suchte daraufhin hinter einem PKW und einem Papiermüllcontainer Deckung. Während die Beamten sich auf dem Weg hinter die Deckung befanden, sei direkt darauf ein zweiter Schuss gefallen. POK M. berichtet von einem Zeitabstand zwischen den Schüssen von einer, maximal zwei Sekunden. Der andere Beamte, PHM S., berichtet von einem Abstand von 3 bis 5 Sekunden. Aus der Deckung vernahmen die Kollegen einen dritten Knall/Schuss. POK M. schätzte den Abstand zwischen dem Schuss zwei und Schuss drei auf 3 bis 5 Sekunden. PHM S. schätzte diesen Abstand auf 10 bis 15 Sekun-

den. Weiterhin konnte Letzterer beim dritten Knallgeräusch das Herausfliegen von Deckenverkleidung aus dem hinteren Teil des
Wohnmobils erkennen.
Kurz darauf entwich Rauch aus dem Wohnmobil
und Flammen waren im Inneren zu erkennen.
Die durch die eingesetzten Beamten alar-
mierte Feuerwehr löschte das Feuer. Die nach
der Feuerwehr eingetroffene Polizeidirektion Gotha stellte im Anschluss im Wohnmobil
Sicherheit her und fand hierbei die Leichen
von MUNDLOS und BÖHNHARDT vor.

Dieser Bericht ergab ein genaueres Bild. Insbesondere der Abstand zwischen den drei Schüssen wurde genauer angegeben.
Dengler notierte:

— Erster Schuss — dann maximal 5 Sekunden — zweiter Schuss
— Dann maximal 15 Sekunden, dritter Schuss
— Kurz darauf: Feuer im Wohnwagen erkennbar

Drei Schüsse? Was bedeutete das? Wurde der erste Schuss auf die
beiden Beamten abgegeben? Und mit den beiden letzten Schüssen töteten sich die Verbrecher selbst?
Dengler las weiter.

Anhand der Spurensituation im Inneren des
Wohnmobils, der Umstände ausserhalb des Wohnmobils und der Zeugenaussagen könnte es sich
im Wohnmobil wie folgt zugetragen haben.
Hypothese:
— Die Täter registrieren innerhalb des Wohnmobils, dass sich Polizeibeamte vor dem Wohnmobil befinden.

Gegebenenfalls wird diese Wahrnehmung noch durch das Abhören des Polizeifunks unterstützt:

→ es wurde ein Polizeifunkscanner und eine Liste mit Polizeifunkrufnamen für das Gebiet im Wohnmobil gefunden. Ob dieser in Betrieb gewesen ist, ist nicht bekannt.

– BÖHNHARDT eröffnet durch das Fenster des Wohnmobils mit der Maschinenpistole das Feuer auf die Beamten. Das Projektil verfehlt die Beamten und geht zwischen dem Papiercontainer und dem abgeparkten KFZ in die Wand.

→ Schuss eins, 9mm Hülse

Es konnte am Tatort an der entsprechenden Wand im Putz ein Loch mit 2 bis 2,5cm Durchmesser bis zur Putzarmierung festgestellt werden. Ein Projektil konnte jedoch im Bereich des Tatorts nicht gefunden werden. Das Loch befindet sich genau in der Linie vom Fenster des Wohnmobils und der Lücke zwischen Papiercontainer und abgeparkten KFZ. Eine exakte Vermessung findet heute, am 21.11.2011, statt.

– Die Waffe des BÖHNHARDT erleidet nach einem Schuss einen Defekt (Patronenklemmer) und wird von ihm im Wohnmobil auf die Bank unter dem Fenster gelegt.

→ Auffindeort Maschinenpistole, Zustand Maschinenpistole, Auffindesituation Leiche BÖHNHARDT

– BÖHNHARDT kommt durch einen Schuss der Winchester Pumpgun in die linke Schläfe zu Tode.

→ Obduktionsergebnis BÖHNHARDT, Schuss zwei, erste Brenneke-Hülse

- Vermutlich wurde der Schuss durch MUNDLOS abgefeuert

  → noch keine Nachweise hierfür verfügbar, jedoch aufgrund der Umstände (schnelle Schussfolge zwischen erstem und zweiten Schuss, die je mit verschiedenen Waffen durchgeführt wurden) ist es wahrscheinlicher als eine Selbsttötung mit der Pumpgun (umständlich sich mit einer langläufigen Waffe in die Schläfe zu schießen).

- MUNDLOS entfacht mit Papier ein Feuer im Wohnwagen

  → BÖHNHARDT war zu diesem Zeitpunkt bereits verstorben (Kein Rauch in der Lunge). Der Brandgutachter geht von einer Entzündung mit Papier in der Mitte des Wohnwagens aus.

- MUNDLOS setzt sich im hinteren Teil des Wohnmobils auf den Boden, steckt sich die Waffe in den Mund und tötet sich selbst.

  → Obduktionsergebnis MUNDLOS, Zeugenaussage bzgl. wegfliegender Deckenverkleidung im hinteren Teil des Wohnmobils. Schuss drei, zweite Brenneke-Hülse, Auswurf der Hülse aus der Pumpgun nur möglich durch einen Schuss von unten nach oben.

Diese Theorie machte Sinn. Die Täter sehen die Polizei kommen und beschließen den gemeinsamen Selbstmord. Mundlos erschießt Böhnhardt, steckt das Wohnmobil in Brand und erschießt sich selbst.

Dengler stand auf, und im selben Moment setzte der Druck in seinem Magen wieder ein. Dort lag das Handy. Sollte er Olga noch einmal anrufen?

Er zwang sich zurück an den Fall. Fremdverschulden? Konnten

auch die Kollegen vom BKA Fremdverschulden ausschließen? Sobald er in der Akte las, verflog die Angst. Das BKA schloss Fremdverschulden aus.

**Beteiligung einer dritten Person**

Die Presse spekuliert aktuell über die Anwesenheit einer dritten Person am Tatort (Stern online vom 20. November 2011). Hinweise hierfür liegen aktuell nicht vor. Aus folgenden Gründen scheint eine Beteiligung einer dritten Person unwahrscheinlich:

— Die Platzverhältnisse in dem Wohnmobil waren sehr beengt. Eine dritte Person hätte innerhalb des Wohnmobils kaum Platz gefunden sich zu bewegen. Das gilt insbesondere dafür, wenn davon ausgegangen wird, dass mit einer langläufigen Waffe hantiert wurde.

— Die Eingangstür des Wohnmobils befand sich zwar auf der Seite des Wohnmobils, die die eingesetzten Beamten nicht einsehen konnten. Jedoch befindet sich dort ein maximal ein Meter breiter Bürgersteig und direkt dahinter ein ein Meter hoher Zaun, der eine circa zwei Meter tiefe Baugrube sichert, in die es steil bergab geht.

Sollte eine Person aus dem Wohnmobil geflüchtet sein, so wäre sie am vorderen oder hinteren Ende des Fahrzeugs in das Sichtfeld der Beamten gelaufen, da eine Flucht über den Zaun und durch die Baugrube sehr unwahrscheinlich ist.

— Die Person hätte die genutzte Waffe zurücklassen müssen, da alle Waffen, aus denen geschossen wurde, am Tatort gefunden wurden.

Es stimmte also: Wäre ein mutmaßlicher dritter Täter am Tatort gewesen, hätten die Beamten ihn sehen müssen, wie er rechts oder links geflüchtet wäre. Direkt hinter dem Camper hätte er wohl nicht entkommen können, weil dort eine tiefe Baugrube war. Dengler schloss das Dokument und speicherte es auf seinem Rechner ab.

Die Ermittlungen ergaben ein klares Bild: Mundlos erschoss Böhnhardt mit der Winchester Pumpgun. Dann erst legte er Feuer. Böhnhardt hatte kein Rauchgas in der Lunge, also hatte er vor seinem Tod kein Branderlebnis. Besser wäre noch, der Kollege hätte den CO-Hb-Wert im Blut angegeben. Rauchgas, so viel wusste Dengler noch aus seiner eigenen Ausbildung, war kein sicherer Parameter. Der Kohlenmonoxid-Hämoglobin-Wert des Herzblutes dagegen war ein ziemlich sicherer Wert.

Sollte er Marlies bitten, ihm die Obduktionsberichte der beiden zu schicken?

Unsinn. Er wollte die Sache abschließen.

Er wollte, dass Olga zurückkam.

Dengler widerstand dem Drang, sie erneut anzurufen. Es kostete ihn Kraft.

Dengler rief im Internet die Seite des *Stern* auf und fand die Meldung, die der BKA-Kollege in seinem Bericht erwähnt hatte. Der *Stern* schrieb am 20. November 2011:

Im Gegensatz zu dieser Darstellung haben die meisten Anwohner und Augenzeugen die ersten Polizisten zwar kommen und das Wohnmobil brennen sehen, aber weder davor noch danach Schüsse gehört. Lediglich eine Familie hatte gegenüber der Polizei von drei Schüssen gesprochen. Eine Frau, die nicht einmal zehn Meter vom letzten Standort des Wohnmobils wohnt, nahm durch ihr geöffnetes Fenster den Geruch von verbranntem Plastik wahr. »Schüsse sind aber keine gefallen, das hätte ich gehört«, sagt sie. Unter ihrem Fenster und in den Kellerfensterschächten des Hauses suchten LKA-Beamte an diesem Sonntag noch einmal mit Metallsuchgeräten nach einem Projektil. Offenbar ist einer der Todesschüsse oder ein dritter Schuss in der Wand des Hauses gelandet, der dort auch den Putz beschädigt hat. Bis Sonntagmittag fanden die Polizisten nichts und zogen wieder ab.

Ohne Geschoss auch kein Schuss, dachte Dengler.

Er las weiter:

Anwohner haben nach Stern-Informationen bei der Polizei zudem ausgesagt, sie hätten am Tag danach eine verwirrte Frau vor Ort beobachtet, die sie auf Fotos als Beate Zschäpe identifizieren konnten. Sie sei dann wieder in ein Auto gestiegen und davongefahren. Während Ermittler bei dem brennenden Wohnmobil auch eine mögliche Fernzündung per Handy untersuchen, gehen Anwohner inzwischen davon aus, Mundlos und Böhnhardt seien schon tot gewesen, als das Wohnmobil erneut in ihrem Wohngebiet geparkt und schließlich angezündet wurde. Es hatte dort schon in der Nacht zuvor gestanden und war am frühen Morgen nur etwa eine Stunde nicht da.

Dengler fand noch einen Artikel. Die *Berliner Morgenpost* schrieb:

Gleichzeitig hält sich laut stern.de weiterhin das Gerücht, es könnte sich eine weitere Person am Tatort aufgehalten haben – auch wenn die Generalbundesanwaltschaft dies bisher bestritten hat. So sollen Anwohner eine dritte Person gesehen haben, die das Wohnmobil kurz vor dem Eintreffen der Polizei verlassen hat.

Aber wie könnte die dritte Person geflohen sein? Er schaute noch einmal in den Bericht des BKA. Rechts und links des Campers hätten ihn die beiden Polizisten sehen müssen, die gegenüber in Deckung lagen. Direkt hinter dem Camper befand sich die Baugrube.

Sicherheitshalber sah sich Dengler die Stelle auf Google Earth an. Doch da war nur eine unbebaute Fläche zu sehen. Auf dem Bild konnte er nicht erkennen, wie tief die Baugrube war. Direkt gegenüber standen einige Mehrfamilienhäuser. Von diesen Häusern hatte man einen guten Blick auf den Tatort. Trotzdem, es war denkbar, dass die Anwohner die Schüsse nicht gehört hatten. Um zwölf Uhr mittags hatte die Suppe auf dem Herd gebrodelt, das Radio lief, vielleicht sogar der Fernseher mit einer Mittagssendung. Zeugen waren oft unzuverlässig.

Immerhin: Die zwei Beamten hatten die Schüsse gehört.

Dengler nahm sein Handy.

Er wählte Olgas Nummer.

Wieder meldete sich nur ihre Mailbox. Dengler drückte die rote Taste und beendete die Verbindung.

Der Bericht des Kollegen vom BKA sagte nichts darüber aus, wie die Polizei das Innere des Campers vorgefunden hatte. Dengler öffnete noch einmal den Bericht der Eisenacher Polizei und suchte die entsprechende Stelle.

Der Unterzeichner nahm von außen durch die geöffnete Tür Einsicht in das Wohnmobil. Im Gang vorn wurde eine leblose männliche Person auf dem Bauch liegend festgestellt und im hinteren Bereich des Ganges war eine weitere leblose männliche Person in zusammengesunkener Lage zu erkennen. Der Schädel dieser Person war offenbar durch Schusseinwirkung erheblich verletzt. Auf dem Rücken der zuerst genannten Person waren Reste des Dachfensters zu sehen. Daneben befand sich ein Tisch, auf welchem im Brandschutt eine Pistole zu erkennen war, vom groben Aussehen glich sie der Heckler & Koch-Dienstwaffe des Unterzeichners. Unter dem Tisch befand sich ein nicht näher erkennbares Gerät, an dem ein rotes Licht leuchtete, wie eine Leuchtdiode. Es war zu erkennen, dass dort Kabel angeschlossen waren. Inwieweit es sich um einen Sprengsatz oder ein harmloses Gerät handelt, konnte so zunächst nicht geklärt werden. … Unmittelbar links neben der Tür war eine Spüle. Hierauf lag ein silberfarbener Revolver.

Elektronisches Gerät im Camper? Hatten Mundlos und Böhnhardt ihre Handys dort aufgeladen?

Er notierte:

— Unbekannte Kabel, ein nicht erkennbares Gerät mit Leuchtdiode im Wohnmobil?

Dengler öffnete einen weiteren Bericht des BKA, den Marlies ihm geschickt hatte.

Es war ein Bericht der Tatortgruppe des LKA Thüringen. Diese Gruppe wurde von der Polizeidirektion Gotha um 12.30 Uhr angefordert, also 10 Minuten bevor das Feuer gelöscht war.

Bei Ankunft am Tatort in Stregda bei Eisenach wird eine Lageeinweisung durch KOK L. sowie den Polizeiführer Polizeidirektor Stenzel (Leiter Polizeidirektion Gotha) durchgeführt. … Dabei wird bekannt, dass das Wohnmobil von außen durch die Feuerwehr ins Innere hinein gelöscht wurde, so dass der komplette Innenraum löschwasserdurchnässt ist. Weiterhin sind bereits sämtliche Dokumentationsmaßnahmen im Außenbereich vom Fahrzeug und im Fahrzeuginneren durch die

```
Feuerwehr Eisenach, durch Beamte der Kri-
minalpolizei Eisenach/Kriminaltechnik sowie
Beamte des Kriminaldauerdienstes der KPI Go-
tha abgeschlossen. Im Aufenthaltsraum des
Wohnmobils wurde durch den Polizeiführer,
Polizeidirektor Stenzel, der Stecker einer
unter dem Tisch stehenden Starterhilfe ge-
zogen.
```

Dengler las den letzten Satz noch einmal:

```
Im Aufenthaltsraum des Wohnmobils wurde
durch den Polizeiführer, Polizeidirektor
Stenzel, der Stecker einer unter dem Tisch
stehenden Starterhilfe gezogen.
```

Der Polizeidirektor ging in das Wohnmobil und zog irgendwo einen Stecker?
Offenbar handelte es sich dabei um das Gerät mit der Leuchtdiode.
Warum?

– Stenzel zieht Stecker an einer Starterhilfe. Warum? Bevor die
Spurensicherung kommt??

Dengler nahm sich vor, nach dieser Starterhilfe auf den Fotos der
Feuerwehr und der Kriminalpolizei zu sehen.
Er las weiter.

```
Weiterhin werden mehrere Waffen, teilweise
eingeklemmt unter den Leichen, auf dem Gas-
herd und auf dem Tisch festgestellt. Alle
offen liegenden Waffen im Aufenthaltsraum
des Wohnmobils sind feucht, brandschuttbe-
```

haftet sowie thermisch beeinflusst. Die im
unmittelbaren Eingangsbereich auf dem Boden in der Nasszelle in Griffweite der hinteren Leiche liegende und geladene Pistole
HK P2000 wird vor Abtransport des Wohnmobils dokumentiert (Nummerntafel 5) und sofort gesichert, um eine weitere Spurenkonta-
mination durch den angewiesenen Abtransport
des Wohnmobils zu verhindern. Die Waffennummer wird zeitnah über INPOL abgefragt.
Diese Waffe steht im Zusammenhang mit der
SOKO »Parkplatz« in Fahndung!

Das war wohl die vermisste Waffe der in Heilbronn erschossenen
Polizistin Michèle Kiesewetter, von der man auch schon in den
Medien lesen konnte.

Dengler lehnte sich zurück.

Im Grunde genommen wusste er jetzt genug, um den Bericht an
den unbekannten Auftraggeber zu schreiben.

Und um Olga zu sagen, dass es keine Entlastung für die rechten
Mörder gab. Er nahm sein Handy in die Hand, aber er widerstand
dem dringenden Wunsch, die Wahlwiederholungstaste zu drücken.

Um sich abzulenken, öffnete er eine weitere BKA-Akte: Befragung der Funkstreifenwagenbesatzung, die das Wohnmobil gefunden hatte.

Die Darstellungen hinsichtlich des Stand-
orts der Kollegen während des ersten Knall-
geräusches gingen auseinander. Polizeiober-
kommissar M. gab an, dass die beiden zu
diesem Zeitpunkt auf Höhe des Fahrerhau-
ses gewesen seien. Polizeihauptmeister S.
hingegen wähnte sich und seinen Kollegen
zu diesem Zeitpunkt fast auf der Höhe des

Seitenfensters des Wohnbereichs. Festlegen wollte sich in diesem Punkt keiner der beiden Beamten.

Beide gaben an, dass sie während des **ersten Knallgeräuschs** das Wohnmobil im Blick hatten und keine Bewegung im Inneren wahrgenommen hätten. Auch Veränderungen an der Außenhülle des Wohnmobils inklusive des Seitenfensters, wie bspw. einen Durchschuss, nahmen die Beamten nach Schilderung zu diesem Zeitpunkt nicht wahr.

Auf dem Weg hinter Deckungen, im Fall von PHM S. ein geparktes Auto und im Fall von POK M. ein Papiercontainer, hätten beide Beamte ein **zweites Knallgeräusch**, das gemäß POK M. **zwei bis drei Sekunden** beziehungsweise gemäß PHM S. **drei bis vier Sekunden** nach dem ersten Geräusch erfolgte, vernommen.

Mit gezogenen Dienstwaffen hätte die Funkwagenbesatzung Deckung bezogen und nach **zehn bis 15 Sekunden** (POK M.) bzw. nach **acht bis 10 Sekunden** (PHM S.) ein **drittes Knallgeräusch** vernommen. Synchron zum letzten Geräusch, berichtet PHM S., hätte er ein Stück des Wohnmobildachs wegfliegen sehen. Nach Bezug der Deckung sei das Wohnmobil stets im Blickfeld der Beamten gewesen. POK M. hätte unter dem Wohnmobil hindurch sehen können und gab an, dass dort niemand auf der abgewandten Seite des Fahrzeugs ausgestiegen sei.

Wenige Sekunden nach dem letzten Knallgeräusch sei gemäß beiden Aussagen Qualm aus dem Wohnmobil aufgestiegen. POK M. habe nach zwei Minuten festgestellt, dass der Vorhang

112

an der Seitenscheibe des Wohnmobils Feuer gefangen hätte und kurz darauf seien weitere Flammen im Inneren auszumachen gewesen. PHM S. berichtete von einer Stichflamme drei Sekunden nach dem letzten Schuss.[7]

Dengler musste grinsen – hier hatte er den BKA-Kollegen bei einem Fehler ertappt: Die Zeugen, die beiden Streifenpolizisten, hatten von *Knallgeräuschen* gesprochen – und der Vernehmer hatte diese Aussage automatisch als *Schüsse* interpretiert. Auch wenn es tatsächlich Schüsse gewesen sein sollten: Das war eine Ungenauigkeit.

Aber noch etwas anderes war interessant: die Stichflamme drei Sekunden nach dem letzten Schuss – bzw. nach dem letzten Knallgeräusch, verbesserte sich Dengler selbst. Wenn Mundlos den Brand mit Zeitungspapier gelegt hatte, hätte es keine Stichflamme gegeben. Vielleicht aber war das bereits gelegte Feuer auf etwas leicht Entzündliches gestoßen und hatte so die Stichflamme erzeugt.

Dengler notierte:

- Die beiden Streifenpolizisten hören drei Knallgeräusche (vermutlich Schüsse);
- Stichflamme drei Sekunden nach dem letzten Knall-oder Schussgeräusch, also nachdem Mundlos sich mutmaßlich selbst erschossen hat.

Die Augen schmerzten. Dengler massierte Stirn und Augenlider und sah hinunter auf die Wagnerstraße. Es war Sommer geworden in der Stadt. Draußen war es warm. Bald würde es dunkel werden. Die Menschen lachten. Nur er saß hier allein. Verlassen von der geliebten Frau, und er verstand noch nicht einmal, warum.

Er streckte sich. Heute noch würde er den Bericht schreiben.

Und dann wollte er nichts mehr wissen von Mundlos und Böhnhardt, vom Wohnmobil und dem Banküberfall, von Zschäpe und dem Rechtsterrorismus.

Er seufzte, warf noch einen Blick auf das stumme Telefon und machte sich an die Arbeit.

## 21. Leopold Harder, Redaktion *Stuttgarter Blatt*

Die Sonne verabschiedete sich hinter den Bergen der Schwäbischen Alb und schickte die letzten Strahlen des Tages hinunter auf die Stadt. Die Dunkelheit kroch durch die heruntergelassenen Jalousien und dehnte die Schatten der Schränke, der Tische und Stühle, und sogar der Computerbildschirm warf einen wachsenden dunklen Fleck an die Wand von Leo Harders Büro, in dem das Dämmerlicht die Helligkeit des Tages nun völlig verdrängt hatte. Harder legte die Füße auf den Tisch und dachte nach.

Der Abend im Basta ging ihm nach. Diese ganze rechte Gewalt in den alten, aber auch in den neuen Bundesländern – wann hatte das eigentlich alles begonnen? Wie war die Stimmung in der Nachwendezeit gewesen? Seltsam: Er erinnerte sich nicht mehr, welche Themen die Presse in den Neunzigerjahren beherrscht hatten. Er war doch damals schon Journalist. Wie konnte das sein? Wieso fiel es ihm nicht mehr ein?

Herrschte nicht fast überall die Freude über die gelungene Vereinigung? Nach dem Motto: endlich *ein* Staat, endlich die D-Mark, endlich Demokratie? Waren das die Schlagzeilen? Dann fielen ihm die Pogrome im Osten ein, Hoyerswerda erlangte im September 1991 schlagartig bundesweit und international traurige Berühmtheit; dann – ein Jahr später – Rostock: ein brennendes

Haus mit Arbeitern aus Vietnam. Unerklärliche Unfälle – ganz am Rande einer friedlichen Revolution?

Harder zog die Tastatur des Computers auf seinen Schoß, öffnete das Archiv der Zeitung, überlegte einen Augenblick und entschloss sich, mit der *Bild*-Zeitung zu beginnen. Gute Entscheidung: *Bild* hatte ja immer den Finger am Puls der Zeit. Also: Jahrgang 1992. Titelblatt für Titelblatt zog auf dem Bildschirm vorbei. Er beugte sich vor. Langsam dämmerte die Erinnerung in ihm auf. Er griff nach dem Collegeblock auf seinem Schreibtisch und notierte die Überschriften:

**Staatsnotstand Asyl – Wieder 48.985 da!**

**Asylbewerber zwang Deutsche zur Heirat –**
**Vergewaltigt, mit Wasserschlauch geprügelt, in Moschee**
**geschleppt**

**Miet-Hai ekelt Deutsche raus – für Asylanten**

**Einer kam als Jürgen Klinsmann –**
**<u>Asyl-Betrüger und ihre miesen Tricks</u>**

**<u>»Asyl, Asyl!«</u> –**
**Jetzt kommen sie als Touristen**

**Motiv Sex –**
**Falscher Asylant erschlug 9 Frauen**

**<u>»Deutsches Essen schlecht«</u>**
**Asylanten im Hungerstreik**

Amtmann Müller: Was mir Asylbewerber so erzählen –
Ich Asyl, ich Johnnie Walker

»Nix Suppe, Mark Mark!«
Asylanten entführen Amtmann

Deutsches Mietrecht –
Rentner muß raus für Asylanten

Familie muß Asylanten aufnehmen

Die Flut steigt – Wann sinkt das Boot? –
Fast jede Minute ein neuer Asylant[8]

10 Millionen Leser, dachte er.
Fast täglich wurden ihnen diese Negativklischees eingehämmert.
Und der Qualitätsjournalismus?
Harder durchsuchte die Spiegel-Titelbilder dieser Zeit. Bereits im
September 1991 zeigte das Magazin auf dem Titelblatt das Bild
eines schwarz-rot-gold angemalten Kahns voller Menschen, dazu
die Schlagzeile »Flüchtlinge, Aussiedler, Asylanten: Ansturm der
Armen«.
Schon damals war das ein Thema. Meine Güte. Und was hatte
man seither unternommen, um diesen Armen zu helfen? Gegen-
wart und Vergangenheit vermischten sich in seinem Kopf.
»Flüchtlingsheime – Es wird weiter glühen«, hatte erst vor wenigen Tagen Zeit online getitelt. Die Unterzeile: »Seit Wochen werden immer wieder Flüchtlingsheime angezündet, wie schon einmal, in den Neunzigerjahren. Doch immerhin der Widerstand ist
jetzt stärker.« Stimmte das wirklich?
Verstand man die Gegenwart über die Vergangenheit?
Harder fand einen Artikel über einen Brandanschlag auf ein
Flüchtlingsheim in Nordrhein-Westfalen aus den frühen Neunzigerjahren. Harder erinnerte sich nicht an diesen Vorfall. Am 3. Ok-

tober 1991 hatten drei Neonazis Brandsätze auf ein Flüchtlings-heim in Hünxe geworfen. Zwei Mädchen, eines sechs, das andere acht Jahre alt, zwei Töchter einer libanesischen Flüchtlingsfamilie, erlitten lebensgefährliche Verletzungen, als die Brandsätze das Schlafzimmer der Kinder in Brand setzten. Harder las den Artikel. Der *Spiegel*-Reporter beschrieb darin den vierjährigen Bruder der beiden schwer verletzten Mädchen als »Monster mit den leuchten-den Augen« und als »Nachwuchs-Asylanten«.

Unglaublich. Wahnsinn!

Kurz zuvor, im September 1991, hatte es bereits die Hetzjagd in Hoyerswerda gegeben. Tagelang dauerten die Angriffe auf Wohnheime von Flüchtlingen aus mehreren Ländern und Ver-tragsarbeitern aus Mosambik an. Harder fand die Kapitulations-erklärung des Staates im Netz: »Es besteht einheitliche Auf-fassung dazu, dass eine endgültige Problemlösung nur durch Ausreise der Ausländer geschaffen werden kann«, so lautete die »Lageeinschätzung« des Landratsamtes Hoyerswerda am 20. September 1991, um 12 Uhr mittags. Am nächsten Tag, in den frühen Morgenstunden des 21. September 1991, wurden un-ter johlendem Beifall jugendlicher und älterer Zuschauer 240 Asylsuchende aus der Stadt gefahren. Steine und Flaschen tra-fen die abfahrenden Busse. Ein Flüchtling wurde durch Glas-splitter erheblich verletzt. Vor laufenden Kameras grölten Nazis: »Deutschland den Deutschen, Ausländer raus« und »Hoyers-werda ist erst der Anfang«.

Niemand hatte sich ihnen in den Weg gestellt.

Was habe ich damals gedacht?, überlegte Harder. Rückständige Ossis, vermutlich. Konnte man das heute immer noch so sa-gen? Der Staat hatte wehrlose Minderheiten nicht geschützt und gleichzeitig eine seiner Kernaufgaben aufgegeben: die Verfolgung von Straftaten. Auch hier gab es schreckliche Parallelen zwischen den frühen Neunzigerjahren und der Situation in diesem Som-mer 2015. 1992 hatte es in Hoyerswerda 82 vorläufige Festnahmen gegeben, denen lediglich vier Verurteilungen folgten. Neonazis hatten öffentlich Hoyerswerda als erste »ausländerfreie Stadt« in Deutschland gefeiert. Das hatte Signalwirkung gehabt. Auch in diesen Wochen hatte es Hunderte von Anschlägen gegeben, und in fast keinem Fall waren die Taten aufgeklärt worden. Es war jetzt dunkel in Harders Büro. Nur das Licht des Bildschirms flackerte auf, wenn er neue Seiten aufrief.

Noch einmal blickte er in die Vergangenheit: August 1992. Mehrere Hundert Rechtsradikale griffen in Rostock-Lichtenhagen eine Aufnahmestelle für Asylbewerber unter dem Beifall von bis zu 3000 Zuschauern an und dann ein Wohnheim von vietnamesischen Vertragsarbeitern. Nach zwei Tagen zog sich die Polizei zurück und überließ 120 im in Brand gesetzten Wohnheim eingeschlossene Vietnamesen, wenige Unterstützer und ein ZDF-Fernsehteam schutzlos den Flammen. Die Nazis griffen derweil die Feuerwehrleute an und hinderten sie am Löschen.

Er las, wie die Landesregierung von Mecklenburg-Vorpommern damals bewusst die Kapazität der zentralen Anlaufstelle für Asylsuchende nicht erhöht hatte; die Menschen waren tatsächlich gezwungen gewesen, im Freien zu schlafen und ihre Notdurft in den Büschen der Vorgärten der Plattenbausiedlungen zu verrichten. Harder lief es plötzlich eiskalt über den Rücken bei der Vorstellung, dass die Angriffe auf die Hilflosesten aller Hilflosen von einer Regierung systematisch vorbereitet und geschürt worden waren.

War das möglich? Wo waren wir Journalisten damals? Wo war ich? Wo sind wir heute?

Er suchte und fand Zitate von Leitartiklern, die von einer »verheerenden Mischung von Überforderung, Ignoranz, Gleichgültigkeit und Versagen« bei Polizei, Politikern und Strafverfolgungsbehörden schrieben. All das kam ihm plötzlich bekannt vor.

Harder fand eine neue Quelle: Der ZDF-Fernsehjournalist Jochen Schmidt, der mit seinem Team in dem brennenden Haus eingeschlossen gewesen war, erklärte: »Rostock-Lichtenhagen sollte als Fanal fungieren. Geplant war von Seiten der Politik eine kontrollierte Eskalation des Volkszorns mit dem Ziel, die SPD zum Einlenken in der Asylfrage zu zwingen.«

In Harders Kopf sträubte sich alles. Er konnte sich nicht vorstellen und er wollte sich nicht vorstellen, dass der Staat selbst planmäßig tödliche rassistische Gewalt inszenierte. Und fast erleichtert las er ein anderes Statement von Jochen Schmidt: »Ein letzter Beweis für die These der Inszenierung fehlt.«

Doch wirklich beruhigen konnte ihn das nicht.

Damals ging es um eine Grundgesetzänderung. Dafür brauchte die Bundesregierung aus CDU und FDP eine Zweidrittelmehrheit im Bundestag. Geplant sei eine »Einschränkung«, las Harder in seiner eigenen Zeitung, von einer »De-facto-Abschaffung des Artikel 16 Grundgesetz« schrieb jemand in einem Leserbrief, das bedeutete: die Abschaffung des Rechts auf Asyl.

In der SPD gab es damals unterschiedliche Stimmen. Nach den Pogromen kippte die Stimmung bei den Sozialdemokraten endgültig um. Am 26. Mai 1993 stimmten 521 Abgeordnete von CDU, CSU, FDP und SPD für und lediglich 132 Abgeordnete, darunter etwa 100 der SPD, sieben Abweichler der FDP sowie Grüne und PDS, gegen die Einführung des neuen Artikel 16a des Grundgesetzes. Damit hatten konservative Kräfte eine einschneidende Beschränkung des Rechts auf Asyl durchgesetzt.

Der rechte Pöbel hatte dazu die Begleitmusik gemacht.

Ich bin Journalist, dachte Harder. Lerne ich erst jetzt, wie Politik funktioniert?

Was hatte all das mit dem NSU und mit der Situation heute zu tun? Harder verschränkte die Arme hinter dem Kopf und blickte über den Bildschirm zum Fenster.

Können in unserem Land brennende Flüchtlingsheime Teil einer politischen Kampagne sein? Sind sie auch in diesen Wochen Teil einer Kampagne? Wer steckt hinter Pegida und all diesen Bewegungen und Bürgerinitiativen wirklich?

»Im ersten Halbjahr 2015 haben die Behörden 150 Angriffe auf Unterkünfte von Asylbewerbern gezählt«, hatte die Zeit gemeldet.

Er konnte und wollte nicht mehr weiter nachdenken.
Ob Georgs Auftrag wirklich so harmlos war?
Er schaltete den Computer aus.

## 22. Denglers Traum

Dengler nahm seine Aufzeichnungen und tippte das Ganze in
seinen Rechner. Er arbeitete und vergaß die Zeit. Und er vergaß
Olga.
Den Bericht gliederte er in vier Punkte:

1. Vorbereitung des Bankraubes
2. Durchführung des Bankraubes
3. Die polizeilichen Ermittlungen des Wohnmobils
4. Ablauf des Selbstmords von Mundlos und Böhnhardt

Um drei Uhr in der Nacht las er zum letzten Mal das Dokument
und sicherte die Datei auf der Festplatte. Die Augen brannten
vom langen Arbeiten am Bildschirm. Noch während das Be-
triebssystem seinen Computer herunterfuhr, meldete sich die
Sehnsucht wieder mit dem fast schon vertrauten Schmerz.
Er griff nach dem Handy.
Kein Anruf von Olga.
Nicht einmal eine SMS.
Da hatte er eine Idee.
Dengler fuhr noch einmal seinen Rechner hoch. Dann schickte er
den Bericht ohne jeden Kommentar an Olgas Adresse.

★

Es ist der alte Albtraum. Aber in dieser Nacht sitzt nicht der Banker in dem mittleren Wagen des Konvois. Sein Traum nimmt eine noch bösartigere Wendung. Die denkbar bösartigste Wendung. *Olga* sitzt in dem gepanzerten Mercedes. Sie lächelt und winkt ihm von der Rückbank aus zu. Ihre Lippen bewegen sich, doch er kann sie nicht hören. Er sieht nur diese Lippen. Diese Augen. Ihre Hand. Ihr Lächeln.

Jetzt fährt der Konvoi an. Zwei Limousinen mit Begleitschutz, einer vor Olgas Wagens, einer dahinter. Olga, die schöne Olga, seine schöne Olga dreht sich um und winkt. Dann fahren die drei Wagen los.

In die Sprengfalle.

Dengler rennt.

Er rennt und rennt.

Aber etwas hält ihn mit unsichtbaren Gummibändern fest. Er läuft auf der Stelle. Als würde er sich in einem Behälter mit dickflüssigem Öl bewegen. Er keucht. Er verdoppelt das Tempo. Doch der letzte Wagen des Konvois wird immer kleiner. Er sieht alles wie früher. Die Straße. Den Zebrastreifen. Den Baum. Das Fahrrad. Die Zündvorrichtung.

Der erste Wagen rast durch die Lichtschranke. Jetzt sitzt er auf dem Beifahrersitz. Wie damals. Er dreht sich um. Olgas Mercedes fährt auf die Sprengladung zu. Panik. Er sucht den Türgriff. Es gibt keinen. Seine Hände fahren an der Beifahrertür auf und ab. Kein Griff. Die Beifahrertür lässt sich nicht öffnen. Sie rührt sich nicht. Er schlägt gegen das Fenster. Panzerglas. Da ist der Griff. Endlich. Er rüttelt. Er zieht. Er schreit. Ruft ihren Namen.

Dreht sich um und sieht hinter sich die Stichflamme. Die Druckwelle hebt seinen Wagen hoch und lässt ihn mit einem harten Schlag wieder auf die Straße fallen. Die Tür springt auf. Er rennt. Er sieht den geborstenen Wagen, er sieht den Rauch, er schmeckt das Pulver, er schmeckt seine Tränen, er schreit ihren Namen.

Er kommt zu spät.

Und wacht auf.

Das Leintuch war nass. Von der Stirn aus hatte sich der Schweiß den Weg gebahnt und sich in seinen Augenwinkeln gesammelt. Sein T-Shirt war nass. Seine Brust war nass. Die Beine waren nass. Der Rücken – ein Bachbett.

Erst Verwirrung, dann Erleichterung. Gott sei Dank, nur ein Traum.

Er schaute auf den Wecker. Vier Uhr.

Beste Albtraumzeit.

Tiefste Sehnsuchtszeit.

Dengler stand auf, ging, noch wacklig zitternd vom Horror des Albtraums, zum Tisch, auf dem sein Handy lag.

Keine Nachricht von Olga.

Er nahm das Gerät mit ins Bett und drückte es ans Ohr.

Wartend.

Dann wählte er ihre Nummer.

Stockend erzählte er der Mailbox von seinem Traum.

Und wie sehr er sie vermisste.

Dann schlief er ein und wachte erst auf, als ihn das Handy summend rief. Er meldete sich, noch trunken vom Schlaf.

»Ich habe deinen Bericht gelesen«, sagte Olga.

»Olga, endlich, es tut gut, deine Stimme zu hören. Kommst du zurück?«

»Du hast die beiden Verbrecher nicht zu Opfern gemacht! Das hat mich gefreut.«

»Ich vermisse dich wie verrückt. Und das Schlimme ist, ich kann nichts dagegen tun.«

»Aber dir ist ein Fehler unterlaufen.«

»Stell dir vor, ich bin nackt auf die Straße gelaufen, als du weggegangen bist.«

»Georg, hör zu. Der Zeitablauf stimmt nicht. Da musst du dich verrechnet haben.«

»Und da kamen zwei Ladys vom Kirchentag. Die dachten bestimmt, der Leibhaftige ... sonst wäre ich dir weiter nachgerannt.«

»Hast du mal die Zeitabläufe nachgerechnet? Zwischen dem ersten Schuss und dem letzten? Laut deinem Bericht verstreicht da nicht einmal eine Minute.«

»Ich hätte mich vor dir niedergekniet und dich gebeten, nein, angefleht hätte ich dich, nicht zu gehen.«

»Das passt einfach nicht. Zwei Mörder, mehrfache Mörder, Bankräuber, Bombenleger, eiskalte, hochfanatisierte Idioten, haben das Waffenarsenal einer kleinen Armee in diesem Wohnmobil ...«

»Weißt du, wenn ich wenigstens eine Unterhose angehabt hätte, ich wäre losgerannt.«

»... und die sollen Angst vor zwei Streifenbullen haben? Und nach deinem Bericht geschieht in zwanzig Sekunden Folgendes: Die einigen sich, dass sie ihrem Verbrecherleben selbst ein Ende machen. Warum eigentlich? Die hätten die beiden Polizisten ohne Weiteres erledigen können. Waffen genug lagen herum. Überleg doch mal! Die haben eben eine Bank überfallen. Die haben Adrenalin bis in die Haarspitzen. Warum erschießen die nicht die beiden Bullen und hauen ab? Aber gut. Nach deinem Bericht verabreden sie ihren Selbstmord blitzartig. Dann erschießt Mundlos den Böhnhardt. Dann legt er Feuer. Dann erschießt er sich selbst.«

»Vielleicht hätte ich mich gar nicht drum kümmern sollen, was ich anhabe.«

»Alles in allem etwa zwanzig Sekunden. Das musst du noch mal nachrechnen. Da steckt ein Fehler drin. – Georg?«

»Mmh.«

»Hörst du mir überhaupt zu?«

»Und wie. Ich freue mich so wahnsinnig, deine Stimme zu hören.«

»Wenn ich dein Auftraggeber wäre: Für diesen Bericht würde ich nicht bezahlen.«

»Ich hab das Geld schon bekommen.«

Schweigen.

Dann fragte Dengler: »Wann kommst du zurück?«

Schweigen.

»Gegen Mittag bin ich da.«

»Dann gehen wir den Tathergang noch einmal zusammen durch?«

»Ja«, sagte sie leise. »Georg, es gibt da noch etwas, was ich dir sagen muss.«

Denglers Oberkörper schnellte nach vorne. »Wie heißt das Schwein?«

Olga lachte. »Es geht um deine Albträume.«

»Ja, ich weiß. Ich mag sie auch nicht.«

»Im Ernst: Es vergeht fast keine Nacht, in der wir beide in einem Bett liegen, in der du nicht schreist und brüllst. Hochschreckst. Schweißgebadet aufwachst. Oder versuchst, den Bankmanager vor der Bombe zu warnen.«

»Ich weiß. Es tut mir leid, dass ich dich so oft wecke.«

»Darum geht es nicht. Es geht nicht um mich. Es geht um dich. Du musst diese Sache in Ordnung bringen.«

Dengler lachte. »Ordnung? Olga, da sind Mächte am Werk gewesen, die ... Da kann ich froh sein, wenn ich mit Albträumen davongekommen bin.«

»Du hast mir die Geschichte nie erzählt.«

»Glaub mir, du bist wirklich der letzte Mensch, den ich da reinziehen will.«

»Ich will sie aber hören.«

»Ich weiß nicht.«

»Ich will sie hören.«

»Wann?«

»Heute. Heute Mittag.«

## 23. Denglers Trauma

Nach Olgas Anruf schlief er noch mal ein, kurz, tief, traumlos. Um elf sprang er aus dem Bett. Immer noch kein Espresso, dafür eine lange Dusche. Er merkte plötzlich, dass er pfiff, einen Dylan-Song. Er fing an zu singen.

*Nobody feels any pain*
*Tonight as I stand inside the rain*
*Everybody knows that baby's got new clothes*
*But lately I see her ribbons and her bows*
*Have fallen from her curls*
*She takes just like a woman*

Er ließ das Handtuch fallen, rannte nackt durch die Wohnung und suchte die *Blonde On Blonde*-CD, zog sie aus einem Stapel lange nicht gehörter Scheiben, trug sie tänzelnd zum Abspielgerät in der Küche, schob sie in den Spalt des Players, drückte »play« und hörte dem näselnden Großmeister zu.

*Yes, you do, you make love just like a woman*
*Yes, you do, then you ache just like a woman*
*But you break just like a little girl*

Sie kam zurück!
Heute Mittag. Das hieß: jeden Moment.
Bis dahin war noch viel zu tun. Er musste das durchgeschwitzte Bett frisch beziehen. Er wollte Blumen kaufen. Und eine neue Vase. Und die Küche! An der Wand waren trotz der Putzaktion überall noch die braunen Flecken von der explodierten Kaffeemaschine. Er musste die Küche streichen. Aber das schaffte er jetzt nicht mehr. Was soll's?

*I wasn't born to lose you*
*I want you, I want you*
*I want you so bad*
*Honey, I want you.*

Er ging ins Schlafzimmer, und im Duett mit Bob Dylan zog er neue Bettwäsche auf.

Olga.

So nah, so fern.

So schwer, so leicht.

Er kannte jeden Zentimeter ihres Körpers. Es gab keine Stelle, die seine Hände nicht berührt hatten, es gab keine Stelle, die sein Mund nicht geküsst hatte. Er kannte ihre Augen. Er wusste, wie sich ihre Pupillen weiteten, wenn sie glücklich war, wie sie sich zusammenzogen, wenn sie wütend wurde. Er wusste, wie ihr Gesicht aussah, wenn sie müde war, er wusste, wie es sich veränderte, wenn sie miteinander im Bett lagen, wie es weicher wurde und schöner.

Und trotzdem: Kannte er sie?

Sie verschwand immer mal wieder. Manchmal für ein, zwei, drei Tage, manchmal für eine Woche. »Wohin gehst du?«, fragte er sie dann. Doch sie küsste ihn auf die Augen und sagte nur: »Bin unterwegs.«

Dengler wusste, dass sie nicht nur eine perfekte Taschendiebin, sondern auch eine Computerhackerin war. Sie hatte ihm oft genug geholfen, in fremde Rechner einzudringen. Sie hatte den Rechner seines Sohnes gehackt, als Jakob verschwunden war und Dengler ihn suchte. Ohne Olga würde Jakob vielleicht nicht mehr leben.

Er hatte ihr viel zu verdanken.

Sie führte ein Leben, ein zweites Leben, ein geheimes Leben, von dem er nichts wusste. Als er sie kennenlernte, hatte es einige Wochen gedauert, bis er begriff, dass sie eine Taschendiebin war. Wenn sie knapp bei Kasse war, lief Olga ein-, zweimal durch das Foyer eines großen Stuttgarter Hotels. Weil sie in den letzten Jahren zunehmend Schmerzen in der rechten Hand hatte, schulte sie um, und nun war sie die beste Computerhackerin, der Dengler je begegnet war.

Er hatte ihr Leben von Anfang an akzeptiert.

Wenn sie bei ihm war, war sein Leben leicht.

Wenn sie nicht bei ihm war, quälte ihn Sehnsucht. Und die Sorge, dass ihr etwas zustieß oder dass sie verhaftet worden war und er nichts davon erfuhr.

Er wusste nicht, was sie trieb.

Dengler seufzte. Er stand auf und ging in den Blumenladen in der Olgastraße. Von dem Geld des unbekannten Auftraggebers kaufte er einen großen Sommerstrauß. Glockenblumen, Löwenmäulchen. Die Verkäuferin band ihm allerlei Grünzeug dazu. Dann wählte er noch einen kleinen Rosenstock, den er in den Flur stellen wollte.

Die Vase vergaß er.

Deshalb stellte er den Strauß in den Weinkühler, den Rosenstock auf die Kommode im Flur.

Um halb eins klingelte der Briefträger. Er hatte ein neues Päckchen für Dengler. Die Anschrift auf dem Etikett in Times New Roman, Computerschrift: Georg Dengler, Privatermittler, Wagnerstraße 39, 70182 Stuttgart.

Kein Absender.

Er riss die durchsichtigen Klebebänder ab. In dem Karton lag ein neues Handy. Prepaid. Samsung. Klein. Billig. Es sah aus wie das erste. Kein Brief. Keine Nachricht. Dengler prüfte, ob der Akku geladen war, dann schob er es in die Hosentasche. Den Karton warf er in den Müll.

Er legte John Lee Hooker auf.

*Here I am again*
*Back on the corner again*
*Back where I belong*

Fast hätte er das Klopfen überhört.

Er öffnete die Tür.

Sie war zurück.

»Komm«, sagte sie.

*

Sie saßen im Basta. Olga hatte für beide grünen Spargel bestellt. Dazu zwei Gläser Grauburgunder. Der kahlköpfige Kellner brachte ihnen schweigend die Teller und lächelte Olga an.

»Jetzt erzähl!«

Dengler stocherte mit der Gabel in den Kartoffeln.

»Es ist keine schöne Geschichte.«

»Ich weiß. Einen Teil hast du mir ja schon erzählt, erinnerst du dich? Damals saßen wir im Café Stella – aber da kam uns ja deine liebe Exfrau dazwischen, wie du weißt, weil dein Sohn mächtig in der Klemme steckte.[9] Daher kenne ich die Story nur in Bruchstücken.«

»Du willst es wirklich hören?«

Sie sah ihn mit einem Blick an, dass er sich wie ein Idiot vorkam.

»Ich war ein junger Polizist. Ich lernte verschiedene Abteilungen kennen. Damals war ich bei den Meckenheimern … beim Staatsschutz«, erklärte er, als er ihren fragenden Blick sah. »Ich sollte an jenem Tag einen Kollegen vertreten, der krank geworden war. Personenschutz für einen Banker. Ein hohes Tier. Wir sollten ihn morgens von Bad Homburg nach Frankfurt zu seinem Arbeitsplatz bringen. Zwei BKA-Fahrzeuge.«

Olga schaute ihn aufmerksam an.

»Eins fährt vorne, eines hinten. In der Mitte ein gepanzerter Mercedes mit der Schutzperson, einem Banker. S-Klasse natürlich. Er sitzt auf dem Rücksitz, telefoniert, liest Akten, Bilanzen oder was immer ein Banker so liest. Ich bin im Vorauskommando, sitze im vorderen Wagen. Auf dem Beifahrersitz. Wir fahren los. Nichts Aufregendes. Routine.«

Dengler stockte.

Dann fuhr er fort: »Jedenfalls fuhren wir direkt in eine Sprengfalle. Es war ein kalter, aber klarer Herbstdonnerstag. Wir fuhren durch ein Kurviertel. Exakt um 8.34 Uhr rauschten wir mit Tempo 50 an einem Fahrrad vorbei, das am Straßenrand stand. Merkwürdig war nur, dass der erste Wagen, also der, in dem ich saß, unbeschadet da durchkam. Die Bombe explodierte erst später, hinter mir. Das habe ich nie verstanden, weißt du? Eigentlich hätte unser Wagen hochgehen müssen. Eigentlich hätte es mich erwischen müssen. Doch als es hinter uns dann knallte, gab mein Kollege Gas. Ich sagte: Hey, halt an! Wir müssen gucken, was da los ist. Aber der fuhr einfach weiter. Ich griff ins Armaturenbrett, drehte den Zündschlüssel. Der Kollege brüllte, aber der Wagen wurde langsamer. Ich machte die Tür auf, ließ mich rausfallen. Stand auf und rannte zurück zum Tatort.«

Olga hatte Messer und Gabel zur Seite gelegt, hörte ihm nur zu.

»Ich kam an die Stelle, wo das rauchende Wrack stand. Die Explosion war gewaltig gewesen. Sie hatte das schwere Auto, fast drei Tonnen schwer, mehrere Meter durch die Luft katapultiert, in der Luft gedreht, die beiden rechten Türen aufgerissen. Trümmer lagen mehr als 100 Meter weit verstreut. Ich wollte hinrennen, helfen, aber da waren zwei Männer hinter mir, packten mich und warfen mich auf den Boden. Gute Polizeiarbeit. Hände auf den Rücken. Eine Sohle im Genick. Immerhin konnte ich so sehen, was passierte.«

Olgas rechte Augenbraue hob sich.

»Die Kollegen zogen den Fahrer aus dem Wagen. Er lebte. Es war ein Wunder. Auch der Banker lebte noch. Ich sah, dass er sich auf dem Rücksitz bewegte. Aber sie ließen ihn einfach dort liegen. Er blutete. Sie ließen ihn dort verbluten.«

Dengler sah Olga in die Augen.

»Verstehst du?«

Dann sagte er: »Ich habe mir später die Unterlagen angesehen. Ein Teil des Türgriffs oder etwas anderes flog durch den Innenraum. Sie traf eine Arterie an der Innenseite seines Schenkels. Er würde noch leben, hätte man Erste Hilfe geleistet oder ihn rechtzeitig ins Krankenhaus geschafft.«

»Hast du gemeldet, dass du festgehalten wurdest?«

»Sicher.«

»Und?«

»Belastungsstress. Niemand glaubte mir. Niemand hatte es gesehen. Ich hätte es mir eingebildet. Zum Schluss glaubte ich das selbst. Ich kam dann weg von den Meckenheimern, weg vom Staatsschutz, und wurde Zielfahnder in Wiesbaden. Ich hatte nun einen Chef, der mir glaubte, aber er gab mir zu verstehen, es sei besser, nicht darüber zu reden. Sicherer.«

»Und dann?«

»Die merkwürdigen Vorfälle rissen nicht ab. Der Mercedes des Bankers kam ins Werk des Herstellers nach Untertürkheim. Dort verschwand er.«

»Dort verschwand er?«

»Ja. Er ist nicht mehr da. Unauffindbar, hieß es.«[10]

»Unauffindbar? Und weiß man denn, wer die Bombe gelegt hat?«

»Ja. Es gab ein Bekennerschreiben von der RAF.« Dengler zuckte mit den Schultern. »Es hieß, das Schreiben sei authentisch. Aber es enthielt absolut nichts – nichts Besonderes, keinen Fingerabdruck, keinen Beweis, kein Täterwissen. Jeder hätte es herstellen können. Es gab einen riesigen Druck im BKA. Sonderkommissionen und so weiter. Nach 16 Monaten immer noch keine brauchbare Spur. Kein einziger Haftbefehl. Mein damaliger oberster Chef schien auch nicht an die RAF-Geschichte zu glauben. Wie viele meiner Kollegen. Er sagte damals: ›In der Terrorismusfahndung treten wir auf der Stelle. Bei dem Attentat gibt es immer noch keine Fortschritte.‹ Dann kam 1992 der Fall Nonne.«

»Der Fall Nonne?«

In diesem Augenblick summte das kleine Samsung in seiner Hosentasche. Er nahm es heraus, unschlüssig, ob er das Gespräch annehmen sollte. Olga nickte ihm zu. Dengler drückte auf den grünen Knopf, sagte: »Einen kleinen Augenblick, bitte«, stand auf und ging durch das Lokal, an der Bar vorbei hinaus auf die Straße.

»Jetzt können wir reden«, sagte er.

»Ermitteln Sie, Herr Dengler?«, fragte die Stimme, die wieder aus dem Zerhacker kam.

»Ich habe einen Bericht fertiggestellt. Leider weiß ich nicht, wo ich ihn hinschicken soll.«

»So schnell?« Trotz des metallenen, zerfetzten Tons klang die Stimme überrascht.

»Ja. Es gibt einen ausführlichen Bericht.«

»Gut. Können Sie den Bericht sofort abschicken?«

»Ja.«

»Ich nenne Ihnen jetzt eine temporäre Adresse. Diese Adresse existiert nur dreißig Minuten lang. Haben Sie etwas zu schreiben dabei?«

Dengler zog sein schwarzes Notizbuch mit der linken Hand aus der Gesäßtasche.

»Ich höre.«

Die unbekannte Stimme diktierte ihm eine E-Mail-Adresse, er wiederholte sie, und der unbekannte Anrufer legte auf.

Dengler ging zu Olga zurück.

»Entschuldigst du mich für zwei, drei Minuten?«

Sie nickte. Sie lächelte sogar, und Georg Dengler stürmte die Treppe hinauf in sein Büro, warf den Computer an, schickte seinen Bericht an die angegebene Adresse, ließ den Rechner stehen und saß kurz danach wieder Olga gegenüber.

»Sorry«, sagte er. »Geschäftlich.«

Sie nickte. »Wir waren beim Fall Nonne. Das wolltest du mir erzählen.«

»Siegfried Nonne, ein armer Kerl. Unter riesigem Pressegetöse wurde er vom BKA der Öffentlichkeit Anfang Januar 1992 vorgeführt als der Mann, der den Attentätern seine Wohnung als Unterkunft und zur Lagerung des Sprengstoffs zur Verfügung gestellt hatte. Angeblich hatte er sich gestellt, weil ihn sein Gewissen plagte. Es gab dann einen Haftbefehl gegen ihn, der sofort wieder außer Kraft gesetzt wurde. Nonne belastete vor allem zwei Personen: Andrea Klump und Christoph Seidler. Zwei angebliche RAF-Terroristen. Die seien bei ihm in der Wohnung gewesen.«

»Und das stimmte nicht?«

»Nein, es war alles erfunden. Nonne war V-Mann des hessischen Verfassungsschutzes. Er war krank. Psychisch krank. Die *Frankfurter Rundschau* meldete, Nonne sei Anfang der Achtzigerjahre von Gegnern der Startbahn West aus ihren Reihen ausgeschlossen worden, weil er zugegeben hatte, Informant des Verfassungsschutzes zu sein.[11] Das gab einigen Wirbel, und das Landesamt für Verfassungsschutz erklärte, ja, das stimme, Nonne sei von 1982 bis 1986 als Informant des Amtes in der linken Szene unterwegs gewesen.[12] Er sei dann aber wegen persönlicher Probleme und Depressionen abgeschaltet worden. Das war im Wesentlichen gelogen.«

»Und du? Was hast du damit zu tun?«

»Ich wollte es wissen. Ich hatte damals schon die Albträume. Ich fing an zu ermitteln. Allein. Inoffiziell. Es war nicht so schwer. Ich ging zu den Nachbarn von Nonne. Bad Homburg, Hessenring 116. Werd ich nie vergessen. Das waren alles Rentner. Die waren den ganzen Tag daheim. Die haben nie etwas von fremden Mitbewohnern in Nonnes Wohnung mitbekommen. Hätten sie aber, sagten sie zu mir, wenn da jemand gewesen wäre. Das wäre ihnen aufgefallen.«

»Und dann?«

»Ich ging zu meinem Chef. Ich erzählte es ihm. Dr. Schweikert. Er war für mich im BKA, das manchmal sehr kalt sein kann, wie ein väterlicher Freund. Vergiss nicht, ich war damals jung. Unerfahren. Und völlig verwirrt, wegen der Dinge, die ich erlebt hatte.«

»Und was hat er mit der Information gemacht?«

»Ich kann es nur vermuten. Kurz danach waren jedenfalls Journalisten bei den Nachbarn. Reporter des WDR, der Monitor-Redaktion. Denen erzählten die Nachbarn das Gleiche, und dann kippte die ganze sorgsam konstruierte Geschichte.«

»Und dann?«

»Nonne widerrief. Vor laufenden Kameras. Ich saß mit Dr. Schweikert in dessen Wohnung vor dem Fernseher. Nonne sagte damals wortwörtlich: ›Meine gesamte Aussage, was das Attentat betrifft, was die Personen betrifft, die es gemacht haben sollen, ist gelogen gewesen. Aber nur aufgrund dessen, weil ich durch das Hessische Landesamt für Verfassungsschutz dazu gezwungen wurde.‹«[13]

»Wie haben sie das gemacht – ich meine, wie haben sie ihn gezwungen?«

»Nonne war krank. Depressionen und so. Er war auch schon mal in einer Anstalt. Sie haben ihm damit gedroht, ihn dort lebenslang einzusperren oder ihn gleich umzulegen.«

»Ihn umzulegen?«

»Hat Nonne erzählt. Der Leiter ›Beschaffung‹ des Hessischen Verfassungsschutzes hat das eingefädelt. Harry Nopper.«

»Und Nonne hat pariert?«

»Bis er widerrufen hat.«

»Wie ging es weiter?«

»Der Generalbundesanwalt hat sich davon zunächst beeinflussen lassen. Erst wurden die Wohnungen der WDR-Journalisten gefilzt. Man hat ihnen das Leben ein wenig schwerer gemacht. Doch dann musste der Haftbefehl gegen Christoph Seidler aufgehoben werden. Er hatte zur Tatzeit ein nicht zu widerlegendes Alibi: Er hatte sich seit Anfang 1987 im Libanon aufgehalten. Er stellte sich mithilfe seines Freiburger Anwalts. Trotzdem ermittelte die Bundesanwaltschaft weitere sieben Jahre gegen ihn. Erst 2003 wurde das Ermittlungsverfahren gegen ihn eingestellt. Wegen mangelnder Beweise. Ähnlich erging es Andrea Klump. Gegen sie wurde das Verfahren 15 Jahre nach dem Attentat eingestellt. Die Ermittlungen richten sich seither *gegen unbekannt*.«

»Und was meinst du – was war der Zweck von allem?«

Dengler dachte nach.

»Ich glaube, ich habe gelernt, dass man eine Lüge in die Welt setzen kann, wenn man die Geschichte nur groß genug aufzieht. Heute glaubt jedermann, dass der Banker von den Linksterroristen getötet wurde. Die Grundlagen der Story erweisen sich zwar als falsch, aber wenn die Geschichte einmal in der Welt ist, glaubt es die Öffentlichkeit bis in alle Ewigkeit. Harry Nopper hat dem Attentat eine Erzählung gegeben. Eine falsche, wahrscheinlich. Aber es hat funktioniert.«

»Hast du diesen Nopper mal kennengelernt?«

»Oh ja. Er hat Dr. Schweikert und mich besucht. In Wiesbaden. Er hatte wohl geahnt, dass Schweikert der Presse etwas gesteckt hat. Wir seien eine Schande für die deutschen Sicherheitsbehörden. Er hat uns gedroht, er würde uns fertigmachen. Und das hat er auch geschafft.«

»Das hat er geschafft?«

»Dr. Schweikert, einer der besten und integersten Polizisten, die ich kenne, wurde unter fadenscheinigen Gründen in den Ruhestand versetzt. Und ich? Sieh mich an. Ich bin ein mittelloser Privatdetektiv. Ich nehme dubiose Aufträge an. Und verliere dabei fast das Liebste, das ich habe – dich.«

»Ein mittelloser Privatdetektiv mit schweren Albträumen.«

»Ja, und Nopper schläft vermutlich selig wie ein vollgefressenes Schwein.«

»Was macht er heute?«

»Ich weiß es nicht. Vielleicht rekrutiert er immer noch psychisch labile Menschen als V-Leute.«

»Komm, wir gehen.«

»Zu mir?«

»Ja, zu dir.«

Dengler winkte dem kahlköpfigen Kellner.

So schwer, so leicht.

## 24. Notarzt

Am nächsten Morgen saß Dengler mit Olga beim Frühstück. Sie hatte ihre Kaffeemaschine von oben mitgebracht. Über das Chaos in seiner Küche, von dem die Flecken an der Wand kündeten, hatte sie laut gelacht.

Die wenigen Tage mit Sonnenschein während des Kirchentages waren vorbei. Draußen fiel Regen, es war kühl.

»Unser Sommer in Deutschland ist ein grün angestrichener Winter«, sagte Olga fröstelnd.

»Von wem ist das denn?«

»Heine«, sagte sie und zuckte mit den Schultern.

Dengler ließ den Laptop hochfahren, sie starrten beide auf den Bildschirm. In diesem Augenblick wusste er, dass er etwas übersehen hatte. Etwas Grundlegendes.

Etwas stimmte nicht. Er hatte etwas übersehen, das den Selbstmord von Mundlos und Böhnhardt in einem völlig anderen Licht erscheinen ließ. Und seinen Bericht zu wertlosem Altpapier machte.

Es war ein Gefühl, als säße in seinem Kopf eine Vakuumpumpe, die jeden Gedanken und jedes Gefühl absaugte. In seinem Kopf war das pure Nichts. Nur eine weiße Fläche. Nur die Gewissheit, einen Fehler begangen zu haben.

Er kannte dieses Vakuumgefühl.

Damals, beim BKA, war es das Zeichen vor der entscheidenden Erkenntnis. Das Anklopfen der Wahrheit. So hatte er früher dieses Gefühl genannt. Doch jetzt? Nur der Hinweis auf einen Fehler.

»In dem Bericht ist ein Fehler«, sagte Olga.

Dengler hörte ihre Stimme wie aus weiter Ferne.

»Georg, du musst dich bei der zeitlichen Abfolge vertan haben«, sagte sie. »Hier«, sie scrollte den Text an eine bestimmte Stelle, beugte sich vor, »hier ist es. Du schreibst: Um 12 Uhr trifft der Streifenwagen an dem Wohnmobil ein. Zwei Bullen gehen zum

Wohnmobil und hören einen Schuss, der angeblich auf sie abgefeuert worden sein soll. Sie suchen Deckung. Dann folgt ein weiterer Schuss. Der Abstand zwischen dem ersten und dem zweiten Schuss beträgt laut Einschätzung des ersten Bullen höchstens 2 Sekunden, der andere schätzt die Zeitspanne auf 3 bis 5 Sekunden. Der zweite müsste der Schuss sein, mit dem Mundlos Böhnhardt erschossen hat. Stimmt doch?«

Dengler nickte.

»Und dann, so schreibst du«, sagte Olga und beugte sich wieder über den Bildschirm, »fällt der dritte Schuss, also der, mit dem Mundlos sich selbst umbringt, ja?«

Dengler nickte. Aber er sah aus, als dächte er an etwas ganz anderes.

»Zwischen Schuss zwei und drei verstreichen laut dem ersten Bullen 3 bis 5 Sekunden, der zweite sagt 10 bis 15 Sekunden. Also nehmen wir maximal 15 Sekunden an. Und in dieser Zeit – nachdem Mundlos also seinen Kumpel erschossen hat – legt er Feuer und erschießt sich selbst. Mal ganz im Ernst, das funktioniert nie und nimmer. Georg, du musst dich in den Zeiten geirrt haben. Georg, hörst du mir überhaupt zu?«

Dengler nickte.

»Schau auf die Uhr, Georg. Auf den Sekundenzeiger. Wir machen ein Experiment.«

Olga nahm ein Stück Papier, knüllte es zusammen und legte es nach kurzem Überlegen auf den Boden. Sie griff nach einem Päckchen Streichhölzer, öffnete es, zog ein Zündholz heraus und fuhr damit über die raue Oberfläche auf der Seite der Schachtel, hob das brennende Streichholz hoch, führte es dann auf Bodenhöhe und tat so, als würde sie das Stück Papier anzünden.

»Wie lange hat das gedauert?«

»Zwölf Sekunden«, sagte Dengler.

»Dann stünden mir maximal noch drei Sekunden zur Verfügung, mich aufzurichten, das Gewehr in die Hand zu nehmen ...«

»... durchzuladen ...«, sagte Dengler.

»… mir das Ding unter die Kinnlade zu halten …«

»… und abzudrücken.«

Schweigen.

»Außerdem haben wir noch nicht die Zeit eingerechnet, die Mundlos nach dem ersten Schuss gebraucht hat, um das Gewehr aus der Schussposition zu nehmen und abzustellen. Und er muss es ja auch vor dem dritten Schuss, bevor er sich selbst erschießt, wieder hochnehmen. Mal abgesehen davon, dass die beiden nicht wirklich diskutiert haben können, was sie nun eigentlich tun wollen – sich mal schnell einfach so erschießen. Ich kann mir das so nicht vorstellen. Und ich habe es dir gestern am Telefon schon gesagt: Die überfallen eine Bank, sie haben Adrenalin bis in die Haarspitzen, sie sind mehrfache Mörder, sie haben ein riesiges Waffenarsenal um sich herum – und sie lassen sich von zwei Streifenbullen so erschrecken, dass sie sich selbst umbringen? Ohne zu diskutieren?«

Dengler war still geworden.

»Georg, du musst die Zeiten zwischen den Schüssen falsch abgelesen haben. So wie es hier steht, kann es auf keinen Fall gewesen sein.«

»Ich überprüfe die Zeiten. Vielleicht habe ich mich tatsächlich getäuscht oder habe die Zeiten falsch abgeschrieben. Aber es stimmt noch etwas anderes an der Abfolge nicht. Ich komme bloß nicht drauf. Etwas ist ganz grundsätzlich falsch gelaufen.«

Olga sah ihn an, aber sie sagte nichts.

»Die Geschichte von dem Tod der beiden Terroristen klingt auf den ersten Blick plausibel. Aber … ich komme einfach nicht drauf.«

»Dann fangen wir noch mal an: Banküberfall gegen 9.15 Uhr, Flucht mit den Fahrrädern.«

»Doch die Polizei«, sagte Dengler, »ist gewarnt wegen eines früheren Banküberfalls in Arnstadt, der ähnlich verlief. Sie sucht Täter auf Fahrrädern. Ein Zeuge sieht, wie zwei Männer eilig Räder in einen Camper mit dem Kennzeichen ›V‹ verladen. Der Camper wird um 12 Uhr gefunden von zwei Streifenpolizisten. Sie hören Schüsse, gehen in Deckung, die Leitstelle alarmiert Feuerwehr und Notarzt, im Camper bricht Feuer aus, die Polizei trifft ein, die Feuerwehr löscht ...«

Das Telefon klingelte. Leo Harder war dran.

»Du, Georg, ich habe ein bisschen herumgelesen im Umfeld deines NSU-Trios. Allerlei seltsame Geschichten. Hast du diesen Anschlag, den die in Kassel gemacht haben sollen, parat?«

# Zweiter Teil

## Kassel

# 25. Der Mord in Kassel

## NSU-Mord in Kassel
### Behindern Geheimdienst und Politik die Arbeit der Mordkommission?

von Gerd Elendt und Kerstin Herrnkind

DIE TAT: Am 6. April 2006 wird der 21-jährige Halit Yozgat in seinem Internetcafé in Kassel erschossen DIE TÄTER: Laut Anklage das NSU-Trio Uwe Böhnhardt, Uwe Mundlos und Beate Zschäpe DIE ZWEIFEL: Was macht ein Verfassungsschützer Sekunden vor der Tat in dem Geschäft? Hat er wirklich nichts gesehen? Und warum behindern Geheimdienst und Politik die Arbeit der Mordkommission?

Halit Yozgat hat gleich Feierabend. Um 17 Uhr will sein Vater ihn ablösen, damit Halit, 21, pünktlich zur Abendschule gehen kann, wo er gerade die mittlere Reife nachholt. Er liest schnell noch einen Artikel auf Wikipedia über Halbleiter für die Physikklausur. An diesem Donnerstagnachmittag, es ist der 6. April 2006, sind nur vier Kunden im »Tele-Internet Café«, das Halit Yozgat seit zwei Jahren in Kassel betreibt. Draußen ist es kühl und windig. Auf der vierspurigen Holländischen Straße rauscht der Feierabendverkehr.

Halit Yozgat sitzt hinten rechts am Schreibtisch, von dort hat er alle sechs Telefonzellen im Blick. Der kleine Laden hat nur zwei Räume. Vorn wird telefoniert, im Hinterzimmer stehen sieben Computer. In Kabine 3, neben dem Eingang, telefoniert Faiz H., 35, mit potenziellen Käufern – er handelt mit Autos. In der Familienkabine, einer etwas größeren Telefonzelle am Mittelgang zwischen den Räumen, hat es sich Hediye C., 26, auf dem Sessel bequem gemacht. Sie ist schwanger und telefoniert mit ihrer Familie in der Türkei. Ihre dreijährige Tochter Ceren ist bei ihr. Im Hinterzimmer spielt Emre E., 14, am Computer »Call of Duty«. Schräg gegenüber surft Ahmed A., 16, im Internet.

Ein Mann kommt herein. Er ist, so wird sich Ahmed später erinnern, groß und blond. Typ Bodybuilder mit Brille, etwa 35 Jahre alt. Er trägt, so sagt es Ahmed aus, eine Plastiktüte, in der er einen dunklen, schweren Gegenstand transportiert. Der Mann setzt sich an Rechner 2. Nach ein paar Minuten verschwindet er wieder aus dem Hinterzimmer.

Plötzlich hören die Teenager ein dumpfes Geräusch. Sie schrecken hoch, sehen sich an, spielen dann aber weiter. »Es klang, als wenn etwas Schweres zu Boden gegangen war«, wird Emre später aussagen. »Ich dachte, dass ein Ordner oder etwas Ähnliches zu Boden gefallen ist«, sagt Ahmed. Auch Faiz H., der Autohändler, hört ein Knallen – »wie wenn ein Luftballon platzt«. Er sieht aus dem Augenwinkel, wie ein großer Mann den Laden eilig verlässt. Dann telefoniert er weiter. Und auch Hediye C. hört Geräusche. Tack. Tack. Tack. Die junge Mutter glaubt, dass ein Stuhl gegen die Wand gekippt sei.

Halits Vater Ismail Yozgat findet keinen Parkplatz. Er ist spät dran. Als er kurz nach fünf das Internetcafé betritt, schimmern rote Spritzer auf dem Schreibtisch. Da muss wohl Farbe verschüttet worden sein, denkt er. Faiz H. beendet um 17.03 Uhr und 26 Sekunden sein Telefonat, wie die Kripo später anhand der Verbindungsdaten rekonstruiert. Er verlässt die Kabine. Im selben Moment schreit Ismail Yozgat: »Halit, mein Sohn! Was ist passiert? Holt einen Krankenwagen!« Halit Yozgat liegt hinter dem Schreibtisch auf dem Bauch, blutüberströmt. Faiz H. und Ahmed A. eilen dem Vater zu Hilfe, versuchen Halit Yozgat wiederzubeleben. Vergebens.

Halit Yozgat ist erschossen worden. Ein Schuss traf ihn über dem rechten Ohr, der zweite am Hinterkopf. Die Gerichtsmediziner stellen zwei Projektile vom Kaliber 7,65 mm sicher. Die Projektile werden ins Bundeskriminalamt geschickt. Zwei Tage nach dem Mord steht fest: Sie wurden aus einer Česká Typ 83 abgefeuert – mit jener Waffe, mit der seit dem 9. September 2000 acht Migranten in fünf deutschen Städten erschossen worden sind. Halit Yozgat ist das neunte Opfer der unheimlichen Serie.

Die Ermittlungen in diesem Fall werden die Polizei vor viele Rätsel stellen. Und es wird sich herausstellen, dass der Verfassungsschutz – also die Institution, die die freiheitlich-demokratische Grundordnung schützen soll – in einer gefährlichen Nähe zu der Bluttat steht. Und dass er, statt der Polizei bei der Aufklärung zu helfen, die Ermittlungen systematisch behindert – mit Rückendeckung aus der Politik.

Die Kasseler Polizei gründet damals die Mordkommission »Café«. Die Ermittler vernehmen die vier Kunden, die sich zur Tatzeit im Laden befanden. Die Polizei veröffentlicht einen Zeugenaufruf, um den großen blonden Bodybuilder mit Brille zu finden, den die beiden Jungen gesehen haben wollen. Der Mann meldet sich nicht.

Die Kripo wertet Computer Nummer 2 aus, an dem der Unbekannte gesessen hat. Um 16.51 Uhr hat er sich eingeloggt und die Flirtseite ilove.de besucht, wo er als »wildman70« ein Profil angelegt hat. Eine »tanymany« aus Hamburg hat ihm zwei Mails geschickt. Um 17.01 Uhr und 40 Sekunden hat sich »wildman70« wieder ausgeloggt. Er war also unmittelbar vor oder sogar während der Tat im Internetcafé. Dass er eine Tüte getragen haben soll, macht ihn in den Augen der Polizei verdächtig: Bei den anderen Morden hatte der Täter die Waffe beim Schießen in eine Plastiktüte gesteckt, um die Patronenhülsen aufzufangen.

Die Mordkommission besorgt sich die Kundendaten von ilove.de. Unter »wildman70« ist ein Jörg Schneeberg aus Kassel angemeldet. Doch in Kassel gibt es keinen Mann dieses Namens. Die Handynummer, die er hinterlegt hat, existiert allerdings. Der Anschluss führt zu Andreas Temme aus einer kleinen Stadt rund 25 Kilometer von Kassel entfernt. Überrascht stellen die Kripoleute fest, wer sich hinter »wildman70« versteckt: Temme ist Beamter des hessischen Verfassungsschutzes. (…)

Temme ist heute des Mordes nicht mehr verdächtig. Nicht nur die Česká spricht dafür, dass Yozgat ein Opfer des NSU wurde. Am Tatort selbst fanden sich zwar keine Spuren von Böhnhardt,

Mundlos und Zschäpe, aber in der Zwickauer Wohnung des Terrortrios wurde ein Zettel mit der Adresse und einer vagen Skizze des Kasseler Internetcafés entdeckt. Trotzdem verfolgt der Mord den Ex-Agenten noch immer. Denn manches bleibt mysteriös. (...)

Die Strafverteidiger Thomas Bliwier, Doris Dierbach und Alexander Kienzle vertreten Familie Yozgat als Nebenkläger in München vor Gericht. »Staatsanwaltschaft und Polizei sind durch den Verfassungsschutz massiv behindert worden«, sagt Bliwier. »Das Landesamt hat Einfluss auf das Aussageverhalten von Temme genommen, Akten sind und bleiben geschwärzt, Unterlagen über Informationen von V-Leuten werden nicht herausgegeben.«

Bliwier glaubt: »Herr Temme hat den Mord an Halit Yozgat beobachtet. Er ist entweder verstrickt, oder er deckt die Täter.« Der Anwalt fordert: »Das Verfahren muss wieder aufgenommen werden.«[14]

Leopold Harder blickte in die Runde der Freunde, die sich um Marios Wohnzimmertisch versammelt hatten.

»Ich hab noch mal die Presseartikel zu dem Mord in Kassel gelesen«, sagte er. »Dies ist ein Artikel aus dem *Stern*. Ich finde, es ist einer der besten, die zu diesem Fall geschrieben wurden. Außerdem kenne ich die Kollegen, die diese Sache recherchiert haben. Sie arbeiten sehr gründlich.«

Dengler sagte: »Eine Ähnlichkeit mit dem Attentat in Köln ist offensichtlich. Mein Freund Tufan sah zwei bewaffnete Zivilisten am Tatort. Wahrscheinlich deckten sie den Rückzug der Bombentransporteure, mutmaßlich Mundlos und Böhnhardt. Tufan hielt die beiden Männer für Polizisten, weil sie Schusswaffen unter der Kleidung trugen. Auch hier in Kassel findet sich ein Staatsbeamter am Tatort. Vielleicht war er auch bewaffnet.«

»Die Zeugen sagen einheitlich, Temme habe eine Plastiktüte mit einem schweren Gegenstand dabeigehabt.«

»Ist dir in den Artikeln, die du durchgearbeitet hast, irgendwo der

Name Nopper untergekommen, Harry Nopper?«, fragte Dengler.
»Nopper? Nein. Sicher nicht. Wer ist das?«
»Der war zu meiner Zeit beim BKA der Leiter Beschaffung beim
hessischen Verfassungsschutz. Falls er damals noch diesen Job ge-
macht hat, müsste er Vorgesetzter von diesem Temme gewesen
sein.«
Harder schüttelte den Kopf. »Harry Nopper? Sagt mir gar nichts.
Warum fragst du?«
»Das ist ein Name, den ich seit Jahren zu vergessen versuche.«
Olga: »Wir werden ihn finden, glaub mir.«
In diesem Augenblick erschien Mario. Er trug eine Kochschürze
und hielt eine dampfende Schüssel mit Pasta in den Händen. Das
Gespräch wandte sich anderen Themen zu. Dengler war es recht.

## 26. Pontius Pilatus

Nur noch ein paar Minuten. James D. Spencer spürte die weiche
Lederlehne seines Lieblingssessels, den er extra aus Washington
hatte einfliegen lassen, und wartete, dass der *officer* die Wagenkolonne fahrbereit meldete.
Er hing seinen Gedanken nach und dachte darüber nach, was für
andere Vorbilder er benennen konnte. Positive Vorbilder. Er sah
im Regal die goldene Schrift auf dem Buchrücken: »Holy Bible«.
Zwei Figuren aus der Bibel liebte er mehr als alle anderen. Die
eine war Josef, der Ehemann von Maria und gewissermaßen der
Pflegevater von Jesus, dem Nazarener. Was mag Josef wohl gedacht haben, als Maria ihm gestand, dass sie schwanger war, aber
nicht von ihm?
Was immer sie vorgebracht haben mochte, es hörte sich nach einer Ausrede an, und zwar nach einer verdammt schlechten. Was

immer Josef gedacht haben mochte, er musste Maria so geliebt haben, dass er ihr nicht nur die Schwangerschaft, sondern auch diese fantastischen Ausreden verzieh. Er blieb bei dieser Frau. Sie gingen zusammen auf die beschwerliche Reise nach Bethlehem, und er war dabei, als sie das Kind gebar, das nicht das seine war.

Josef war ein großer Liebender. Ein selbstlos Liebender. Einer der wenigen selbstlos Liebenden, von denen die Bibel erzählte. Spencer empfand eine tiefe Verbundenheit mit dieser Figur, obwohl er nicht genau sagen konnte, woher diese Sympathie rührte.

Josef führte ihn zu einem zweiten Thema, über das er schon als Kind nachgedacht hatte. Als die Heiligen Drei Könige den Stall zu Bethlehem erreichten, brachten sie dem Kindlein Gold, Weihrauch und Myrrhe mit. Gold – sicher, eines der wertvollsten Metalle der Welt, aber auch Weihrauch war sehr kostbar. Spencer war mehrmals eingeladen worden zu katholischen Messen, dreimal in Köln, in diesem wirklich unglaublichen Dom, und einmal in München. Die Priester und Messdiener schwenkten silberne Gefäße, in denen Weihrauch glomm. Das führte jedes Mal zu einer beeindruckenden Rauchentwicklung und einem noch erstaunlicheren Geruch. Beim ersten Mal – soweit er sich erinnerte, war das in München gewesen anlässlich der Sicherheitskonferenz, die er hin und wieder besuchen musste – war ihm übel geworden.

Auf jeden Fall waren es teure Geschenke, die die drei Könige aus dem Morgenland da mitbrachten.

Myrrhe – er hatte sich erkundigt – war auch teuer. Damals schon. Myrrhe, aus dem Harz des Balsambaums gewonnen, galt als medizinisches Wundermittel. Trocknete man es, entstanden durchsichtige Harzsteine, die, wurden sie verbrannt, nicht nur gut rochen, sondern den Schnüffelnden auch high machen konnten.

Jesus am Kreuz wurde ein mit Myrrhe gemischter Wein angeboten – vielleicht um die Schmerzen zu lindern? –, den er aber ablehnte.

Wie auch immer: Nachdem die drei Könige ihre Schätze abgeladen hatten und wieder abgereist waren, war Josef reich. So viel stand fest. Spencer gönnte es ihm von Herzen.

Aber was passierte mit den Schätzen?

Anders gefragt, war Jesus nicht eigentlich reich? Oder zumindest wohlhabend? Hielt er mit den Geschenken der drei Könige die zwölf Apostel in der Wüste aus? Gingen ihm die Mittel dann irgendwann aus, sodass er mit einem Esel nach Jerusalem einreiten musste statt auf einem edlen Pferd?

Man erfuhr aus der Bibel nichts Brauchbares über die Ökonomie der Heiligen Familie. Arme Leute sollen es gewesen sein, das schon. Josef war ein Handwerker. Aber nur bis diese vertrackten Könige auftauchten, wie ein Sechser im Lotto.

Und danach?

Wenn Spencer in Pension ging, würde er dieser Frage nachgehen. Vielleicht ein Buch schreiben: Die Ökonomie des Herrn – oder so ähnlich.

Sosehr er Josef mochte, seine absolute Lieblingsfigur war Pontius Pilatus.

Pontius Pilatus war sein Vorbild.

Er war Pontius Pilatus.

Zumindest in seiner Fantasie.

Kaiser Tiberius machte Pontius zu seinem Statthalter in Judäa. Wenn man den Wissenschaftlern glauben darf: im Jahre 26 nach Christi Geburt, und er blieb es bis ins Jahr 36 unserer Zeitrechnung. Zehn lange Jahre. So lange würde er, James D. Spencer, wohl nicht Botschafter der USA in Berlin sein. Die Provinz Judäa war eine der unruhigsten Provinzen des Römischen Reiches. Es gab Aufstände und dergleichen. Das alles gibt es in Deutschland nicht. Trotzdem: Man musste auf der Hut sein.

Deutschland war für die USA wichtiger als Judäa für das Römische Reich. Er, James D. Spencer, war der Statthalter in einer der wichtigsten Provinzen des amerikanischen Imperiums. Sicher, die Musik spielte jetzt eher im pazifischen Raum. Trotzdem: Man musste auf der Hut sein.

Die deutsche Regierung hatte einen gefährlichen Plan. Das Finanzministerium hatte Pläne ausgeheckt, nach denen amerikanische Firmen in Zukunft Steuern auf die in Deutschland erzielten Gewinne bezahlen sollten. Die NSA lieferte die Informationen als Erste und hatte sie gleichzeitig wohl auch an Apple und Google, an Amazon und Ford weitergereicht. Das wäre gar nicht nötig gewesen, denn neulich erst hatte Michael Sell, Leiter der Steuerabteilung im Bundesfinanzministerium, ganz offen bei einem Kongress erklärt, er wollte »Steuerschlupflöcher« für amerikanische Firmen schließen. Seither herrschte in Washington Alarmstimmung. Und seine Regierung verlangte, dass er den Unsinn abstellte.

Sofort.

Das war der Grund, warum er jetzt gleich ins Kanzleramt fuhr.

Termin mit der Kanzlerin und ihrem Finanzminister.

Spencer mochte solche Gespräche. Nie konnte er sich wahrhaftiger als Pontius Pilatus fühlen als bei solchen Treffen. Er würde weise sein. Er würde nachsichtig mit den Deutschen sein. Väterlich, in gewisser Weise. Er würde wie Pontius sein. Er würde seine Hände in Unschuld waschen. Aber es würde keinen Zweifel daran geben, dass er die Macht hatte, andere ans Kreuz zu schlagen. Ihnen die Dornenkrone aufzusetzen. Den Kelch mit Myrrhe-Wein anzubieten.

Es war wunderbar, Statthalter eines Imperiums zu sein.

Josef wurde bis heute als einfacher Zimmermann in der Kunst- und Kirchengeschichte dargestellt. Pontius als gebildeter Machtmensch war unvergessen. Die koptischen Christen verehrten ihn sogar als Märtyrer.

Da erschien der *officer*. Der Wagen stand bereit.

Spencer stand auf und ging zur Tür. Und in diesem Moment wurde ihm bewusst, dass es da etwas gab, was Josef und Pontius Pilatus verband: Beide Männer nahmen ihre Aufgabe ernst. So wie er. Auch er nahm seine Aufgabe ernst.

Vielleicht, dachte er, während er durch die Tür schritt, werde ich diesen Gedanken in das Buch aufnehmen.

## 27. Füße voraus

In den nächsten Tagen folgte Dengler einer schwäbischen Ehefrau von der Halbhöhe, die von ihrem Mann der Untreue verdächtigt wurde. Jeden Morgen um halb neun fuhr sie ins Studio Yoga Süd, um ihre Gelenke zu verbiegen und die Bauchmuskulatur zu straffen. Dengler saß in Herbert'z Espressobar und wartete, bis sie erschöpft, aber sichtlich zufrieden wieder zu ihrem Wagen ging. Dann folgte er ihr zu ihrem Friseur, zum Nagelstudio, ins Bad Berg, wo sie in eiskaltem Wasser einige Runden schwamm. Danach Sauna, dann Mittagessen mit Freundinnen im Restaurant Lauster oder im neu eröffneten Scholz auf dem Killesberg.

Das regnerische Wetter hatte abgedankt, und die Zeitungen, die Dengler las, während er die Frau beschattete, schrieben über die Hitzewelle, die in den nächsten Tagen über die Stadt hereinbrechen würde. Tatsächlich stiegen die Temperaturen seit einigen Tagen wieder, und eine undurchdringliche dunstige Wolke lag über dem Talkessel.

Am Abend, nachdem Dengler durch das erleuchtete Küchenfenster beobachtet hatte, wie seine Zielperson ihrem Mann das Abendessen kochte, fuhr er zurück in die Wagnerstraße und wusch sich unter der Dusche die Hitze und den Staub, die Langeweile und das Misstrauen seines Auftraggebers vom Leib.

Nachdem er sich angezogen hatte, öffnete er eine Flasche Sancerre Rosé, füllte zwei Gläser, ging zur Tür, betrat den Hausflur und rief Olga. Neben dem Treppenabsatz vor seiner Wohnungstür lag ein neues anonymes Paket. Er hob es auf und öffnete es: ein weiteres Samsung-Prepaid-Handy. Dengler schaltete es ein, dann steckte er das Handy in die Hosentasche.

Kurz danach stand Olga in seiner Küche, einen Computerausdruck in der Hand.

»Und?«, fragte sie. »Hast du die Zeiten überprüft?«

»Zeiten? Welche Zeiten? Die meiner Zielperson? Yoga, Schwimmen, Körperpflege – den lieben langen Tag?«

»Quatsch, ich meine, wie sich die beiden Neonazis erschossen haben sollen.«

Dengler schüttelte den Kopf.

»Mach das. Das ist doch wichtig. Außerdem habe ich eine Information für dich. Sie betrifft deinen Freund Nopper.«

Dengler hob das Glas.

Olga stieß an.

»Als Halit Yozgat in Kassel erschossen wurde, war dein Widersacher schon nicht mehr beim hessischen Verfassungsschutz.«

»Er schmort schon in der Hölle?«, fragte Dengler hoffnungsfroh.

»Nein«, sagte Olga gedehnt. »Er hat sich einige Unregelmäßigkeiten zuschulden kommen lassen.«

»Bist du in die Rechner des Verfassungsschutzes eingedrungen?«

Olga schüttelte den Kopf. »Er wurde versetzt. Er war nicht Chef von diesem Temme. In Hessen wurde er aus der Schusslinie genommen und in der Wendezeit nach Thüringen geschickt. Dort war er erst Chef der Informationsbeschaffung und dann sogar stellvertretender Präsident des dortigen Verfassungsschutzes.«

»Diese Ratte klettert also noch immer in der Kanalisation umher?«

»Ja, und zwar nach oben. Als Mundlos und Böhnhardt zu Tode kamen ...«

»... sich erschossen haben«, unterbrach Dengler.

»...als Mundlos und Böhnhardt zu Tode kamen, war Nopper beim Thüringer Verfassungsschutz.«

Dengler setzte sich. »Bist du sicher?«

»Absolut.«

Dengler lachte bitter. »Er leistet Aufbauhilfe Ost. Weißt du noch mehr?«

»Reicht das nicht?«

Dengler stellte das Weinglas ab und ging in sein Büro, nahm den Laptop vom Schreibtisch, trug ihn in die Küche, setzte sich zu Olga an den Tisch, klappte den Bildschirm hoch und rief erneut die BKA-Berichte auf, die Marlies ihm geschickt hatte. Er suchte die Stellen in den Berichten, die die Tatzeiten angaben, und er überprüfte die Angaben der beiden Streifenpolizisten, die die Abstände zwischen den drei Schüssen genau so abschätzten, wie er es in seinem Bericht an den unbekannten Auftraggeber dargestellt hatte.

Olga sah ihm zu. Hin und wieder schenkte sie sich Wein nach.

Er ging wieder zurück ins Büro, suchte seine Notizen und las.

– Erster Schuss – dann maximal 5 Sekunden – zweiter Schuss
– Dann maximal 15 Sekunden, dritter Schuss
– Feuer im Wohnwagen erkennbar

»Ich habe mich nicht geirrt«, sagte Dengler, als er zu Olga in die Küche zurückkam. »Laut Bericht waren es drei Schüsse. Drei Schüsse innerhalb von zwanzig Sekunden.«

Er hielt inne: »Wobei die Streifenpolizisten von ›Knallgeräuschen‹ gesprochen haben. Der Kollege, der das Protokoll aufnahm, machte ›Schüsse‹ daraus. Aber es waren ja wohl tatsächlich Schüsse.«

Olga sah ihn an. »Zwanzig Sekunden! Überleg doch mal: Innerhalb von zwanzig Sekunden entschließen sich erstens Mundlos und Böhnhardt zum Selbstmord, zweitens erschießt Mundlos den Böhnhardt, drittens legt Mundlos Feuer, viertens erschießt

Mundlos sich selbst. Alles innerhalb von zwanzig Sekunden – kann das sein? Das glaubst du doch selbst nicht.«

»Natürlich nicht«, sagte Dengler. »Das ist unmöglich.«

»Kann es sein«, fragte Olga, trank einen kleinen Schluck und sah ihn an, »kann es sein, dass wir hier wieder deinen alten Freund Harry Nopper bei der Arbeit beobachten?«

Dengler lachte. »Nopper mag es lieben, seelisch kranke Menschen zu erpressen und als V-Leute anzuwerben, aber der Verfassungsschutz mordet nicht.«

Olga zuckte mit den Schultern. »Wenn du meinst.«

Dengler: »Aber an der ganzen Sache stimmt noch etwas anderes nicht. Ich weiß bloß immer noch nicht, was es genau ist.«

»So ein Bullengefühl?«

»Jeder Einsatz, jede Ermittlung ist anders, aber alles läuft auch nach einer bestimmten Routine ab. Und … ich komm einfach nicht drauf.«

»Lass es uns doch zusammen durchgehen.«

Sie füllte ihre beiden Gläser.

»Ich hab den Ablauf schon einige Male überprüft …«

»Zuerst der Banküberfall, oder?«

Dengler: »Ja. Banküberfall. Meldung bei der Polizei. Die Polizei erfährt, dass zwei Männer mit Fahrrädern weggefahren sind. Ein solches Muster ist der Polizei von früheren Überfällen bekannt. Also suchen sie folgerichtig zwei Täter auf Rädern.«

Olga: »Ein anderer Zeuge sieht, wie zwei Männer verdächtig eilig die Räder in ein Wohnmobil laden. Erfreulicherweise erinnert er sich sogar noch an den ersten Buchstaben des Kennzeichens.«

»Ein V für Vogtland.«

»Jetzt suchen alle nach diesem Camper mit V als ersten Buchstaben des Nummernschilds. Eine Streifenbesatzung findet dieses Wohnmobil.«

»Ja. Diese Geschichte ist völlig glaubhaft. Ich weiß nicht, was ich übersehen habe. Die beiden Polizisten hören den ersten Knall.

Sie gehen in Deckung. Per Funk alarmieren sie die Leitstelle. Fordern Verstärkung an. Dann hören sie zwei weitere Knallgeräusche beziehungsweise Schüsse. Nach dem dritten Knall brennt der Camper. Die Polizisten melden dies der Leitstelle. Die alarmieren die Feuerwehr und den Notarzt. Die Feuerwehr trifft ein, sie löscht und dokumentiert den Einsatz mit einer Kamera. Dann kommt die Verstärkung. Der Polizeidirektor Stenzel trifft ein, geht in den gelöschten Camper, findet zwei Leichen und die Waffe der ermordeten Kollegin Kiesewetter …«

»Erzähl weiter.«

»Olga, da ist noch etwas. Ein Detail, das ich übersehen habe.«

Dengler stand auf. »Ich muss noch mal die Akten lesen. Etwas habe ich übersehen, wenn ich nur wüsste …«

Er sprang plötzlich auf und lief hinüber ins Büro, kam mit ein paar Notizzetteln zurück. Er setzte sich wieder zu Olga, die ihn gespannt ansah.

»Jetzt weiß ich es«, sagte er. »Im Protokoll der Feuerwehrleute sagt einer, er habe beim Hineinblicken in den Camper die Füße eines Mannes gesehen.«[15]

»Ja?«

»Die wussten da doch noch gar nicht, dass der Mann tot ist. Er hätte verletzt sein können. Sie hätten den mutmaßlich Schwerverletzten bergen müssen. Sie haben ihn stattdessen liegen lassen.«

Dengler fasste sich an den Kopf: »Jetzt weiß ich, was ich übersehen habe. Die Polizei kam, die Feuerwehr wurde alarmiert, aber niemand hat den Notarzt gerufen.«

Das Schweigen in Denglers Küche war plötzlich sehr kalt.

»Es ist gegen jede Vorschrift«, sagte Dengler. »Und eigentlich nicht vorstellbar. Stell dir mal vor, du bist Polizist. Du kommst an einen brennenden Wohnwagen, und du musst annehmen, dass möglicherweise zwei Bankräuber drin sind. Wahrscheinlich verletzt, vielleicht bewusstlos. Jeder, wirklich jeder Polizist würde versuchen, die Menschen aus dem brennenden Camper herauszuholen.«

Er öffnete ein Dokument im Laptop.

»Hier der Bericht des Kollegen, der am Tatort war. Er schreibt:

```
Etwa 12:10 Uhr wurde der Bereich ›An der
Leite‹ erreicht. Der Unterzeichner begab
sich zu Fuß in Richtung des Wohnmobiles.
Es war zu erkennen, dass bereits erheblich
Rauch aus dem Inneren drang und die Scheiben
des Führerhauses dick mit Rußniederschlag
von innen bedeckt waren. Da dem Unterzeich-
ner klar war, dass unter diesen Umständen
niemand mehr im Wohnmobil handlungsfähig
sein kann und mit hoher Sicherheit schon
allein wegen der Rauchgasintoxikation im
Sterben ist bzw. schon verstorben ist, nä-
herte sich der Unterzeichner dem Wohnmobil
aus südöstlicher Richtung an.«
```

Olga: »Er geht davon aus, dass die Insassen des Wohnmobils noch leben könnten.«

Dengler: »Und niemand versucht sie zu retten. Die wussten, dass sie nur noch Leichen finden.«

Er richtete sich auf.

»Da hat sich jemand verdammt sicher gefühlt. Es ist ein Verstoß gegen die Vorschriften. Sie haben die möglicherweise schwer Verletzten nicht geborgen, weil sie davon ausgingen, dass sie tot waren. Das ist – Täterwissen.«

»Willst du nicht rangehen?«

Dengler sah Olga verwirrt an. Sie deutete auf seine Hosentasche. Jetzt erst bemerkte Dengler den leichten Summton des Samsung-Handys. Er zog es heraus und meldete sich.

Am anderen Ende hörte er erneut den metallenen Ton einer durch den Zerhacker gejagten Stimme.

»Ich habe Ihren Bericht gelesen.«

Schweigen.

Dann: »Sie sind also der Meinung, dass die offiziellen Ermittlungen genau das wiedergeben, was tatsächlich in Eisenach geschehen ist?«

»Wer sind Sie?«

»Haben Sie tatsächlich gründlich ermittelt?«

»Hören Sie, ich ...« Er sah zu Olga hinüber. Sie nickte ihm zu. »Um ehrlich zu sein, mittlerweile denke ich, dass man diesen sogenannten Selbstmord genauer untersuchen müsste. Ich bin auf einige Merkwürdigkeiten ...«

»Sie werden also weiterermitteln?«

»Nur wenn Sie verraten, wer Sie sind.«

»Das tue ich. Aber jetzt noch nicht.«

»Kenne ich Sie?«

»Nein.«

»Sagt Ihnen der Name Harry Nopper etwas?«

Erst Zögern. Dann: »Allerdings.«

»Hat er etwas mit der Sache zu tun?«

Die Stimme lachte. Metallisch verzerrt. Als würde der Teufel sich amüsieren, dachte Dengler.

»Das ist doch schon mal eine schöne Spur«, sagte die Stimme.

»Brauchen Sie noch Geld?«

»Nein. Im Augenblick nicht.«

»Scheuen Sie sich nicht, es ist genug da«, sagte die Stimme, dann wurde aufgelegt.

## 28. Think Tank

Die Türen der gepanzerten Limousine klappten mit einem satten ›Plopp‹ hinter James D. Spencer zu. Die Sicherheitsleute sprangen in die Wagen vor und hinter ihm. Sie bellten kurze Kommandos in ihre Headsets. Dann war die Kolonne fahrbereit. Von der Botschaft bis zum Kanzleramt war es im Grunde – wie sagten die Deutschen? – nur ein Katzensprung. Aber heute musste er mit der Wucht des Imperiums auftreten. Spencer reckte den Kopf. Wirklich schade, dass er dieses Doppelkinn hatte. Er würde gerne so aussehen wie dieser englische *loser,* dieser Mountbatten. Er seufzte. Man kann nicht alles haben. Bestimmt hatte Pontius Pilatus auch nicht so gut ausgesehen, wie er auf den zahlreichen Gemälden dargestellt wurde.

Er hatte lange gebraucht, um Pontius zu werden.

Schon während seines Studiums an der *Georgetown University* hatte sein damaliger Professor dafür gesorgt, dass er im *American Heritage Center for Strategic and International Studies* kleine Jobs bekam. Dieser *Think Tank* war gerade dabei, sich zur wichtigsten amerikanischen Denkfabrik zu mausern. Unter dem Motto *Leadership for America* hatte das Center sich die Förderung des Konservatismus überall auf der Welt, der freien Marktwirtschaft, minimaler Staatstätigkeit, noch minimalerer sozialer Budgets, individueller Freiheit und vor allem des Rechtes auf freie Entfaltung von Unternehmertätigkeit weltweit auf die Fahnen und in die Satzung geschrieben.

Zunächst heftete Spencer in der Registratur alte Studien und Dokumente ab, dann kümmerte er sich um die Magnetbänder der Computer in der Verwaltung, schließlich durfte er kleinere Materialsammlungen für die Westeuropaabteilung der berühmten Denkfabrik anlegen. Er gab sich Mühe. Er blieb bis spätabends im Büro und wurde zum Dank von den Mitarbeitern hin und wieder zum Freitag-Feierabend-Drink mitgenommen. Sie mochten ihn. Und vor allem seinen Fleiß.

Er promovierte über das Londoner Schuldenabkommen von 1953, bei dem Nachkriegsdeutschland ein überwältigender Teil seiner Schulden erlassen wurde. Und als er seinen Doktorhut endlich erworben hatte, unterschrieb er stolz zum 1. September 1988 einen Zweijahresvertrag in der Westeuropaabteilung des Centers.

Es waren aufregende Zeiten damals. Der sowjetische Generalsekretär Michail Sergejewitsch Gorbatschow erklärte, dass jeder sozialistische Staat sein gesellschaftliches System frei wählen könne. Die Europaabteilung prüfte die Optionen dieser Aussage für Westeuropa. Doch viel mehr interessierten sich die Mitarbeiter für die kommende US-Präsidentenwahl. James D. Spencer hatte seinen ersten Gin-Tonic-Vollrausch seit seiner Studentenzeit an dem Tag, als George H. W. Bush amerikanischer Präsident wurde.

Dann bekam er den undankbarsten Job.

Die Denkfabrik beriet den neuen Präsidenten in der Frage: Wie verhält sich die neue Administration in der Frage einer deutsch-deutschen Vereinigung? Im Grunde lagen die Dinge bereits klar auf der Hand. Maggie Thatcher, die britische Premierministerin und Busenfreundin von Ronald Reagan, lief Sturm gegen die Vereinigung Westdeutschlands mit der DDR. Sie rannte Bush die Bude ein, nervte ihn mit endlosen Telefonaten. Mitterrand, der neu gewählte französische Präsident, arbeitete ebenfalls aktiv gegen die deutsche Vereinigung. Der Geheimdienst berichtete, dass er dem polnischen Regierungschef General Jaruzelski gegenüber gesagt habe:»Auch wenn Deutschland heute freundlicher agiert als Hitler, wollen wir diese Wiedervereinigung mit allen Mitteln verhindern.« Und:»Wir müssen brutal vorgehen. Die Deutschen wollen die Anerkennung der Oder-Neiße-Linie nicht.«[16]

Der neu gewählte amerikanische Präsident wollte eine Entscheidung.

Die Haltung der Abteilung war klar. Durch das Zusammengehen der DDR mit Westdeutschland entstünde eine wirtschaftlich und dann auch politisch mächtige Nation, die erneut versuchen würde, Europa zu dominieren. Mit einem vereinigten Deutschland würde in Europa den USA eine neue Konkurrenz erwachsen, die niemand in Washington wollte. Großbritannien war außerdem ein treuer Knappe amerikanischer Politik. Niemand plädierte dafür, Maggie Thatcher vor den Kopf zu stoßen. Außerdem galt in Westdeutschland immer noch weitgehend Besatzungsrecht. Bei einer Vereinigung der beiden deutschen Staaten würde mit einem Friedensvertrag oder mit einem ähnlichen völkerrechtlichen Vertrag der neue deutsche Staat seine volle Souveränität erlangen. Daran hatte jedoch weder das Weiße Haus Interesse noch das *State Department,* erst recht nicht die CIA, die den westdeutschen Nachrichtendienst und ein großes Zentrum in Wiesbaden führte, noch das Pentagon, das auf zahlreichen Liegenschaften in Westdeutschland Truppen, Flughäfen und Kommandozentralen unterhielt.

Vor allem aber hatte sich mit der De-facto-Steuerfreiheit für große amerikanische Unternehmen ein entscheidendes und Milliarden Dollar schweres Recht gebildet, das ein souveräner deutscher Staat früher oder später ändern würde.

Es kam die komfortable Situation hinzu, dass die westdeutsche Bevölkerung das Besatzungsrecht und die Überwachung ihres Kommunikationsverhaltens ohne wesentliche Proteste duldete und darüber hinaus sogar der Ansicht war, in einem souveränen Staat zu leben. Überall wurde die »deutsch-amerikanische Freundschaft« gefeiert, die wichtigsten Medien kritisierten »Antiamerikanismus« fast ebenso eifrig wie einst die DDR den sogenannten Antisowjetismus, sodass es sogar hin und wieder vorkam, dass die Botschaft sich gezwungen sah einzugreifen, um den Übereifer abzudämpfen.

Kurzum, keine Regierungsstelle wollte diesen Status ändern. Dieses Stimmungsbild herrschte auch innerhalb des *American Heri-*

*tage Center for Strategic and International Studies* vor. Es gab keinen einzigen Analysten, der die deutsche Vereinigung befürwortete.

Doch für die internen Diskussionen brauchte Jeff C. Healy, der CEO der Denkfabrik, jemanden, der eine Gegenposition einnahm. Er suchte einen Sparringspartner. Jemanden, der eine aussichtslose Position vertrat, jemanden, der einen aussichtslosen Vortrag hielt.

Und er fand ihn in dem neuen Mitarbeiter, der ohnehin nur einen Zweijahresvertrag hatte.

Spencer fluchte, als Healy ihm in einem kurzen Gespräch eröffnete, was nun sein Job war. Zwei Wochen Zeit zur Vorbereitung. Dann Debatte gegen die Besten der Abteilung unter seinem Vorsitz.

*Good luck,* sagte Healy trocken.

Spencer schrieb seine Kündigung, sobald er wieder an seinem Schreibtisch saß.

Er würde seine Miete nicht mehr bezahlen können.

Das hieß: zurück zu den Eltern in die Pleasant Street in Oak Park, Chicago.

Hämische Fragen der Nachbarn, die seine Mutter zum Weinen bringen würde. Sie hatte geweint vor Glück, als er ihr am Telefon von diesem Job erzählt hatte.

Und dann war da noch Mary, die Praktikantin aus Springfield, die ihn immer so freundlich anlächelte. Wenn er jetzt ging, wusste er erstens nicht wohin, und zweitens würde er dann niemals die Gelegenheit haben, Mary zu einem Date einzuladen.

Also beschloss er, kämpfend unterzugehen.

Spencer zerriss die Kündigung.

Er belegte einen Stammplatz in der Bibliothek, trug Bücher und Dokumente in seiner Aktentasche mit nach Hause, er las Tag und Nacht. Grub sich ein in die Tiefen der amerikanischen Deutschlandpolitik.

Nach einer Woche erkannte er hinter all dem Material eine Struktur. Offensichtlich gab es drei wichtige Daten in der Beziehung zu Deutschland: den 8. Mai 1945, die Jahre 1955 und 1956 sowie das Jahr 1968.

*Das Jahr 1945:* »Deutschland wird nicht besetzt zum Zwecke seiner Befreiung, sondern als besiegter Feindstaat« – so hieß es in der Direktive für die amerikanischen Besatzungstruppen, die der Kongress im Mai 1945 verabschiedete und die Präsident Truman persönlich billigte. Nie wieder sollte von Deutschland aus eine Gefahr für die Vereinigten Staaten und den Weltfrieden ausgehen.[17] Doch bereits 1947, nur zwei Jahre nach dem Ende des Zweiten Weltkrieges, brach der Kalte Krieg gegen die Sowjetunion aus, und das State Department entwickelte die Strategie der doppelten Eindämmung. Einerseits galt es, die alte deutsche Gefahr und gleichzeitig die neue, die sowjetische Gefahr einzudämmen.

Spencer arbeitete sich durch die Beschlüsse, Direktiven und Erlasse, die alle das Ziel verfolgten, flächendeckend die Kommunikation des kommunistischen Blocks zu kontrollieren, aber auch alle Kommunikationswege durch die 1949 neu gegründete Bundesrepublik Deutschland. Sie sollte ein zuverlässiger Frontstaat des westlichen Bündnisses werden.

Er las, wie der Militärgeheimdienst aus Teilen des Nazi-Dienstes »Fremde Heere Ost« einen neuen Nachrichtendienst aufbaute, der direkt der CIA unterstand. Reinhard Gehlen, ein Generalmajor der Nazi-Armee, ergab sich kurz vor Ende des Zweiten Weltkrieges den Streitkräften der Vereinigten Staaten und bot ihnen seine Dienste an. Diese wurden angenommen. Unter der Kontrolle der Besatzungstruppen baute er die »Organisation Gehlen« auf und rekrutierte viele seiner ehemaligen Geheimdienstmitarbeiter. »Ein braunes Sammelbecken, aber sie tun, was wir ihnen sagen«, las Spencer in einer Studie der CIA von 1954. Die Studie listete die schrecklichen Namen auf, die jetzt für den neuen westdeutschen Dienst arbeiteten: Klaus Barbie (Gestapo-Chef in Lyon), Alois Brunner (enger Eichmann-Mitarbeiter), Franz Rademacher (Leiter des Judenreferats des Auswärtigen Amtes),

Walther Rauff (Erfinder des mobilen Vergasungswagens) und viele Hundert andere bewährte Nazis. Spencer schüttelte sich, als er die Namen las. Die Studie führte dann aber – wie zur Entschuldigung – an, dass im Zweiten Deutschen Bundestag rund 25 Prozent ehemalige NSDAP-Angehörige saßen.

Plan der CIA war es, die Kosten für die Organisation Gehlen von den Deutschen bezahlen zu lassen, den Dienst aber selbst zu führen, um damit alle Erkenntnisse sofort zur Verfügung zu haben. Es sollte ein Dienst sein, der komplett und für immer für die Vereinigten Staaten arbeitete und der in der Lage war, alle Formen der bisherigen alliierten Überwachung zu übernehmen, von der Einzelüberwachung bis zur strategischen Überwachung ganzer Städte, Regionen und Länder.

*Das Jahr 1955:* Als der deutsche Bundeskanzler Adenauer in Paris mit den drei westlichen Siegermächten über das Ende der Besatzung verhandelte, forderten diese von ihm ein Gesetz, das weiterhin die Überwachung des Post- und Fernmeldeverkehrs erlaubte. Doch Adenauer hatte Probleme im eigenen Kabinett. Der damalige CDU-Innenminister, ein gewisser Gerhard Schröder, weigerte sich, die politische Verantwortung für ein solches weitgehendes Gesetz zu übernehmen. In den Akten fand sich ein vom damaligen CIA-Chef wütend kommentierter Brief von Schröder an Adenauer. Schröder schrieb, ein solches Gesetz stoße in der Bevölkerung, in der Presse und sogar im Parlament auf breiteste Ablehnung. Man erwarte allgemein, dass die Wiedererlangung der Souveränität auch das Ende der von den Besatzungsmächten ausgeübten Zensur bedeute. So aber, schrieb Schröder, würde sich die bisherige Kritik an den Besatzungsmächten künftig gegen die Bundesregierung wenden.[18]

Adenauer hatte also kein Gesetz im Gepäck, als er mit den drei Westalliierten in Paris über die Souveränität Westdeutschlands verhandelte. Die Amerikaner, Franzosen und Engländer bestanden jedoch auf einer umfassenden Überwachung des Post- und Fernmeldeverkehrs. Spencer las nun in den Akten, wie der deutsche

Kanzler den drei Alliierten listig einen Ausweg vorschlug. Sie sollten ihm einen Brief schreiben, in dem sie auf der Überwachung des Fernmeldeverkehrs bestanden, bis die Bundesregierung selbst durch ein entsprechendes Gesetz dazu ermächtigt würde. Spencer las die Depeschen des damaligen Botschafters an das Außenministerium, der lobend hervorhob, dass die deutsche Regierung die alliierten Interessen höher einstufte als die öffentliche Meinung in Deutschland und zu diesem Zweck sogar bereit war, das Grundgesetz Westdeutschlands erheblich zu verletzen. So kam es dann auch: Die drei westlichen Außenminister schrieben einen Brief mit dem Vorbehaltsrecht der absoluten Überwachung. 1956 wurde die Organisation Gehlen in Bundesnachrichtendienst (BND) umbenannt. Es war sichergestellt, dass die CIA den neuen deutschen Geheimdienst weiterhin umfassend kontrollierte und alle Erkenntnisse sofort an die CIA weitergeleitet wurden.

*Das Jahr 1968:* Eine unendliche Zahl von alarmierten Memos über die Unruhen in Berlin, Frankfurt und anderen westdeutschen Städten. Entscheidend aber waren die neuen deutschen Gesetzesvorhaben, die das alliierte Vorbehaltsrecht aufhoben, vor allem die Verabschiedung der Notstandsgesetze und des Gesetzes zur Beschränkung des Post- und Fernmeldegeheimnisses, das die Deutschen G10-Gesetz nannten. Mit diesen Beschlüssen, erklärte der damalige deutsche Außenminister Willy Brandt im deutschen Parlament, würden die alliierten Vorbehalte erlöschen. Spencer schmunzelte. Die uneingeschränkte Überwachung blieb, sie wurde nur in anderen Verträgen geregelt. Spencer notierte sich: Art. 4 Truppenvertrag von 1955 und Art. 3 Zusatzabkommen zum NATO-Truppenstatut von 1959. Beide galten immer noch. Im Grunde wurde 1968 auf Basis dieser alten Verträge die Überwachungsschraube noch einmal angezogen. Erstmals konnten westdeutsche Geheimdienste nun umfassend und flächendeckend arbeiten. Durch mehrfach abgesicherte Vereinbarungen war außerdem sichergestellt, dass der CIA alle wichtigen Erkenntnisse, Informationen und Daten zur Verfügung gestellt wurden. Gleichzeitig wurde in dem G10-Gesetz klargestellt, dass die alliierten Geheimdienste weiterhin eigene Überwachungsmaßnahmen durchführen oder die westdeutschen Dienste damit beauftragen konnten.

Genial, dachte Spencer.

Und plötzlich kam ihm die entscheidende Idee.

Vielleicht würde er doch nicht untergehen.

Vielleicht gab es doch ein Date mit Mary.

## 29. Die weiteren Fakten

Dengler blickte in die Runde. »Aus den angegebenen Tatzeiten wissen wir, dass der Ablauf in diesem Camper anders gewesen sein muss, als uns die Thüringer Polizei und der BKA-Kollege Bernhardt das aufgeschrieben haben. Der Doppelselbstmord und die Brandlegung können sich nicht innerhalb von zwanzig Sekunden abgespielt haben, wie die offiziellen Protokolle es behaupten.«

»Und wie die gesamte Berichterstattung in den Medien es übernommen hat«, sagte Leopold Harder.

»Die manipulieren ja sowieso alles«, sagte Mario.

»Mario, ich kann das Gequatsche echt nicht mehr hören. In meinem ganzen Berufsleben hat mir noch niemand vorgeschrieben, was ich zu schreiben habe. Noch nie. Und ich habe auch noch nie einen Artikel geschrieben, mit dem ich die Leser manipulieren wollte.«

Mario zog die Luft tief in die Lungen ein. Er wollte antworten, aber Martin Klein ging dazwischen. »Eure Streiterei interessiert gerade niemanden. Niemanden außer euch, meine ich. Wir sollten uns auf den Fall konzentrieren, den Georg da vorträgt.«

Sie saßen in Georg Denglers Küche um den viel zu kleinen Tisch. Dengler: »Ich kann mir nicht vorstellen, dass die Kollegen, die die Berichte geschrieben haben, nicht gemerkt haben, dass der Ablauf nicht stimmen kann. Aber wenn sie es gemerkt haben und die Berichte trotzdem in dieser Form geschrieben haben ... Ich kann es mir nicht vorstellen.«

»Wieso nicht?«, fragte Mario. »Offensichtlich hat das BKA manipuliert. Ich meine, das ist doch genau das, was ich dem Staat zutraue. Ich wundere mich nicht.«

Leopold Harder: »Mario, deine Verschwörungstheorien gehen mir wahnsinnig auf die Nerven. Wir haben in Deutschland einen funktionierenden Beamtenapparat. Das muss mal in deinen vernebelten Kopf rein. Wir leben in einem Rechtsstaat. Die Behörden gehen nach gewissen vom Recht geschaffenen Regeln vor.«

»Es gibt unterschiedliche Polizisten«, sagte Dengler schnell dazwischen. »Es gibt fleißige und faule, es gibt kluge und weniger kluge, es gibt welche mit schneller Auffassung und welche, bei denen es länger dauert, bis sie etwas begreifen, aber es gibt keinen Ermittler, der nicht den Fall aufklären will, an dem er arbeitet. Doch in diesem Fall passen erkennbar die Fakten nicht zum geschilderten Tatablauf.«

»Was willst du uns damit sagen?«, fragte Martin Klein.

»Den Kollegen muss, ich wiederhole: *muss* aufgefallen sein, dass der *Modus Operandi* nicht zu den Zeugenaussagen passt, insbesondere nicht zu den Aussagen der beiden Beamten des Streifenwagens. Und wenn ihnen das aufgefallen ist, dann haben sie *wissentlich* einen falschen Ablauf konstruiert. Und das fällt mir schwer zu glauben.«

»Mir nicht«, sagte Mario.

Leopold sah Mario resigniert an.

»Was schlägst du vor?«, fragte Martin Klein.

»Den Ablauf noch einmal genau zu überprüfen. Zweitens will ich mir die Obduktionsberichte von Mundlos und Böhnhardt beschaffen.«

»Ich kann mir denken, warum«, sagte Leopold Harder. »Du willst wissen, ob es Rauch in der Lunge gab?«

»Allerdings. Wir müssen wissen, ob Rauchgas in Mundlos' Lunge war. Noch aussagekräftiger ist der Kohlenmonoxid-Hämoglobin-Wert im Blut. Wenn Mundlos den Camper angezündet hat, sollten erhöhte CO-Hb-Werte in seinem Herzblut nachweisbar sein. Sind diese Kohlenmonoxid-Werte im Blut normal, dann ist das ein Indiz dafür, dass er vor seinem Tod keinen Brand erlebt hat. Definitiv.«

Mario: »Wie kommen wir an die Obduktionsberichte?«

Alle sahen Olga an.

Olga: »Wie stellt ihr euch das vor? Meint ihr, ich könnte mal eben alles super einfach aus meinem Computer zaubern?«

Dengler: »Ich werde meine Quelle beim BKA anzapfen.«

Olga: »Er meint seine frühere Gespielin …«

Dengler: »Genau die. Sie muss uns aber noch in einer anderen Sache helfen. Die Feuerwehr hat ihren Einsatz dokumentiert. Das sind die ersten Fotos des Tatortes. Die habe ich bisher nicht. Ich werde meine Quelle bitten, uns diese auch zu schicken.«

Olga verzog das Gesicht: »Meine Quelle – wenn ich *das* schon höre.«

»Können wir dir in der Zwischenzeit irgendwie helfen?«, fragte Leopold Harder.

»Du kannst etwas ganz Entscheidendes tun«, sagte Georg Dengler.

★

»Liebe Marlies, ich brauche noch mal deine Hilfe.«

»Beruflich oder privat?«

»Bitte, Marlies, hör mir zu, es ist wichtig: Ich brauche die Obduktionsberichte von Mundlos und Böhnhardt.«

»Puh!«

»Kannst du sie beschaffen?«

»Sicher kann ich das.«

»Ich hab noch einen Wunsch.«

»Ist es das, was ich hoffe?«

»Ich fürchte, nein. In den Akten müssten Fotos sein. Fotos, die die Feuerwehr geschossen hat, als sie den Brand gelöscht hat, in dem Camper, in dem …«

»O. k. Wie lautet das Aktenzeichen?«

»Das weiß ich nicht.«

»Pfff. Georg, das kann dauern.«

»Mach, so schnell du eben kannst.«

»Meinst du, wir sehen uns irgendwann einmal? Ich hab manchmal eine so riesengroße Sehnsucht nach dir.«

»Ich melde mich. Bestimmt. Sobald ich diesen Fall abgeschlossen habe, rufe ich dich an und dann …«

»Du bist der süßeste Lügner, den ich kenne.«

»Und davon kennst du sicherlich viele – schließlich arbeitest du beim BKA.«

Sie lachte rau.

»Ich tu für dich, was du willst. Vergiss das nie.«

*

»Schweikert.«

»Dr. Schweikert, sind Sie's?«

»Natürlich bin ich's. Wenn ich mich mit ›Schweikert‹ melde – wer soll das denn sonst sein? Dengler, sind Sie das am anderen Ende? Einer von uns beiden hat sich nämlich noch nicht vorgestellt.«

»Ja, ich bin's. Ich … Ich wollte …«

»Beratungsbedarf?«

»Ja, genau, ich habe Beratungsbedarf«, sagte Dengler erleichtert.

»Vermutlich nichts, was Sie am Telefon besprechen wollen.«

»So ist es.«

»Wann kommen Sie in Freiburg an?«

Dengler nannte ihm Datum und Uhrzeit.

*

»Georg, hier ist Leo. Ich hab es so gemacht, wie wir es verabredet haben. Und das Beste ist: Es ist völlig legal.«

»Umso besser.«

»Ich hole dich morgen zehn Uhr ab.«

»Perfekt.«

*

Dengler studierte erneut die Akten. Doch jetzt las er sie wach und aufmerksam. Ohne Furcht, von Olga verlassen zu werden. Erneut tauchte er ein in die letzten Minuten im Leben zweier rechtsradikaler Mörder. Mutmaßlicher Mörder, verbesserte er sich in Gedanken selbst.

Warum hatte er all diese Widersprüche beim ersten Lesen nicht bemerkt?

Spätestens um 13.22 Uhr bestellte der Polizeidirektor Stenzel einen Abschleppwagen. Dengler konnte es nicht glauben, er las die Stelle noch einmal. Tatsächlich: Stenzel bestellt einen Abschleppwagen. Der Mann ist noch keine Stunde am Tatort!

Er fährt nach Stregda, erreicht den ausgebrannten Camper, betritt ihn, sieht zwei Leichen, schaltet ein offensichtlich funktionstüchtiges, kofferförmiges Ladegerät aus, erkennt eine Polizeiwaffe, und dann bestellt er sofort einen Abschleppwagen.

Was sollte das?

Das Betreten des Wohnmobils, das Anfassen des Ladegerätes und möglicherweise der Polizeiwaffe – all das konnte Spuren vernichten. DNA-Spuren insbesondere. So verhielt sich kein Polizist. Nicht einmal ein Polizeischüler. Vermutlich nicht einmal ein Laie.

Tatort sofort sichern und absperren. Camper und unmittelbare Umgebung mit einer Plane überspannen, alle Passanten und nicht notwendigen Beamten sofort aus diesem Bereich wegschicken – das wäre notwendig gewesen. Das hätte nicht nur der Dienstvorschrift entsprochen, sondern auch dem Polizeiinstinkt und dem gesunden Menschenverstand. Es wäre die Stunde der Kriminaltechniker gewesen, den Tatort zu untersuchen, die Spuren zu sichern und die Funde zu katalogisieren.

Nichts davon war an diesem Tatort geschehen.

Stattdessen ließ Stenzel Anwohner, Presseleute und dann sogar ein Fernsehteam durch das Gebiet um den Camper stapfen.

Unvorstellbar.

Für jeden Polizisten: unvorstellbar.

Oder Absicht?

Gegen 15 Uhr kam der Abschleppwagen. Er zog das ausgebrannte Wohnmobil über eine 40 Grad schräge Laderampe auf seine Ladefläche. Im Inneren des Campers purzelten dadurch Leichen, Waffen und Munition, das heißt alle Beweismittel und alle erdenklichen Spuren im Sumpf des Löschwassers durcheinander.

Die Zerstörung des Tatortes war allumfassend.

Dengler konnte sich an kein Beispiel aus der Kriminalgeschichte erinnern, bei der auf Befehl der Polizei ein Tatort so gründlich verwüstet worden war.

Und dieser Stenzel trägt immer noch Uniform, dachte er.

Aber damit nicht genug: Der Camper wurde nicht etwa ins Polizeipräsidium geschleppt, sondern fünf Kilometer durch die Stadt gefahren und dann in der Halle des Abschleppunternehmens abgeladen. In einer ganz normalen Halle eines ganz normalen Abschleppunternehmens. Ohne jede Sicherheitsvorkehrung.

Und da fand man am Abend und in den nächsten Tagen und Wochen fast alle Beweismittel, auf die sich jetzt die Anklage gegen Beate Zschäpe und damit gegen das NSU-Trio im Münchner Prozess stützte.

## 30. Der Jäger

Den Mann, der ihnen die Tür öffnete, schätzte Dengler auf etwa 60 Jahre. Schlanke Figur, gepflegtes Haar, nur an den Schläfen grau, braun gebrannt, sportlich. So wie er aussah, ein Tennis- oder Golfspieler, dachte Dengler. Er trug weiße Jeans und ein hellblaues Hemd aus einem seidenartigen Stoff, das sehr teuer aussah und so weit aufgeknöpft war, dass grauweiße geringelte Brusthaare sichtbar wurden, die sich unter der Knopfleiste heraus ins Freie drängten. Blaue Slipper aus Wildleder, moderne Brille aus biegsamem Titan; alles an dem Mann war stilvoll und teuer und mit Geschmack ausgewählt. Er begrüßte Leopold Harder mit einer freundlichen Berührung der Schulter. Dengler drückte er knapp die Hand.

»Lassen Sie uns gleich in den Keller gehen. Da ist es kühler.«

Er drehte sich um und ging voran, Leo folgte ihm, dann Dengler. Sie durchquerten einen weiten Flur, der Mann schloss eine moderne Stahltür auf, sie gingen über eine breite Treppe in das Untergeschoss des Hauses. Sie standen vor einer großen Fensterfront, dahinter ein ausgedehnter Garten im englischen Stil. Weiter hinten erkannte Dengler die Spitze des Bismarckturms. Feinste Stuttgarter Wohngegend.

»Mein Refugium«, sagte der Mann und breitete die Arme aus. Er deutete auf eine Reihe von Waffenschränken aus Holz, die an der Wand standen. Kirschholz, vermutete Dengler. Hinter dickem Glas reihte sich Gewehr an Gewehr.

Der Mann griff in die Hosentasche, zog ein Handy hervor. »Bring uns doch bitte was zu trinken, Schatz.«

Die Schränke waren stabil, mit einem Zahlencode gesichert.

»Die Winchester Defender willst du sehen?«, fragte er Harder, wandte sich aber gleichzeitig Dengler zu und sagte: »Guter Mann, dieser Harder. Hat eine Reihe von hilfreichen Artikeln über unser Unternehmen geschrieben.«

Georg Dengler bemerkte, wie Leo zusammenzuckte. Fast sah es so aus, als würde sein Freund etwas schrumpfen. »Wir haben nur geschrieben, wie prächtig sich der Maschinenbau im Land entwickelt.«

»Genau, prächtig«, sagte der Mann und klopfte Harder auf die Schulter.

Die Tür ging auf, und eine Frau trat ein. Sie war das Gegenteil des Mannes, schwer, grobknochig, rundes Gesicht, fettige Haut. Bekleidet mit einem dunklen, langen Kleid, fließender Stoff, bestimmt teuer. Rauchtopase als Ohrringe.

»Stell die Gläser und die Limonade auf den Tisch«, sagte der Mann. Er schaute kaum hin, als er »Danke, Schatz!« sagte.

Die Frau verließ den Raum. Eine unangenehme Gesprächspause entstand, die Leo überwand, indem er sagte: »Tja, also die Winchester ...«

»Richtig. Ihr wollt die Winchester sehen.«

Er ging zu einem der Schränke, tippte einen Zahlencode ein, die Tür öffnete sich mit einem leichten Summen, der Mann griff ins Innere und zog ein Repetiergewehr heraus. Er drückte die Tür wieder zu.

»Man muss ja sorgfältig mit den Sachen umgehen«, sagte er mit leicht provozierendem Unterton. »Wir haben auch einen siebzehnjährigen Sohn ...«

Er lachte. Hob die Waffe hoch.

»Vorderschaftrepetiergewehr. Gute Waffe. Griff und Schaft bestes Buchenholz. Gut verarbeitet.« Er schüttelte das Gewehr mit einer Hand. »Da wackelt nix.«

Er reichte das Gewehr Leopold Harder. Der hielt es ungeschickt und mit kaum unterdrückter Abscheu in der Hand. Er reichte es schnell an Dengler weiter. Dengler nahm die Waffe und legte sie an.

»Erstaunlich leicht«, sagte er.

»Aha, ein Profi. Erkenn ich sofort daran, wie Sie die Waffe halten. Gut drei Kilo. Etwa ein Meter lang. Ich hab einen Lauf von

45 cm. Ist mir eigentlich zum Jagen zu kurz. Da muss ich 4-mm-Schrotkugeln verwenden, wenn ich überhaupt was treffen will. Bei kleinerer Körnung des Schrots fällt kein Hase um.«

»Verstehe«, sagte Dengler und zielte erneut auf einen imaginären Punkt draußen in dem Garten. »Das ist die Winchester 1300.«

»Genau«, sagte der Mann. »Eine Winchester 1300 Defender. Wird seit 2006 nicht mehr gebaut. Hat die Winchester 1200 abgelöst. Lässt sich schnell und sicher repetieren. Probieren Sie mal.«

Dengler prüfte, ob keine Patrone im Lauf oder Magazin war, dann zog er den hölzernen Repetierschaft am Lauf der Waffe hin und zurück, drückte ab und repetierte noch einmal.

»Schnelle Schussfolge. Was machen Sie mit dieser Flinte?«, fragte er.

»Mit dem kurzen Lauf verwende ich es eigentlich nur, um dem Wild den Fangschuss zu verpassen. Wenn ich ein längeres Rohr auftreiben könnte, würde ich damit Flug- oder Raubwild jagen.«

Dengler: »Nur damit ich es richtig verstehe: Ich muss nach jedem Schuss durch Hin- und Zurückziehen dieses beweglichen Vorderschaftes ...«

»... aus bestem Buchenholz«, warf Harder ein, immer noch deutlich distanziert.

»... durch Hin- und Zurückziehen des Vorderschafts werfe ich die alte Patronenhülse aus und lade eine neue Patrone nach.«

»Genau«, sagte der Mann. »Und beim Hinziehen wird die leere Patronenhülse nach rechts ausgeworfen.«

»Danke«, sagte Dengler und reichte dem Mann die Waffe zurück. »Das war, was ich wissen wollte. Weiterhin Waidmannsheil.«

\*

»Kannst du mir mal erklären, was diese Aktion sollte?«, fragte Leopold Harder, als sie in dessen Wagen stiegen.

»Ja«, sagte Dengler, »kann ich. Ich wollte nur sichergehen – einen Verdacht überprüfen.«

»Hab schon begriffen. Das war so eine Winchester, wie sie Mundlos und Böhnhardt bei ihrem Selbstmord benutzt haben.«

»Mutmaßlichem Selbstmord. Wichtiger Unterschied.«

»Du redest langsam wie Mario mit seinen Verschwörungstheorien.«

»Ich ermittle nur. Ich trage Fakten zusammen. Und wenn eine Theorie alle Fakten zusammenhängend erklären kann, ist sie valide, also gültig – bis sie widerlegt wird und es eine bessere Theorie gibt. Im Grunde genommen gibt es keine Verschwörungstheorien, es gibt nur valide und nicht valide Theorien.«

»Georg, die Welt ist voll von Verschwörungstheorien.«

»Die Welt ist voll von nicht validen Theorien. Doch wenn in einer validen Theorie eine Verschwörung auftaucht, sollte man in Betracht ziehen, dass es sie auch gibt.«

»Ich jedenfalls glaube nicht an Verschwörungstheorien.«

Dengler zuckte mit den Achseln. »Überleg mal, wenn du ein Verschwörer wärst und jemand kommt dir auf die Schliche, dann brauchst du nur mit dem Finger auf denjenigen zu zeigen und ›Verschwörungstheoretiker‹ rufen, und schon ist aller Verdacht von dir abgewaschen – das wäre doch eine feine Sache.«

»Du machst es dir ein bisschen einfach, finde ich.«

»Nein, das mache ich nicht. Im Moment trage ich nur Fakten zusammen. Und mit diesen Fakten überprüfe ich Theorien.«

»Und das hast du auch eben mit der Winchester gemacht?«

»Allerdings.«

»Und? War es aufschlussreich?«

»Sehr aufschlussreich. Ich werde es heute Abend in unserer Ermittlerrunde erklären.«

# 31. Jura

Er wartete ab, bis Pfarrer Wildgruber nach der Messe aus der Sakristei trat, und lief ein Stück des Wegs neben ihm her, ohne dass er den Mund aufbekam. Schließlich fragte der alte Pfarrer, was ihm denn auf der Seele läge.

»Ich werd kein Pfarrer. Es geht nicht«, sagte Klaus-Dieter und blieb stehen.

Pfarrer Wildgruber lief weiter, ohne ihn zu beachten, sodass Klaus-Dieter Welker ein paar Schritte laufen musste, um ihn wieder einzuholen.

»Ist's die Iris?«, fragte Wildgruber schließlich.

Er nickte.

Der Pfarrer ging schweigend weiter, und nach einer Weile blieb Klaus-Dieter stehen. Dann kehrte er um, froh, dass er diese Beichte abgelegt hatte.

*

Aus Gründen, die ihm nie so recht klar wurden, konnte Iris' Vater ihn gut leiden. Er nahm Iris und ihn mit in die Oper nach München, an seiner Seite verbrachte er lange Stunden auf den harten Sitzen der Wagner-Festspiele in Bayreuth. Klaus-Dieter Welker nahm diese fremde Welt auf und akzeptierte sie bald als seine eigene.

Iris' Vater konnte ganze Verse aus dem »Fliegenden Holländer« rezitieren:

*Wann brichst du an in meiner Nacht?*
*Wann dröhnt er, der Vernichtungsschlag,*
*mit dem die Welt zusammenkracht?*
*Wann alle Toten auferstehn,*

*dann werde ich in Nichts vergehn, in Nichts vergehn ...*
*Ihr Welten, endet euren Lauf!*
*Ew'ge Vernichtung, nimm mich auf!*

Und Klaus-Dieter konnte das bald auch.

*

Iris und er wurden erst ein Paar, als sie im ersten Semester Jura in Bamberg studierten. Sie hatte eine kleine Wohnung in der Innenstadt, Welker wohnte im Studentenwohnheim. Nach einem Fest in der Wohngemeinschaft eines Kommilitonen sagte sie: Wir gehen jetzt zu mir. Es war nicht so spektakulär, wie er es sich in seiner Fantasie ausgemalt hatte. Auch beim Sex übernahm Iris das Kommando, und sie zeigte ihm, was sie von ihm erwartete.
Und er bemühte sich redlich.

*

Noch vor dem ersten Staatsexamen bat ihn Iris' Vater zu einem Gespräch nach München. Er zeigte ihm seinen Arbeitsplatz im Innenministerium, sie aßen zusammen in der Kantine, und dann stellte er ihn einem Kollegen vor. Der Mann sprach von einer Karriere bei den Sicherheitsbehörden, der wichtigen Aufgabe der Verteidigung der Freiheit gegenüber der Sowjetunion. Würde er sich verpflichten, dann sei seine Zukunft gesichert. Iris' Vater hätte ihn wärmstens empfohlen.
Klaus-Dieter Welker unterschrieb.
Nach Beendigung des Studiums wurde er Referent im Münchner Innenministerium, wechselte in die Auswertung Rechtsradikalismus im bayerischen Verfassungsschutz, und nach einigen weiteren Stationen landete er wegen des Parteienproporzes auf dem CSU-Ticket im Bundesamt für Verfassungsschutz. Bereits ein

Jahr später war er stellvertretender Präsident und der eigentliche
»Macher« des Amtes.

*

Man traf sich halbjährlich mit den amerikanischen Freunden. Er
hatte sich mittlerweile an vieles gewöhnt, und bald schien es ihm
selbstverständlich, dass seine eigentlichen Dienstanweisungen
aus der amerikanischen Botschaft kamen.

Rückblende
## 32. Spencers Vortrag

In der Nacht vor seinem Vortrag hatte er kein Auge zugetan. Am
Morgen stand er extra lang unter der kalten Dusche, aber die Müdigkeit verflog nicht. Sie lähmte ihn noch, als er zum Rednerpult
ging und seine handgeschriebenen Aufzeichnungen vor sich sor-
tierte. Er fand das erste Blatt nicht sofort, und diese Sekunden
voller Nervosität führten dazu, dass es still im Raum wurde, dass
Adrenalin seinen Körper flutete, und als er den Kopf hob, war die
Müdigkeit verschwunden.

»Deutschland«, sagte er bedächtig, aber ganz klar, »ist immer zu
schwach gewesen, um Europa dauerhaft zu dominieren. Aber es
ist stark genug, es immer wieder zu versuchen.[19]
Daher verstehe ich die Sorgen vieler von uns vor einem wieder-
vereinigten Deutschland. Es könnte uns viel Sorgen bereiten. Die
Bundesrepublik ist nie ein souveräner Staat gewesen. Wir, zusammen mit den Briten und auch den Franzosen, aber vor allem wir, behalten uns bisher bestimmte Rechte vor. Das betrifft
die Frage der Truppenstationierung, die Frage der Kontrolle über

Militär und Geheimdienste, die De-facto-Steuerfreiheit für unsere großen Unternehmen, das Recht, in kritischen Situationen auch militärisch einzugreifen. Die Sorge ist, dass wir diese Rechte verlieren könnten, wenn Deutschland tatsächlich seine volle Souveränität erlangen sollte. Daher sind viele in der neuen Administration dagegen. Hinzu kommen die kritischen Stimmen, ja, ich möchte sagen: die Panikattacken aus London und Paris.

Ich schlage einen anderen Weg vor: Wir unterstützen den deutschen Vereinigungsprozess, aber wir verlangen einen hohen Preis. Wir verlangen nicht nur, dass unsere alten Rechte erhalten bleiben, sondern dass sie ausgebaut werden und neue hinzukommen. Ziel unserer Politik muss es sein, die Kontrolle über das in Europa stärker werdende Deutschland zu behalten und damit die Kontrolle über Europa zu festigen. Unsere Privilegien sollten in deutsches Recht umgewandelt werden. Deutschland muss weiterhin eine unterstützende und ergänzende Rolle unserer Außen- und Militärpolitik wahrnehmen. Durch Verträge oder Notenwechsel der Regierungen muss dies bestätigt werden. Darüber hinaus schlage ich vor, Special Forces an verschiedenen Standorten in Deutschland zu stationieren, innerhalb der Polizei ein Netz von FBI-Verbindungsmännern zu installieren, im Raum Frankfurt / Wiesbaden sollten wir ein großes Zentrum …«

Spencer fühlte körperlich – wie ein Gewicht auf seinen Schultern – den Blick von Healy auf sich ruhen. Sein Chef hörte ihm mit nachdenklichem Gesichtsausdruck zu. Spencer sah, wie er sich hin und wieder Notizen machte. Als Spencer geendet hatte, herrschte zunächst Schweigen im Saal. Alle sahen ihn an. Spencer dachte, er habe es verbockt. Aber dann klatschte Healy, einmal, zweimal – und beim dritten Mal fielen die anderen ein. Aber das Beste war Marys gerötetes Gesicht und die Begeisterung, mit der sie ihm entgegenjubelte.

*

Wahrscheinlich war er einer der jüngsten Männer, die in einer dienstlichen Angelegenheit je im Oval Office gesessen haben. Bush hatte ihnen nicht viel Zeit eingeräumt. »O. k.«, sagte er zu Healy. »Was meinst du? Was sollen wir mit den Deutschen machen?«

»Well, Mr President, wir haben einen Vorschlag, der sich bestimmt unterscheidet von allem, was Sie bisher gehört haben. Wir haben hier einen jungen Mann ...« Spencer hörte seinem Chef zu wie in einem Traum, und er kam erst wieder zu sich, als er hörte, wie Healy zu ihm sagte: »Also James, leg los.« Spencer räusperte sich, dann sagte er: »Mr President, mein Vorschlag ist ...«

Das war der Beginn seiner Karriere als Deutschlandfachmann. Drei Monate später heirateten Mary und er.

## 33. Ermittlerrunde

»Leo war so freundlich, mir einen passionierten Jäger und Waffensammler vorzustellen, Besitzer einer Maschinenfabrik oder so etwas. Der Mann besitzt unter anderem auch eine Winchester 1300 Defender, also den Gewehrtyp, mit dem sich Mundlos und Böhnhardt umgebracht haben sollen. Ich war mir bei einer Sache eigentlich schon ziemlich sicher, aber ich wollte sie noch einmal überprüfen. Vielen Dank, lieber Leo.«

Leo Harder nickte. »Ich habe keine Ahnung, was Georg von dem Mann wirklich wollte.«

Dengler fuhr fort: »Diese Waffe ist ein sogenanntes Vorderschaftrepetiergewehr, das heißt: Auf einer Röhre – dem Magazin – unterhalb des Laufes sitzt ein beweglicher Schaft ...«

»... gearbeitet aus edlem Buchenholz«, warf Leopold Harder ein.

»In diesem Fall aus Buchenholz. Stimmt. Wenn der Schütze nach dem Schuss den Schaft schnell hin- und zurückschiebt, geschieht bei diesem System zweierlei: Zunächst wird die abgeschossene Patronenhülse ausgeworfen ...«

»... nach rechts, wie wir heute gelernt haben«, sagte Leo.

»Genau. Und beim Zurückschieben wird eine neue Patrone aus dem Magazin in den Lauf geladen.«

Leopold Harder:»Georg hat das ziemlich schnell mehrmals hintereinander gemacht.«

Mario:»Du hast damit geschossen?«

Dengler:»Nein, ich hab's ohne Munition gemacht. Nur, um ein Gefühl dafür zu bekommen. Es funktioniert tatsächlich ziemlich gut. Damit ist eine schnelle Schussfolge möglich. Die Amerikaner nennen eine solche Waffe mit Repetierfunktion *pumpgun*.«

Martin Klein:»*Repetere* ist Lateinisch und heißt ›wiederholen‹.«

Mario:»Bin ich froh, dass wir so viele Bildungsbürger unter uns haben.«

Dengler:»Erinnert ihr euch noch an den Bericht über den Camper? Mundlos und Böhnhardt hatten ein komplettes Arsenal um sich herum versammelt: zwei Pistolen Heckler & Koch P2000, eine Pumpgun Mossberg Maverik 88, ein tschechischer Alfa-PROJ-Trommelrevolver, ein Revolver Marke Melcher, eine kroatische Maschinenpistole Pleter 91, eine Handgranate, eine Česká-Pistole und eben die eine Pumpgun Winchester 1300 Defender, mit der sie letztlich zu Tode gekommen sein sollen. In dem Bericht steht aber noch etwas ganz Entscheidendes: Alle Waffen sind geladen. Die Ermittlungen gehen davon aus, dass der erste Schuss – sollte der von den Polizisten gehörte erste Knall überhaupt ein Schuss gewesen sein – aus der Maschinenpistole Pleter abgegeben wurde, die dann offenbar eine Ladehemmung hatte und beiseitegelegt wurde. Dann kam die Winchester zum Einsatz.«

Die Freunde sahen Dengler erwartungsvoll an.

Mario sagte:»Mach's nicht so spannend.«

»Ihr erinnert euch sicher auch noch, dass zwei Patronenhülsen in dem Camper gefunden wurden. Nämlich genau die Hülsen, die zu den Geschossen passten, die die beiden getötet haben sollen.«

»Ja und? Dann passt das doch«, sagte Mario. »Wo ist die Überraschung?«

Olga stöhnte: »Oh Gott!«

Dengler lächelte sie an.

Dann sagte er: »Mario, stell dir den angeblichen Ablauf im Wohnmobil noch einmal vor. Die beiden beschließen, sich zu töten.«

Martin Klein: »In wenigen Sekunden!«

Dengler: »Darauf kommt es mir in diesem Zusammenhang nicht an. Es geht nur um den reinen Ablauf mit dieser Waffe. Die offizielle Version ist: Mundlos nimmt das geladene Gewehr und erschießt Böhnhardt. Dann legt er Feuer. Danach nimmt er die Waffe noch einmal, schiebt den Schaft hin und zurück. Die Patronenhülse von dem Schuss, der seinen Kumpel getötet hat, wird ausgeworfen, und eine neue Patrone wird geladen. Alles klar?«

Mario nickte.

»Dann setzt er sich hinten in die Ecke auf den Boden, legt die Flinte unter sein Kinn und bläst sich den halben Kopf weg.«

Dengler schwieg und sah Mario an.

Der wurde plötzlich blass. »Die zweite Hülse! Mundlos kann doch gar nicht mehr den Schaft bewegt haben, um die Patronenhülse auszuwerfen. Er war doch tot! Wer hat dann ... wo kommt die zweite Hülse her?«[20]


## 34. Dr. Schweikert


Georg Dengler sah seinen früheren Chef durch das Fenster des ICE am Bahnsteig stehen, als der Zug in Freiburg einfuhr.
Fast hätte er ihn nicht erkannt.

Wie klein er geworden war.

Und wie schmal.

Schweikert stand vornübergebeugt. Mit der rechten Hand stützte er sich auf einen Gehstock. Elegant war der Stock, aus schwarzem Holz mit silbernem Knauf, doch Dengler hatte sich Schweikert nicht mit Stock vorstellen können. Er kannte ihn nur als lebhaften, schnellen Chef, schnell im Geist und lebhaft in seinen Bewegungen. Nun war er ein alter Mann, und als Dengler vor ihm stand, sah er in Schweikerts Gesichtszügen bereits das Harte, das nahezu Unerbittliche des Greisenalters hinter seinem freundlichen Lachen durchscheinen. Immerhin trug er noch diese große dunkle Hornbrille, die im BKA eines seiner Markenzeichen gewesen ist, und noch immer war sein Haar voll – grau, fast weiß zwar, aber er trug es so wie früher, im Nacken zu lang, gerade so, dass die Haare einen Zentimeter über den weißen Hemdkragen ragten.

Sie gaben sich die Hand. Förmlich. Dengler unterdrückte den Impuls, seinen früheren Chef zu umarmen. Er fürchtete, er könnte die schmale Gestalt vor ihm zerdrücken oder ihm gar eine Rippe brechen, aber es war vor allem der große Respekt vor dem besten Kriminalisten, den er je kennengelernt hatte, der ihn dazu brachte, auf eine Umarmung zu verzichten.

»Schön, Sie zu sehen, Dengler«, sagte Schweikert. Dann schaute er auf seine Uhr. »Nur achtzehn Minuten Verspätung. Da sind wir von der Bahn aber anderes gewohnt.«

Dengler lachte. »In Stuttgart hatte der Zug bereits Verspätung, sodass ich schon befürchtet habe, den Anschlusszug in Karlsruhe zu verpassen. Wenn aber alle Züge zu spät sind, heben sich die Verspätungen gegenseitig auf.«

»Ja, die Bahn wird häufig unterschätzt.«

Sie verließen den Bahnhof und gingen die Poststraße hinauf. Es war heiß. Die angekündigte Hitzewelle war da, und das Thermometer kletterte beständig auf die 40-Grad-Marke zu. Nach wenigen Minuten blieb Dr. Schweikert stehen, schwer atmend.

»Sollen wir uns in das Café dort drüben setzen?«, fragte Dengler.
Schweikert schüttelte den Kopf.
»Ich muss mich bewegen. Ich will es bis zum Münsterplatz schaffen. Alt werden ist nichts für mich, Dengler. Fangen Sie nur nicht damit an.«
»Ich befolge Ihren Rat immer, wie Sie wissen.«
Sie gingen die Eisenbahnstraße hinauf. Hin und wieder blieben sie stehen, Schweikert holte ein großes Stofftaschentuch aus der Hosentasche und wischte sich damit die schweißnasse Stirn ab. Dengler war froh, dass sie einen Platz im Schatten des Münsters fanden.
Sie setzten sich, und Dengler begann schon, sich Sorgen zu machen, als er sah, wie schwer sein früherer Chef atmete, da fragte dieser: »Was halten Sie von einem Eiskaffee, bevor Sie mir erzählen, was Sie beschäftigt?« Er sah Dengler durch die große Hornbrille direkt an. »Ich vermute doch richtig, dass Sie bei einem alten Kriminalbeamten keinen Höflichkeitsbesuch machen?«
Eine Kellnerin trat an ihren Tisch. Dengler bestellte; dann lehnte er sich zurück und sagte: »Sie haben recht. Ich habe vor, eine alte Rechnung zu begleichen. Eine sehr alte. Eine, an die Sie sich sicher noch erinnern.«
»So«, sagte Schweikert und runzelte die Stirn.
»Harry Nopper«, sagte Dengler.
Schweigen.
Die Kellnerin brachte zwei Eiskaffee. Dr. Schweikert nahm den Löffel und rührte gedankenverloren um.
»Sie sind ein merkwürdiger Mensch, Dengler«, sagte Schweikert nach einer Weile. »Sie klettern in Stuttgart untreuen Ehefrauen nach, und auf einmal suchen Sie sich einen Fall, vor dem jeder Kriminaldirektor zurückschrecken würde.«
»Manchmal sind die Ehefrauen sogar treu.«
»Harry Nopper, unser Freund vom Verfassungsschutz. Irgendwann, das war mir klar, würden Sie sich mit ihm beschäftigen. Jetzt ist es also so weit. Erzählen Sie.«
Und Dengler erzählte. Er erzählte von dem unbekannten Auf-

traggeber, er erzählte von den Widersprüchen, die er in den Akten zu dem angeblichen Selbstmord von Uwe Mundlos und Uwe Böhnhardt gefunden hatte, und er erzählte seinem früheren Chef von den beiden Patronenhülsen, für die es keine Erklärung gab. »Ich weiß nicht, wie die Sache in Eisenach-Stregda wirklich gelaufen ist. Noch nicht. Aber es war sicher nicht so, wie die Öffentlichkeit das bis heute glaubt.«

»Und was hat das mit Nopper zu tun?«

»Unser Freund war zu dieser Zeit Leiter der Informationsbeschaffung oder sogar schon stellvertretender Präsident des Thüringer Landesamtes für Verfassungsschutz.«

Schweikert pfiff leise durch die Zähne.

»In welchem Jahr kamen die beiden um?«

»2011. Im November.«

»Ich sag Ihnen jetzt was, Dengler. Ich bin kein rachsüchtiger Mensch, aber wenn Sie Nopper aus dem Verkehr ziehen wollen, haben Sie jede Unterstützung von mir. Ich humpele mit meinem Stock, wohin Sie wollen. Deutschland wäre ein besseres Land, wenn dieser Mann nicht mehr im Staatsdienst wäre.«

»Ist es denkbar, dass der Thüringer Verfassungsschutz die beiden umgelegt hat? Wenn ja, haben Sie eine Idee – warum?«

»Ein Landesamt für Verfassungsschutz? Nein. Die haben Observationsteams, das schon, aber eine Hinrichtung? Das kann ich mir nicht vorstellen. Haben Sie dafür Beweise oder mindestens Hinweise?«

»Nein. Aber irgendjemand hat die beiden erledigt.«

»Wie sicher sind Sie, dass es kein Selbstmord war?«

Dengler überlegte: »95 Prozent.«

»Mmh, also ziemlich sicher. Aber ein Landesamt? Nein, das ist ziemlich sicher eine falsche Spur.«

»Könnte es eine Operation des Bundesamtes für Verfassungsschutz gewesen sein?«

»Sie fragen mich Dinge, Dengler. Für das Bundesamt würde ich nicht die Hand ins Feuer legen. Aber das hier – eine Exekution?«

Er schüttelte den Kopf.

Dann sagte er:»Wir haben sie immer ›kämpfende Dienste‹ genannt, den Mossad und die CIA. Aber das Bundesamt? Ich glaube nicht, dass sie Personal und das Know-how für eine solche Operation vorhalten.«

»Aber wer dann? Der Bundesnachrichtendienst?«

»Mit denen hatte ich nie zu tun. Aber die haben sicherlich Leute für so etwas. Trotzdem – gezielte Tötungen im Inland?« Er verzog zweifelnd den Mund. Dann hob er die Hände und ließ sie wieder fallen. »Doch wer weiß?«

Für einen Moment war es still. Dr. Schweikert fischte mit dem Löffel das Vanilleeis aus dem Kaffee.

»Haben Sie schon mal überlegt, die Dinge auf sich beruhen zu lassen?«

»Ich habe es nicht nur überlegt, sondern viele Jahre getan. Ich habe geschwiegen. Darüber habe ich meine Frau verloren, ich hatte kaum Umgang mit meinem Sohn, letztlich verlor ich auch meinen Job. Und Sie wissen am besten, wie gern ich Polizist war. Und immer noch kann ich nicht schlafen. Nachts bin ich noch immer beim BKA. Nachts träume ich wieder und wieder von der Sache damals. Die Bombe, der Banker, ich im ersten Wagen des Begleitschutzes. Meine Freundin meint, es wird Zeit, mich der Sache zu stellen.«

»Dengler, überlegen Sie: Sie leben noch. Sie sind gesund. Jung genug. Schlecht schlafen tun viele. Offensichtlich haben Sie eine Freundin – Sie haben noch einiges, was Sie verlieren könnten.«

»Plötzlich bekomme ich einen anonymen Auftrag. Dieser sogenannte Doppelselbstmord. Und alles an diesem Fall riecht plötzlich, schmeckt plötzlich und sieht aus nach der schmutzigen Handschrift unseres Freundes Harry Nopper.«

»Dengler, wissen Sie noch, wann wir zuletzt ein solches Gespräch geführt haben?«

»Ja, lieber Herr Dr. Schweikert, das weiß ich noch. Ich ermittelte damals im Fall des Anschlags auf das Münchner Oktoberfest. Das größte terroristische Verbrechen in der Geschichte Deutschlands. Es war ein Auftrag vom BKA, vom Präsidenten persönlich ... Wir beide fuhren damals mit der Gleitbahn hinauf auf den Schlossberg, weil wir nicht abgehört werden wollten.«

»Ich erinnere mich gut. Auch damals ging es um rechte Gewalt. Bei den Ermittlungen rund um das Oktoberfest-Attentat stießen Sie auf die Spur dieser Geheimarmee ...«

»*Stay behind* – das war der Name der Organisation.«

»Was wissen Sie über *Stay behind?*«

»Kurz nach Ende des Zweiten Weltkriegs gründeten die Amerikaner und Briten Geheimarmeen in Westeuropa, die hinter den Linien der Roten Armee einen Partisanenkampf beginnen sollten, falls die Sowjetunion Deutschland überrennen und die Sowjets plötzlich am Rhein stehen sollten. Sie rekrutierten für die deutsche *Stay behind*-Gruppe ehemalige Nazimilitärs. Auch SS-Leute. Sie trainierten sie. Sie sollten Strommasten sprengen, Nachschublinien der Russen zerstören oder doch zumindest behindern, Brücken sprengen. Auf dem Truppenübungsplatz Grafenwöhr bekamen sie eine Pioniersprengausbildung. Sie mussten in niedriger Höhe aus einem Flugzeug abspringen. Eine eingeschworene Truppe. ›Geheimer Widerstand‹ nannten sie sich selbst. Sie konnten töten, ohne Spuren zu hinterlassen.«

»Ja, Dengler. Das konnten sie: töten, ohne Spuren zu hinterlassen.«

»Oder: töten und falsche Spuren hinterlassen?«

Dr. Schweikert nickte: »Ja. Und diese Leute legten Internierungs- und Tötungslisten an. Darauf befanden sich die üblichen Verdächtigen, also Linke aller Art, aber auch prominente Sozialdemokraten, einige Oberbürgermeister, Ministerpräsidenten der SPD, Politiker vom rechten Flügel der CDU, die sie für anfällig für neutralistische Positionen hielten. Solche Personen sollten im Spannungsfall getötet werden. Es ist also davon auszugehen, dass dies auch geübt wurde. Politischer Mord als militärisches Übungsziel.«

Dengler sagte: »Ich glaube, in mir ist das deutsche Gen tief verwurzelt. In mir ist trotz all dieser Ermittlungen und Erkenntnisse irgendwo unausrottbar die Vorstellung verankert, dass die Obrigkeit schon das Richtige für das Volk tut, dass sie sich an Recht und Gesetz hält, dass Beamte niemals … In mir sträuben sich unsichtbare Stacheln, wenn ich mich mit diesen Dingen beschäftigen muss.«

»Dengler, tun Sie's als Verschwörungstheorie ab. Damit finden viele ihren Schlaf.«

»Vielleicht ist es das große Unglück meines Lebens, dass ich als junger Polizist durch eine Laune des Schicksals mit diesen Dingen in Berührung gekommen bin. Ich war doch nur die Urlaubsvertretung in dem Begleitfahrzeug. Mein Gott, ich war Anfang zwanzig.«

»Werden Sie mal nicht sentimental, Dengler. Wenn Sie Nopper zur Strecke bringen wollen, dann können Sie sich solche Schwächen nicht erlauben. Was wissen Sie noch über *Stay behind*?«

»Die Amerikaner führten diese Organisation bis 1956. Für mich ist das alles ziemlich beunruhigend. Ehemalige Nazis, im Geiste immer noch welche, hoch bewaffnet, gedrillt, im Untergrund in einer Geheimarmee, geführt durch eine fremde Macht.«

»Sie sollen nicht weinerlich werden, Dengler.«

»1956 wird die deutsche *Stay behind Organisation* – abgekürzt SBO – in die *Organisation Gehlen* überführt. Als diese sich in *Bundesnachrichtendienst* umbenennt, übernimmt der BND. Meine Ermittlungen zum Attentat 1980 auf dem Oktoberfest legen den dringenden Verdacht nahe, dass diese Struktur die Bombe dort gelegt hat, um den Bundestagswahlkampf 1980 zu beeinflussen. Ich konnte das damals jedoch nie gerichtsverwertbar …«

»Ich weiß, Sie waren nah dran. Manchmal fehlen Beweise, obwohl es jeder weiß. Mittlerweile hat die Regierung jedoch zugegeben, dass es *Stay behind* gab.«

Dr. Schweikert griff in die Außentasche seines Jacketts und zog einen Mini-Tabletcomputer heraus. »Ja, staunen Sie nur, Dengler. Ich hab mir jetzt auch so ein Klugscheißergerät zugelegt.« Er tippte und wischte über die Oberfläche. »Da haben wir es: Auskunft von Staatsminister Lutz Stavenhagen im Juli 1991: ›*Der Aufbau von Stay-behind-Organisationen der NATO-Staaten begann bereits kurz nach Ende des Zweiten Weltkrieges. Die Elemente der von alliierten Nachrichtendiensten auf deutschem Territorium bis 1955 aufgebauten Nachrichtenbeschaffungs- und Schleusungsorganisation wurden vom Bundesnachrichtendienst ab 1956 übernommen. Die im Herbst 1990 beschlossene Auflösung der SBO ist im Wesentlichen vollzogen und wird noch vor Ende des laufenden Jahres abgeschlossen sein.‹*«[21]

Dr. Schweikert sah Dengler über seine Brille hinweg an: »Das Entscheidende ist Folgendes, Dengler: Vielleicht ist diese Truppe aufgelöst worden, vielleicht auch nicht. Wer weiß. Die Personen gibt es aber noch. Und damit die Verbindungen unter ihnen. Vielleicht existieren alte Abhängigkeiten? Vielleicht braucht einer Geld? Vielleicht schuldet der eine dem anderen noch einen Gefallen? Selbst wenn der Verein offiziell aufgelöst worden ist, bestehen immer noch die alten Verbindungen, Telefonnummern, später die E-Mail-Adressen, kurz, die ganze Struktur und Logistik.«

»Verstehe.«

»Haben Sie vor einigen Monaten die Dokumentation des ZDF über *Stay behind* gesehen?«

Dengler schüttelte den Kopf.

»Darin kommt Volker Foertsch zu Wort. Hoher BND-Mann. Ich hab ihn einmal auf einer Tagung kennengelernt. Er war als BND-Direktor für *Stay behind* verantwortlich. Im ZDF erzählte er in aller Seelenruhe, was sie gemacht haben; zum Teil jedenfalls erzählte er es. Wie auch immer – ich weiß: *Stay behind* war ein militärischer Apparat. Sprengstoff, Attentate, Tötungen, Partisanenkram, diese Nummer. Auf der anderen Seite rekrutierte der BND V-Leute. Foertsch erzählte, sie suchten Leute, die in Berufen arbeiteten, die nach einer Besetzung durch die Russen weiterhin gebraucht wurden und die in einer niederen sozialen Stufe, so drückte er das aus, in der Infrastruktur arbeiteten: Krankenpfleger führte er an, Schleusenwärter auch. Entscheidend war eine straff antikommunistische Gesinnung. Diese Leute sollten dann verschlüsselte Funknachrichten an die Amerikaner absetzen, Stimmungsberichte funken und mögliche Ziele für den militärischen Apparat auskundschaften, abgesprungene Agenten schleusen oder verbergen.«

»Klingt wie Indianer spielen.«

»Mag sein, so war es aber nicht. Sie müssen Folgendes wissen: Der BND hat immer eine doppelte Feindschaft gepflegt. Gegen die Sowjetunion und den Kommunismus, klar, das war sein Auftrag. Er hat aber auch immer gegen die Leute im eigenen Land gearbeitet, gegen Politiker, die ihnen zu weich und nachgiebig erschienen. Wussten Sie, dass bis in die Siebzigerjahre, vielleicht sogar noch länger, der BND jemanden nur dann einstellte, wenn er eine Empfehlung von einem aktiven BND-Mann innerhalb des Dienstes vorzeigen konnte? Das heißt, der Dienst hat sich ausschließlich aus sich selbst rekrutiert. Die Politik, egal, wer die Regierung bildete, hatte keinen Einfluss darauf und auch nicht darauf, was der Dienst eigentlich tat. Linke würden sagen, er war ein Staat im Staate …«

»Aber das glauben Sie nicht?«

»Nein, das glaube ich nicht. Er ist ein Instrument, jedoch nicht ein Instrument unserer, sondern im Kern einer anderen Regierung. Aber das«, er rührte hektisch in dem Rest Eiskaffee in seinem hohen Glas und sah Dengler direkt in die Augen, »sind natürlich die Beobachtungen und Überlegungen eines alten Mannes, der mittlerweile Neuigkeiten nur noch aus der Zeitung erfährt. Oder aus dem Radio.«

»Noch eine Frage zum Schluss: Angenommen, unser Freund Nopper hat seine Hände im Spiel. Warum? Was ist der Sinn dieser ganzen NSU-Operation? Was ist der Zweck einer Exekution von Mundlos und Böhnhardt? Einer mutmaßlichen Exekution?«

Dr. Schweikert trank den letzten Schluck seines Eiskaffees. »Ich war Polizist. Ich habe Straftaten aufgeklärt oder versucht, sie zu verhindern. Im Zusammenhang mit politischen Delikten kam es dabei immer wieder zu Gesprächen mit dem Verfassungsschutz, mal mit Beamten aus dem Bundesamt, mal mit welchen aus den Landesämtern. Die Informationen flossen immer einseitig. Sie flossen immer von uns zu denen. Umgekehrt kam nichts. Jedenfalls nichts Brauchbares. Auch das gemeinsame *Terrorismusabwehrzentrum* in Berlin ist nichts anderes als ein Mittel, die Polizei abzuschöpfen. So sehe ich das.«

Schweikert schwieg und sagte dann: »Sehen Sie, Dengler, ein Bekannter von mir ist Schriftsteller. Er schreibt Romane. Es sei ihm noch nie gelungen, in der ersten Auflage einen fehlerfreien Roman in die Buchhandlungen zu bekommen, erzählt er mir immer. Sobald das Buch verkauft wird, trudeln bei ihm die E-Mails der Leser ein: ein Rechtschreibfehler hier, ein fehlendes Komma dort, vielleicht sogar ein logischer Bruch in der Geschichte. Er korrigiert das in der nächsten Auflage. Auch Geheimdienste erzählen uns Geschichten, sie inszenieren Geschichten. Manchmal gelingen sie, manchmal gehen sie schief wie die Story mit dem ›Celler Loch‹, erinnern Sie sich noch? Die Geschichte, als der niedersächsische Verfassungsschutz ein Loch in die Außenwand des Gefängnisses von Celle sprengte, um mit dieser verdeckten Aktion einen Anschlag vorzutäuschen. Für die Schmutzarbeit hatte der Verfassungsschutz zwei Kriminelle angeworben – Loudil und Berger. Loudil wurde später in den Medien als Tatverdächtiger präsentiert. Am 25. Juli 1978 wurde die Bombe gezündet. Es entstand zum Glück nur geringer Sachschaden.«

»Ich kenne die Geschichte vom Celler Loch. Sie haben sie uns früher oft genug erzählt.«

Dr. Schweikert lachte. »Der Inlandsgeheimdienst führt V-Leute. Das ist sein Kerngeschäft. Ohne diesen Job bliebe – außer dem Lesen von Zeitungen – nicht mehr viel. Aber die Königsaufgabe ist das Erzählen von Geschichten. Und im Unterschied zu meinem Bekannten, dem Schriftsteller, hat der Dienst nur einen einzigen Versuch; er hat keine Möglichkeit für eine zweite Auflage. Wie jeder Geschichtenerzähler machen aber auch sie, die Dienste, beim Erzählen Fehler, kleine Fehler vielleicht, der Zeitablauf passt nicht oder eine Patronenhülse zu viel liegt rum. Solche Fehler sind unvermeidlich, sagt mein Bekannter, der Schriftsteller, beim Erfinden einer Geschichte mit einer gewissen Komplexität. Doch wenn der Rest der Geschichte gut erzählt ist, glaubt das Publikum die Erzählung. Das ist beim Geheimdienst genauso wie bei Schriftstellern. Nur ein paar Miesepeter stochern dann noch in den Details herum. Solche Leute wie Sie, Dengler. Miesepeter, Verschwörungstheoretiker. Man macht sich damit nicht beliebt.«

»Welche Geschichte wird uns mit dem Ableben der beiden Neonazis erzählt?«

Dr. Schweikert winkte die Kellnerin herbei.

»Schwer zu sagen. Vermutlich wurde ein Schlussstrich gezogen. Plötzlich wird eine der größten Mordserien in der Geschichte der Bundesrepublik zu Ende ermittelt, die Morde an den türkischen Geschäftsleuten werden aufgeklärt, der mysteriöse Mord an der Polizistin Kiesewetter, der Nagelbombenanschlag in Köln, ein weiterer Anschlag, einige Banküberfälle und vielleicht noch einiges anderes. Ein Sammelsurium, könnte man sagen. Es ist eine Schlussstrichgeschichte. Wir haben die Täter, ein Terror-Trio, die das allein zu verantworten haben. Zwei sind tot, der dritten Person wird der Prozess gemacht. Danach, nach dem Urteil in München, können wir alle wieder zur Tagesordnung übergehen, und niemand soll mehr fragen, was die Dienste damit eigentlich zu tun haben.«

»Mein verehrter früherer Chef – jetzt klingen Sie selbst wie ein Verschwörungstheoretiker.«

»Schauen Sie mal nach Thüringen, Dengler. Dort wurde die Suppe angerührt. Wenn unser Freund Harry Nopper mit dabei war, ist es sicher, dass es eine trübe Suppe ist. Ich schreibe Ihnen hier einige Namen auf die Serviette. Der erste Name ist ein Polizist aus Erfurt, den ich kenne. Der zweite ist ein Stasi-Mann, den ich früher einmal vernommen habe. Reden Sie mit denen. Und schauen Sie genauer nach Thüringen.«

Die Kellnerin erschien mit der Rechnung. Dr. Schweikert zahlte.

Dann sagte er: »Ich bin nur ein alter Mann, ein pensionierter Kriminalist. Ich erfahre Neuigkeiten nur aus der Zeitung oder dem Radio. Oder wenn Sie mich besuchen.«
Er stand auf.
»Ich habe Sie früher gelehrt«, sagte Dr. Schweikert, »und ich wiederhole es noch einmal: Lesen Sie die Akten – Aktenklarheit und Aktenwahrheit. Meistens steht alles in den Akten. Man muss sie nur richtig zu lesen wissen.«
Er nickte ihm zu, nahm seinen Stock und ging ohne Abschied langsam davon.

## 35. Die schweigende Frau

Zwei Tage später fuhr er nach München. Immerhin lebte noch eine Person aus dem sogenannten Trio: Beate Zschäpe. Er wollte sie einmal sehen.
Der Zug verließ den Stuttgarter Bahnhof um kurz vor sechs. Gut zwei Stunden später erreichte Georg Dengler München. Er stieg am Bahnhof in ein Taxi, obwohl er zum Oberlandesgericht auch hätte laufen können. Doch er wollte pünktlich bei der Verhandlung sein.
Der Eingang des Oberlandesgerichts in München lag etwas tiefer als die breite Nymphenburger Straße, und so musste Dengler von der Straße aus einige Treppen hinabsteigen, um zu einer Art Plattform zu gelangen, an der sich die beiden Eingänge des Gerichts befanden. Wer am Prozess gegen Beate Zschäpe teilnehmen wollte, wurde durch einen speziellen Eingang geschleust, vor dem die Justizverwaltung ein längliches Zelt aufgebaut hatte, in dem die Menschen in zwei Reihen standen: rechts die Vertreter der Presse und links normale Prozessbesucher. Dengler stellte

sich am Ende dieser Schlange an. Gut zehn Personen standen vor ihm, nach einer Weile kamen hinter ihm Wartende dazu. Die Journalisten neben ihnen gelangten zügig durch die Glastür. Unter den wartenden Besuchern herrschte eine gespannte Atmosphäre, die meisten schienen sich bereits zu kennen, denn sie plauderten im Flüsterton, die neuesten Entwicklungen wurden erörtert, Informationen wurden ausgetauscht und die Presseartikel des Tages kommentiert. Dengler kannte niemanden. Ihn beschlich ein Gefühl des Nicht-dazu-Gehören, und ihn irritierte, dass er dieses Gefühl so deutlich empfand.

Ein Polizist erschien und öffnete die Absperrung vor der Schlange der Wartenden, ließ fünf Personen passieren, dann schloss er die Barriere wieder, und Dengler befürchtete schon, dass er nicht mehr in den Gerichtssaal gelassen würde. Aber nur wenige Minuten später trat der Polizist ein zweites Mal an die Barriere und ließ fünf weitere Wartende eintreten.

Als Dengler an der Reihe war und die Glastür passiert hatte, stand er vor einem Schalter. Ein Polizist verlangte seinen Personalausweis, Dengler gab ihn ab, dann konnte er weitergehen, musste kurz darauf seine Jacke, das Handy, Schlüssel, Geldbeutel und Brieftasche in eine Plastikwanne legen, und eine Frau händigte ihm einen Zettel mit einer Nummer aus. Dengler trat durch eine Sicherheitsschleuse und wurde von einem jungen Polizisten abgetastet. Die Sicherheitsvorkehrungen hier waren deutlich strenger als die an Flughäfen. Dengler bemerkte, dass Vorgesetzte der Beamten die Vorgänge ständig überprüften. Offenbar wurde keine Schlamperei geduldet.

Ihm war es recht.

Er ging eine Treppe hinauf und betrat eine Empore mit erstaunlich wenig Sitzreihen. Er war überrascht, dass diese kleine Galerie für die Besucher nicht voll besetzt war. Immerhin handelte es sich um einen der bedeutendsten Prozesse der Bundesrepublik, aber mehr als dreißig Zuschauer waren es wohl nicht, die hier oben mit ihm Platz nahmen. In der zweiten Reihe rechts saß eine Journalistin, die Dengler schon öfter im Fernsehen gesehen hatte, den Laptop auf dem Schoß aufgeklappt und mit einem älteren Mann plaudernd, der neben ihr saß und einen Notizblock in der Hand hielt.

Gerichts- und Zuschauersaal wirkten so, als seien sie wie ein Betonblock in die Erde gerammt worden; eine erstaunlich kleine Arena ohne Tageslicht, fremd und unwirtlich, so als hätten die Erbauer an einem Wettbewerb um die bedrohlichste Architektur teilgenommen. Von der Besucherempore aus konnte Dengler durch eine dicke Glasscheibe hinunter in den Gerichtssaal schauen, direkt auf die erhöhten Sitze der Richter, rechts daneben waren die Plätze der Bundesanwälte, aus seinem Blickwinkel links die Reihen der Angeklagten und ihrer Anwälte. Die Nebenkläger und ihre Anwälte saßen – für ihn unsichtbar – direkt unter ihm.

Eine Justizangestellte erschien und verkündete, dass die Sitzung erst um zehn Uhr anfangen werde. Dengler sah sich um. Noch eine halbe Stunde. Auch hier hatte er den Eindruck, dass sich die meisten Zuschauer kannten. Halblaut wurden Einschätzungen ausgetauscht und Perspektiven des Prozesses erörtert. Dengler überlegte, ob er noch einmal nach draußen gehen sollte, aber die Aussicht auf eine Wiederholung der Sicherheitsprozedur schreckte ihn ab. Der Mann mit dem Notizblock, der neben der Journalistin saß, fing seinen Blick auf und reichte ihm lächelnd eine Zeitung, den Berliner *Tagesspiegel,* und Dengler nahm das Angebot dankend an. Er faltete das Blatt auseinander und vertiefte sich in die Lektüre.

Zwölf Minuten vor zehn erschienen die ersten Angeklagten – alle aus dem Umfeld des Thüringer Heimatschutzes – und einige Anwälte. Sie setzten sich, klappten Laptops auf, tippten etwas in ihre Rechner oder unterhielten sich leise. Erst als alle Angeklagten da waren, kurz vor zehn, gab es eine Bewegung unten an der Tür, und Beate Zschäpe erschien als letzte der Angeklagten. Zschäpe trat mit schnellen Schritten vor ihre Bank, wo vier Fotografen auf sie warteten. Sie drehte ihnen mit einer raschen Bewegung den Rücken zu, die Apparate klickten, dann wies ein Beamter die Fotografen an, den Raum zu verlassen. Beate Zschäpe drehte sich um und setzte sich.

Dengler war überrascht. Die Frau, die dort unten auf der Anklagebank saß, hatte kaum Ähnlichkeit mit der Person auf den Fotos, die er aus den Medien kannte. Da unten saß eine eher unscheinbare junge Frau, die er – würde sie nur wenige Meter von hier auf der Nymphenburger Straße an ihm vorbeilaufen – gar nicht bemerken würde, geschweige denn, dass er sich nach ihr umdrehen würde. Erst die Kameras machten aus ihr eine auf gewisse Weise attraktive, mysteriöse Frau, die sie in der Wirklichkeit dieses Gerichtssaals nicht war.

Jetzt betraten die Richter den Saal. Alle erhoben sich.

Der Vorsitzende Richter Götzl stellte zunächst die Anwesenheit der Beteiligten fest, dann teilte er mit, dass die Verteidigung eine Unterbrechung beantragt habe. Zschäpes Anwalt Heer bestätigte dies: Es gehe um eine Beratung mit der Mandantin. Benötigt werde etwa eine Stunde. Die Sitzung wurde daher unterbrochen, kurz nachdem sie eröffnet worden war.

Dengler verließ mit den anderen Zuschauern die Empore. Er ging ins Freie und beobachtete die Szene. Die drei Bundesanwälte standen zusammen, redeten und rauchten. Einige Anwälte der Nebenklage befanden sich in der Nähe und rauchten ebenfalls, aber es war deutlich, dass die einen mit den anderen nichts zu tun haben wollten. Dengler hätte gern einen Espresso getrunken. Aber er wartete. Nach einer Weile erschienen Zschäpes Anwälte und stellten sich, ebenfalls rauchend, zu den Bundesanwälten. Dengler registrierte den freundlichen Umgang der Verteidiger mit den Bundesanwälten, eigentlich Gegner im Prozess. »Es sind die kleinen Dinge, die uns den großen Einblick geben.« Vielleicht traf Dr. Schweikerts Satz auch auf diese Situation zu.

Als die Sitzung fortgesetzt wurde, teilte Richter Götzl mit, Frau Zschäpe habe einen Entbindungsantrag gegen ihre Anwälte Heer, Sturm und Stahl gestellt. Überraschung unter den Zuschauern. Die Journalistin tippte in ihren Laptop, der freundliche Mann, der ihm die Zeitung geliehen hatte, schrieb rasch ein paar Sätze in den Notizblock. Es folgte eine weitere Unterbrechung. Das Gericht zog sich zurück, und als die fünf Richter wieder den Raum betraten, beendete der Vorsitzende Richter Götzl die Verhandlung für den heutigen Tag.

*

In einem Café in der Nähe des Stiglmaierplatzes bekam Dengler endlich den ersten doppelten Espresso des Tages. Er rührte etwas warme Milch hinein und trank ihn in kleinen Schlucken. Sofort gab er der Kellnerin ein Zeichen, dass er einen zweiten brauchte. Als er auch diesen getrunken hatte, spürte er, wie das Koffein die Müdigkeit aus seinen Adern vertrieb, und er dachte über die schweigende Frau nach.

Über Beate Zschäpes Haupt schwebte, drohend wie ein Damoklesschwert, eine lebenslange Haftstrafe. Eine andere Strafe würde das Gericht angesichts des großen medialen Interesses wohl kaum zu verhängen wagen. Klug wäre es, um jedes Jahr weniger zu kämpfen. Aber dazu müsste die Angeklagte reden, sie müsste Reue zeigen oder doch zumindest heucheln. Sie müsste zur Aufklärung der Taten des sogenannten Nationalsozialistischen Untergrunds beitragen.

All das tat Beate Zschäpe nicht. Sie schwieg, und nun betrieb sie eine Kampagne gegen die eigenen Pflichtverteidiger.

Warum?

In seiner Zeit beim Bundeskriminalamt hatte Dengler oft genug Beschuldigte vernommen, die bei der Vernehmung anfänglich schwiegen. In keinem einzigen Fall schwiegen sie, um einen anderen Verdächtigen zu schützen. Ganovenehre war eine Sache, die in Filmen vorkam; im wirklichen Leben gab es das nicht so oft. Dengler wusste: Wenn Verbrecher schwiegen, bei der Polizei oder vor Gericht, so gab es dafür nur drei Gründe. Erstens – sie wollten jemanden schützen, in der Regel eine über alles geliebte Person, eine Frau, einen Mann oder aber ein Kind. Hatte Beate Zschäpe ein Kind? In der Presse hatte er nichts davon gelesen. Aber diese Frau war sicher nach § 81b Strafprozessordnung erkennungsdienstlich untersucht worden. Waren dabei beispielsweise Schwangerschaftsstreifen festgestellt worden? Vielleicht sollte er dieser Frage nachgehen.

Zweitens: Nach seiner Erfahrung schwiegen Beschuldigte häufig aus einem anderen und viel näher liegenden Grund: Sie fürchteten etwas anderes viel mehr als ein Gerichtsurteil. Das konnten Auftraggeber oder Komplizen sein, die Aussagewillige mit dem Tod bedrohten.

Drohungen dieser Art waren in der Regel das wirkungsvollste Mittel, eine strikte Aussageverweigerung zu erreichen – weitaus wirkungsvoller als Grund Nummer Drei: die Aussicht auf eine – von wem auch immer verheißene – Belohnung fürs Stillschweigen. Dengler dachte an die Gerüchte, die besagten, dass Beate Zschäpe ein Spitzel des Verfassungsschutzes gewesen sei. Wenn dem so war, blieb nur die Frage: War Beate Zschäpes Stillschweigen durch Drohung oder Versprechen erkauft worden?

Er bezahlte die beiden Espressi und machte sich, in Gedanken versunken, zu Fuß auf den Weg zum Bahnhof.

# Dritter Teil

## Erfurt

## 36. Erinnerungen

Wenn Marius Brauer damals gewusst hätte, was er heute wusste, hätte er dann dem neuen Staat die Treue geschworen? Dem zweiten deutschen Staat, in dem er lebte?

Wäre er dann Polizist geworden?

Schwierige Frage.

Es war eine hypothetische, eigentlich sinnlose Frage, das war ihm klar. Trotzdem beschäftigte sie ihn. Niemals hätte er damals für möglich gehalten, was er später erlebt hatte. Doch er hatte den Eid auf die Verfassung geschworen, und er war entschlossen, diesen Schwur zu halten, selbst wenn es schwer werden würde. Der Demokratie zu dienen, das war es, was er immer noch wollte.

Auch wenn er mittlerweile wusste, dass es innerhalb dieses Staates mächtige Kräfte gab, die etwas ganz anderes wollten und die Macht hatten, ihre Ziele durchzusetzen.

Aber er war ein Kämpfer.

Wer nur mit einer Kerze in der Hand vor dem Stasi-Gebäude in Erfurt gestanden hat, den wirft so leicht nichts um. Das hatte er immer geglaubt.

Aber manchmal war er sich da nicht mehr sicher.

Er war oft in Rudolstadt gewesen nach der Wende. Heute war es ein hübsch herausgeputztes Städtchen, zu DDR-Zeiten und direkt nach der Wende war es grau und dreckig. Eine löchrige Busverbindung. Man war zwar nicht mehr eingeschlossen wie in der DDR, aber isoliert war man trotzdem. Aus dem Ort wegzukommen, war nicht einfach, selbst wenn man wollte. Es war eine schwierige Zeit damals. Nach der Wende zerbrachen Gewissheiten, Freundschaften und Familien. Die Autoritäten von gestern galten nichts mehr, und neue waren nicht zu sehen. Zwischen den Generationen tat sich eine Kluft auf, die sich nie mehr schließen sollte.

An den trostlosesten aller trostlosen Hinterlassenschaften der DDR sammelte sich damals die verlorene Jugend – an den Getränkkestützpunkten in den Plattenbauten. Jetzt mit schreiender »Go West«-Zigarettenwerbung beklebt. Es gab welche, die »Heil Hitler« riefen, wenn er dort auftauchte und seinen Polizeiausweis vorzeigte. Doch es waren wenige; und nicht alle, die ihn mit erhobenem Arm begrüßten, wussten genau, was das bedeutete. Die meisten waren am Saufen interessiert, und sie soffen viel. 50 Prozent Arbeitslosigkeit, 100 Prozent Jugendarbeitslosigkeit. Unmengen Alkohol. Es gab eine rechte Szene, aber sie war unorganisiert. Die Strukturen wurden vom Staat aufgebaut. Er hatte es erlebt. Er hatte dabei zugesehen. Es hatte gedauert, bis er begriff. Merkwürdig, dass er keine Angst spürte.

Marius Brauer sah noch einmal zum Fenster seines Büros hinaus. Westautos! Er lachte leise – und bitter.

Man könnte beinahe Respekt haben vor der großen organisatorischen Leistung, aus diesen gedrückten und geduckten Gestalten, die er damals an den Getränkestützpunkten gesehen hatte, eine schlagkräftige Neonazi-Organisation zu formen. Die Soko Rex, in der er damals arbeitete, kannte die Organisatoren der Szene. Sie kannten den unentwegt agitierenden Tino Brandt.

Ausgerechnet Rudolstadt wurde zum Schwerpunkt der rechten Bewegung in Thüringen. Zum Geburtstag des Hitler-Stellvertreters Hess gab es Aufmärsche mit rechten Gesinnungsgenossen aus Italien, Frankreich, England, dem früheren Ostblock. Das war der Anfang.

Damals dachte er nicht im Traum daran, dass es der neue Staat war – der Staat, auf den er stolz den Eid geschworen hatte, auf den er so viel Hoffnung gesetzt hatte –, der diese Bande organisierte, sie ausrüstete, sie finanzierte. Mittlerweile wusste er es. Der Thüringer Verfassungsschutz hatte es sich drei Millionen DM kosten lassen.[22] Wie viel das Kölner Bundesamt in Thüringen für dieses Projekt ausgegeben hatte? Noch mal drei Millionen? Das wusste er nicht.

Sie kamen immer zu spät. Bei den Hausdurchsuchungen waren die Wohnungen und Treffpunkte sauber, die Festplatten clean, die Handys neu. Er ahnte damals nicht, dass die V-Mann-Führer am Tag vor den Polizeiaktionen durch die Wohnungen der Neonazis gingen und ihre Kontrollen ankündigten: »Morgen bekommt ihr Besuch von der Polizei. Das muss raus und das … Dies und das will ich hier in einer Stunde nicht mehr sehen …« Über den Neonazis in Thüringen schwebte die schützende Hand des Staates. Allein gegen Tino Brandt, ihren Anführer, ermittelten sie 35-mal unter anderem wegen Volksverhetzung, Landfriedensbruchs, Sachbeschädigung, Betrugs und der Bildung krimineller Vereinigungen. Fast alle Verfahren wurden eingestellt. Achtmal wurde Brandt angeklagt, jedoch nie verurteilt.[23] In Thüringen konnten die Neonazis schwerste Gewaltdelikte begehen. Es geschah ihnen nichts. Sie hatten eine Generalamnestie. Drei Millionen und weit mehr als Geld – das war dem Freistaat Thüringen der Aufbau einer rechtsradikalen Schlägertruppe wert.

Als das Telefon klingelte, nahm Marius Brauer die Füße vom Schreibtisch.

»LKA Brauer«, meldete er sich.

»Hier spricht Schweikert. Ich hoffe, Sie erinnern sich noch an mich.«

Marius Brauer setzte sich aufrecht in den Stuhl: »Dr. Schweikert, ja, natürlich erinnere ich mich an Sie. Sie waren einer meiner besten Ausbilder. Wie geht es Ihnen? Sind Sie noch in Freiburg?«

Schweikert lachte. »Ja, seit meiner Pensionierung liebe ich es, hier im Süden zu sein. Brauer, erinnern Sie sich noch an unser letztes Gespräch? Na, das muss etwa zwei Jahre her sein.«

»Das ist wesentlich länger her. Sie gaben mir damals den Ratschlag, ich solle durchhalten. Das habe ich auch getan. Aber ich bin mir mittlerweile nicht sicher, ob das wirklich ein guter Rat war.«

»Wir haben nicht allzu viele gute Polizisten. Ich kämpfe immer darum, dass die guten bleiben. Die schlechten bleiben ja auf jeden Fall.«

Brauer lachte. »So ist es. Und in Thüringen werden sie besonders schnell befördert.«

Schweikert: »Es gibt einen ehemaligen Polizisten, auch einer von den Guten, der ermittelt jetzt als Privatermittler in einer heiklen Sache, und ich wollte Sie fragen, ob Sie ihm behilflich sein können.«

»Sie wissen ja, ich bin Spezialist für heikle Fälle.«

»Es geht um Harry Nopper.«

»Nopper? Die graue Eminenz beim hiesigen Landesamt für Verfassungsschutz?«

»Vizepräsident. Ich weiß. Der Kollege will herausfinden, wie weit er in die Sache in Stregda verwickelt ist.«

»Sie meinen das plötzliche und merkwürdige Ableben der Herren Mundlos und Böhnhardt vor vier Jahren?«

»Genau, das meine ich. Der Mann heißt Georg Dengler. Privatermittler, wie gesagt. Früher war er der beste Zielfahnder, den das BKA hatte. Nopper hat ihn fertiggemacht.«

»Geht es um eine private Rachesache?«

»Auch, aber nicht hauptsächlich. Dengler will die Geschichte in Stregda aufklären und dabei vielleicht auch Nopper aus dem Verkehr ziehen.«

»Unter uns: Das wäre ein Segen für das ganze Land.«

»Ich weiß, dass Sie so denken. Würden Sie ihm helfen?«

»Muss ich dabei gegen die Dienstvorschriften verstoßen?«

Schweikert lachte. »Ich glaube nicht. Kann ich Dengler Ihre Telefonnummer und die private E-Mail-Adresse geben?«

»Er soll sich bei mir melden. Ich werde sehen, ob und wie ich ihm helfen kann.«

# 37. Stenzel

Am Abend saßen sie wieder alle in Denglers Küche. Mario stand am Herd, schnitt Tomaten und Zwiebeln für eine kalte Soße. Auf dem Herd wurde das Wasser für die Pasta heiß.

Leopold Harder hatte seinen Laptop mitgebracht. Er klappte ihn auf. »Ich hab mal ein paar offizielle Stellungnahmen aus dem Netz gesucht. Hier gibt es zum Beispiel eine Erklärung des Polizeidirektors Stenzel. Der sieht die Sache etwas anders als du, Georg.« Harder klickte ein Programm an, und man sah Stenzel auf einer Pressekonferenz im November 2011, hinter einem Tisch sitzend, vor ihm ein Mikrofon. Stenzel war ein wuchtiger Mann, zwischen 50 und 60 Jahre alt, schätzte Dengler, Bürstenhaarschnitt, Geheimratsecken, Goldrandbrille, blaue Polizeiuniform, goldene Sterne auf der Schulter.

Er sah selbstbewusst in die Kamera und sagte: »Ich kann Ihnen berichten, dass beide Personen massive Schädelverletzungen hatten. Und im vorweggenommenen Sektionsergebnis steht also fest, dass beide Personen sich erschossen haben.«[24]

In Marios Augen standen Tränen. Er legte Zwiebel und Messer beiseite. »Das ist ja schon wieder eine neue Version – zweimal Selbstmord. Das glaubt doch kein Mensch.«

Leo Harder: »Mensch, Mario, die müssen sich ja auch erst an die Ergebnisse rantasten. Die kriminaltechnische Untersuchung abwarten. Das ist eine der frühen Pressekonferenzen. Du bist sofort dagegen aus Prinzip, bloß weil der Mann ein Polizist ist.«

»Stimmt«, sagte Mario.

»Was du nicht verstehst, Mario, ist: Jede Gesellschaft braucht funktionierende Institutionen, und funktionierende Institutionen brauchen das Vertrauen der Bürger. Sonst bricht Chaos aus. Das gilt vor allem für die Polizei. Wenn die Polizei nicht vom Vertrauen der Bürger getragen wird, dann haben wir Mord und Totschlag auf den Straßen. Wir haben …«

Mario: »Ich seh das gerade umgekehrt. Jede Institution braucht Misstrauen. Jede Institution verdient Misstrauen. Und sag mal ehrlich, wie ist es denn heute? Immer weniger Leute vertrauen dem Staat, den Kirchen vertrauen sie schon lange nicht mehr, sie vertrauen den Konzernen nicht mehr und fühlen sich schlecht, wenn sie dort arbeiten müssen, sie vertrauen den Banken nicht mehr, auch nicht mehr den Medien, nicht mehr den Universitäten. Das ist großartig. Denn die Leute haben ja recht. Sie gehen nicht mehr wählen, sie ...«

»Mario, du redest echt Mist. Das ist doch fürchterlich. Nicht mehr wählen gehen. Damit gibt man alles auf, was man als Bürger an Gestaltungsmöglichkeit hat.«

»Es ist nützlicher, eine Verschlüsselungssoftware zu benutzen, als wählen zu gehen. Es ist sinnvoller, eine Videoplattform zur Überwachung von Polizeiwillkür zu installieren, als Vertrauen in diese Institution zu predigen. Ausgerechnet in die Polizei.«

Martin Klein: »Ich unterbreche eure sicher sehr interessante philosophische Debatte nur ungern, aber könnten wir bitte weitermachen?«

Olga schob beiden Weingläser hin, dann lachten sie und stießen an.

»Nieder mit den Bullen«, sagte Mario, und Leo Harder verdrehte die Augen.

Martin Klein: »Ich habe hier einen Artikel aus der *Thüringer Allgemeinen*. Da erklärt unser Freund Stenzel auf einer Veranstaltung noch einmal seine Sicht der Dinge. Soll ich mal vorlesen?«

Auf das allgemeine Kopfnicken in der Runde sagte er: »Also gut. Die Überschrift lautet: ›Gothaer Polizei-Chef offenbart Details zu Eisenacher Bankraub‹.[25] Hier steht: ›Gerhard Stenzel, der Chef der Polizeidirektion Gotha, offenbart neue Details zu den Ereignissen in Eisenach.‹ Dann schreiben die, dass Stenzel den folgenden Ablauf rekonstruiert: Bei einem Überfall im September 2011, also zwei Monate vor dem Tod der beiden Uwes in Eisenach, wird eine Sparkasse in Arnstadt überfallen. Die Täter fliehen auf Fahrrädern, die nahe der Bank abgestellt sind. Und sind dann verschwunden. Freund Stenzel lässt sie mit Spürhunden und einem Hubschrauber suchen. Nichts zu machen. Die Täter sind weg. Daraus zieht Stenzel den Schluss, dass sich die Täter vor Ort verstecken. Als dann die Bank in Eisenach überfallen wird, zieht er die bekannten Schlussfolgerungen und sucht nach den Tätern vor Ort und nach Verstecken für die Fahrräder; zum Beispiel nach Transportern. Dann steht hier:

›4. November, 11 Uhr: In der Mittagszeit wird eine Streifenbesatzung im Eisenacher Ortsteil Stregda fündig. Der weiße ‚Sunlight‘ parkt am Straßenrand. Das Netz zieht sich zu. Die Polizeifahrzeuge sind in Richtung Caravan unterwegs.
4. November, nach 11.30 Uhr: Als sich die Beamten nähern, eröffnen die Täter sofort das Feuer. ‚Wir wussten, dass sie scharfe Waffen hatten. Sie haben mit einer MPi auf uns geschossen‘, erinnert sich Polizeidirektor Stenzel.‹«

»Erstens stimmen hier die Zeiten nicht«, sagte Dengler. »Und zweitens ist das, was Stenzel sagt, gelogen: Als Stenzel am Tatort erschien, waren Mundlos und Böhnhardt schon tot. Auch auf die Beamten wurde nicht geschossen. Es wurde kein Projektil gefunden. Übrigens wurden auch die Geschosse – also nicht die Hülsen! – nie gefunden, mit denen Mundlos und Böhnhardt getötet wurden.«
»Oder sich getötet haben«, sagte Leo.
»Ja – oder sich getötet haben. Es gibt Fotos, auf denen Polizeibeamte mit Metalldetektoren die Gegend nach Geschossen absuchen, die durch die Köpfe der beiden Terroristen und dann durch den Außenmantel des Wohnmobils gedrungen sind. Sie sind bis heute nicht gefunden worden.«
Leo Harder: »Deshalb muss der Mann doch nicht gleich lügen, Georg. Du kannst sagen, er hat sich geirrt. Lüge setzt Absicht voraus.«
Mario: »Wenn die Geschosse nicht gefunden wurden, kann das

auch bedeuten, dass die beiden woanders erschossen wurden.«
Leo: »Mario, das ist doch Quatsch. Die beiden Beamten hörten
Schüsse im Innern des Campers.«
»Manchmal wird von Schüssen, manchmal von Knallgeräuschen
gesprochen«, sagte Georg Dengler.
Für einen kurzen Moment wurde es still am Tisch.
»Ich wollte eigentlich diesen Artikel hier vorlesen«, sagte Martin
Klein. »Hört doch bitte mal einen Augenblick zu. Hier steht weiter:

›Etwa gegen 11.40 Uhr: Im Inneren des Wohnwagens müssen die
Neonazis Böhnhardt und Mundlos gespürt haben, dass ihr 13-jäh-
riges Leben im Untergrund dem Ende entgegengeht. Nach dem
bisherigen Stand der Ermittlungen soll Uwe Mundlos seinen
Kumpanen erschossen, dann das Wohnmobil in Brand gesetzt
und danach sich selbst mit Kopfschuss getötet haben. Er nahm die
Waffe in den Mund.‹«

»Mal ganz ehrlich«, sagte Mario. »Das glaubt doch kein Mensch.
Stellt euch mal vor, da sitzen zwei der brutalsten Killer. Sie wollen nicht sterben, denn sie sitzen in dem Wohnmobil und warten, bis die Aufregung mit der Fahndung sich gelegt hat. Dann
kommt ein Streifenwagen. Zwei Bullen steigen aus. Ältere Herren, den Fotos nach zu urteilen, die ich im Internet von den beiden gesehen habe. Die beiden Täter geben nach Angaben dieses
Herrn Stenzel einen Schuss ab.«
»Dann klemmt die Maschinenpistole«, warf Martin Klein ein.
Mario: »Aber sie greifen nicht zu irgendeiner anderen Schuss-
waffe oder geben Gas und fahren weg, sondern sagen: Jetzt legen
wir uns um. Und selbst, wenn sie das untereinander vereinbaren:
Wozu legt Mundlos noch den Brand im Auto? Wenn man tot ist,
ist man tot. Was ist der Sinn dieses Feuers?«
»Hier in dem Artikel«, sagte Martin Klein, »wenn ich den mal zu
Ende vorlesen dürfte, wird ein Erklärungsversuch …, äh, gege-
ben, warum die beiden Terroristen die beiden Polizisten nicht

einfach mit einer anderen der zahlreichen Waffen erschossen haben. Hier steht nämlich:

›Doch warum sind die Täter, die zuvor zehn Menschen kaltblütig ermordet haben, nicht geflohen? Warum haben die beiden Neonazis nicht versucht, sich den Weg freizuschießen? Der Berliner Kriminologe und Experte für Rechtsextremismus, Gerd Wegener, glaubt, dass es innerhalb der Zwickauer Zelle schon lange Spannungen gegeben haben könnte. ‚In diesem Moment ist möglicherweise eine spontane De-Radikalisierung eingetreten‘, ist Wegener überzeugt.‹«

»Eine spontane De-Radikalisierung! Jetzt wird es aber arg esoterisch. Leo, mein staatstreuer Freund – erlebst du auch manchmal eine spontane De-Radikalisierung?«

»Mario, jetzt bleib doch wenigstens einmal cool. Vielleicht gibt es so etwas. Obwohl ich zugeben muss, das klingt alles ...«

»... ziemlich an den Haaren herbeigezogen?«, schlug Mario vor.

»Ich gebe zu«, sagte Leopold Harder, »diese Erklärung für den Selbstmord ist ziemlich dünn.«

Martin Klein sagte: »Georg, kannst du mal zusammenfassen, was wir bis jetzt haben?«

»Zu wenig. Wir haben einzelne Punkte, die wirklich merkwürdig sind. Ich zähle sie noch einmal auf. Erstens: Länge der Tatzeit und Modus Operandi passen nicht zusammen. Es kann so nicht geschehen sein, wie Stenzel das behauptet, da der Zeitkorridor von zwanzig Sekunden zu schmal ist. Es ist nicht möglich, innerhalb von zwanzig Sekunden Mord, Brandstiftung und Selbstmord zu begehen. Zweitens: Es wurde kein Notarzt gerufen. Bei der ganzen Aktion in Stregda war kein Arzt dabei. Außerdem wissen wir, dass Mundlos und Böhnhardt nicht geborgen wurden, obwohl niemand wissen konnte, ob sie wirklich tot waren. Ich frage mich, ob die Feuerwehrleute von sich aus darauf verzichteten oder ob sie angewiesen wurden.«

»Ich sag jetzt besser nix«, sagte Mario.

»Drittens haben wir zwei Patronenhülsen und wissen nicht, wie die zweite aus der Pumpgun gesprungen ist. Der tote Mundlos kann nicht mehr repetiert haben. Es sei denn, ausgerechnet diese Flinte war nicht geladen wie die anderen aufgefundenen Waffen. Dann hätte Mundlos einmal durchgeladen, eine alte Hülse springt heraus; er erschießt Böhnhardt und repetiert noch einmal. Zweite Hülse springt raus. Dann legt er Feuer und erschießt sich selbst. Dann wären zwei Hülsen erklärbar. Unwahrscheinlich, aber möglich. Außerdem fehlen die dazugehörigen Geschosse.«

Alle sahen Dengler an.

»Völlig unerklärlich ist die Zerstörung des Tatortes. Ohne kriminaltechnische Untersuchung wird der Camper samt Leichen und Beweismittel auf einen Abschleppwagen gezogen. Und dann in die Abschlepphalle des Abschleppdienstes gebracht. Jeder normale Polizist, jeder Polizeischüler, jeder ›Tatort‹-Zuschauer weiß, dass das vorschriftswidrig ist. Es ist gegen jede Routine. Jede Abweichung von der Routine muss aber einen Grund haben.«

Leo Harder: »Welcher Grund sollte das sein?«

Dengler: »Ich weiß es nicht. Mein Mentor beim BKA, Dr. Schweikert, der beste Polizist, den ich kenne, sagte mir: Die Wahrheit stehe in den Akten. Aber ich habe sie noch nicht gefunden.«

Olga: »Ich habe Georgs Akten auch gelesen. Mir ist aufgefallen, dass sowohl der BKA-Typ als auch dieser Bulle vor Ort gegen etwas argumentiert haben, was eigentlich niemand behauptet hat: dass ein dritter Mann in dem Wohnmobil gewesen sein könnte und dann aus diesem geflüchtet sei.«

»Doch«, sagte Martin Klein »das hat jemand behauptet. Der *Stern* fand Zeugen, die gesehen haben wollen, wie ein Mann aus dem Wohnmobil geflüchtet ist.«

Olga: »Dann dient die folgende Passage wohl als Beweis, dass der Zeuge sich geirrt hat. Ich lese diese Passage aus dem BKA-Bericht mal kurz vor:

– Die Platzverhältnisse in dem Wohnmobil waren sehr beengt. Eine dritte Person hätte innerhalb des Wohnmobils kaum Platz gefunden sich zu bewegen. Das gilt insbesondere dafür, wenn davon ausgegangen wird, dass mit einer langläufigen Waffe hantiert wurde.

– Die Eingangstür des Wohnmobils befand sich zwar auf der Seite des Wohnmobils, die die eingesetzten Beamten nicht einsehen konnten. Jedoch befindet sich dort ein maximal ein Meter breiter Bürgersteig und direkt dahinter ein ein Meter hoher Zaun, der eine circa zwei Meter tiefe Baugrube sichert, in die es steil bergab geht. Sollte eine Person aus dem Wohnmobil geflüchtet sein, so wäre sie am vorderen oder hinteren Ende des Fahrzeugs in das Sichtfeld der Beamten gelaufen, da eine Flucht über den Zaun und durch die Baugrube sehr unwahrscheinlich ist.«

»Den BKA-Typen ist nicht zu trauen«, sagte Mario.

»Das sagt er jetzt nur, um mich zu ärgern«, meinte Leo.

Mario: »Stimmt.«

Olga sagte: »Dass ein möglicher dritter Mann, übrigens kann das auch eine Frau gewesen sein, nicht nach rechts oder links vom Camper weg geflohen sein kann, leuchtet mir ein. Da hätten ihn die beiden Bullen gesehen. Aber wie war das mit dem Zaun und der Baugrube? Ich habe ein Foto von dem brennenden Wohnmobil aus dem Netz geladen. Das Bild sagt nichts über die Baugrube, aber viel über den Zaun.«

Sie reichte Martin Klein einen Ausdruck des Fotos, das dieser betrachtete und dann an Mario weiterreichte.[26]

»Hey, das ist ja nur ein niedriger Lattenzaun, da spring ich doch noch ganz locker drüber.«

Mario reichte das Bild an Leopold Harder weiter.

»Mmh, aber die Baugrube ...«

»Die sollten wir uns anschauen«, sagte Dengler. »Wer fährt mit nach Eisenach?«

»Ich komm natürlich mit«, sagte Olga.

## 38. Theaterbombe

Nach dem Telefonat mit Dr. Schweikert blieb Marius Brauer noch eine Weile hinter seinem Schreibtisch sitzen.

Ein Privatermittler?

Ein früherer Zielfahnder.

Marius Brauer glaubte nicht, dass dieser Georg Dengler mehr Licht in das Dunkel des NSU-Komplexes bringen konnte.

Andererseits, wenn Dr. Schweikert den Mann empfahl?

Die Hoffnung stirbt zuletzt.

Brauer stand auf und verließ das Büro. Unten auf dem Hof stand seine große Freude, ein alter Porsche Boxster, den er aus einem früheren Totalschaden und unzähligen Einzelteilen selbst zusammengebaut hatte. Manchmal nannte er den Wagen seine Lebensrettung. Nur wenn er an dem Auto schraubte und bastelte, vergaß er diese Namen. Wenn er den Kotflügel des Boxster lackierte oder neue Reifen aufzog, dachte er nicht an Mundlos und Böhnhardt und Zschäpe, grübelte er nicht darüber nach, wie alles in Wirklichkeit zusammenhing, überlegte er nicht, wer die Drahtzieher im Hintergrund waren.

Der Fall hatte ihn vollständig besetzt. Er hatte ihn verrückt gemacht. Er konnte an nichts anderes mehr denken. Er konnte nicht schlafen. Nur, wenn er Ersatzteile für den Boxster suchte, fand, einbaute, aus dem Wrack Schritt für Schritt einen richtigen

Porsche machte, dann grübelte er nicht mehr über diese Sache, die sein Leben seit Jahren vergiftete.

Alexandra hatte ihn deshalb verlassen. Das war hart, aber er konnte es ihr nicht verübeln. Du bist wahnsinnig geworden, hatte sie irgendwann einmal zu ihm gesagt. Du sitzt in der Küche und bist doch irgendwo anders. Irgendwo, wohin du mich niemals mitnimmst. Wenn du vor dem Fernseher sitzt, siehst du den Film nicht. Wenn du mit dem Hund rausgehst, weiß ich nie, wann und ob du wiederkommst. Ich will nicht mehr.

Seit 1996 wusste er aus den abgehörten Telefonaten, dass Tino Brandt eine Quelle des Verfassungsschutzes war. Der Chef des Thüringer Heimatschutzes, dieser 160 Neonazis, die er alle kannte. Damals lief noch das Verfahren wegen Bildung einer kriminellen Vereinigung.

Und weiß Gott: Das war eine kriminelle Vereinigung.

Die hoffnungslosen Jugendlichen aus den Getränkestützpunkten, gepaart mit den Türstehern und Zuhältern, das war der Thüringer Heimatschutz.

Und jeder Vierte von ihnen wurde vom Verfassungsschutz bezahlt.

Das wusste man jetzt. Aber damals hielten ihn die Kollegen für verrückt, wenn er den Verdacht äußerte, diese Verbrecher würden von der Haarbergstraße[27] aus organisiert. In Wirklichkeit war aber alles noch schlimmer gewesen, als er es damals vermutet hatte.

Er erinnerte sich noch gut an den Anruf Anfang September 1997. In Jena sei vor dem Theater eine Bombe gefunden worden. Kinder fanden einen roten Koffer mit aufgezeichnetem Hakenkreuz auf dem Platz vor dem Theaterhaus. Klug, wie sie waren, dachten sie, der gehöre bestimmt zum Theater, und gaben die Kiste beim Hausmeister ab.

Der Hausmeister verfluchte den Requisiteur, weil er glaubte, der hätte wieder einmal seine Sachen rumstehen lassen, und stellte die Kiste in die Requisite. Als der Requisiteur den Koffer sah, wusste er nichts damit anzufangen. Doch als er ihn öffnete und das eigenartige Plastikpäckchen erblickte, rief er sofort die Polizei.

Das war nicht die erste Aktion der Neonazis. Vier Bombenattrappen wurden bereits in Jena gefunden. Im Ernst-Abbe-Stadion fand man eine rote Holzkiste, versehen mit Hakenkreuzen und der Aufschrift »Bombe«. Drei Bombenattrappen gingen ein bei der Lokalredaktion der *Thüringer Landeszeitung,* der Stadtverwaltung und der Polizei.

Aber diesmal war es anders: Zum ersten Mal schlug der Sprengstoffhund an. In dem Koffer war hochgiftiges und zündfähiges TNT – aber kein Zünder. Die Diskussionen unter den Kollegen gingen damals hoch her. Jeder wusste, dass die Kameradschaft Jena dahintersteckte, jeder ahnte, dass der Kopf Tino Brandt war, und jeder wusste auch, dass er der Mann des Verfassungsschutzes war.

Manche redeten die Sache klein.

Die meisten hielten sich raus.

Andere sagten, man dürfe nicht länger schweigen.

Das Argument wog schwer: Kinder finden TNT.

Später dann die Routinebesprechung mit dem Verfassungsschutz. Da flogen die Fetzen. Es war nicht Brauer allein, der sagte, das sind eure Leute, die die Bomben legen. Kinder, zündfähiger Sprengstoff, mitten in der Stadt, jetzt ist Schluss, wir können das nicht verantworten, wir schweigen nicht mehr länger.

Harry Nopper stritt alles ab. Wir haben damit nichts zu tun. Erst: Das ist eine Unterstellung. Dann: Das ist eine Frechheit. Er stand unter enormem Druck. Aber er wusste nun, dass er etwas unternehmen musste.

Und er unternahm etwas.

Anfang 1998. Die Nachricht kam als Verschlusssache vom Verfassungsschutz. Man habe die Werkstatt gefunden, in der die Bombe gebaut worden war. Es sei eine von drei Garagen. Die Polizei könne zugreifen. Bedingung: keine Verhaftungen, keine Durchsuchung von Pkw.

Verschlusssache bedeutete auch: geheim. Keine Handlungsmöglichkeit für die Staatsanwaltschaft.

Brauer durfte bei der Garagensache am 26. Januar nicht mitmachen. Die Kollegen öffneten die ersten beiden Garagen – und fanden nichts. Als Uwe Böhnhardt dort erschien, konnten sie ihm in den Garagen nichts nachweisen. Es erfolgte keine Festnahme.

Aber warum warnte dann einer der Kollegen Böhnhardt vor einem drohenden Haftbefehl? Ein völlig unverständlicher Vorgang. Der hörte sich diese Neuigkeit mit Interesse an, stieg seelenruhig in sein Auto und fuhr davon. Als dann kurze Zeit später – etwas weiter weg – die dritte Garage von anderen Kollegen geöffnet wurde und sie dort endlich die Bombenlegerwerkstatt fanden, waren auch Böhnhardts Freunde längst vor der drohenden Verhaftung gewarnt worden. Mundlos, Zschäpe und Böhnhardt verschwanden spurlos – zumindest für die Polizei.

Erst nach zwei Tagen hob das Landesamt für Verfassungsschutz die Geheimhaltung auf, und es erging der Haftbefehl.

Wenig später eine neue Information des Verfassungsschutzes: Die Gesuchten hätten sich über Belgien nach Südafrika abgesetzt.

Aufgrund dieser Meldung wurde die Fahndung nach dem später als NSU bekannten Trio, nun ja, nicht gerade abgeblasen, aber doch weitgehend heruntergefahren. Für lange, lange Zeit.

Marius Brauer startete den Boxster.

Gut, dass er diesen Wagen hatte.

Diese Garagensache, das wurde ihm erst später klar, war die organisierte Überführung des Trios in den Untergrund.

Er lenkte den Porsche an der Pforte des LKA vorbei und gab Gas.

Und fasste den Entschluss: Er würde dem Privatermittler helfen.

## 39. Weiteres Material

»Georg?«

»Hallo Marlies, bist du fündig geworden?«

»Nein, tut mir leid. Diese Fotos von den Feuerwehrleuten sind in keiner Akte zu finden.«

»Das kann nicht sein. Du musst noch mal suchen.«

»Georg, du weißt ganz genau, dass ich gefeuert werden kann, für das, was ich hier für dich mache. Also kommandiere mich bitte nicht rum. Ich suche, und wenn ich etwas finde, bekommst du es. O. k.?«

»Entschuldige bitte, Marlies. Das war ziemlich blöd von mir. Ich weiß, dass du mit dem Passwort deines Chefs überall Zugang hast.«

»Und die Obduktionsberichte sind auch nicht da.«

»Ich muss die CO-Hb-Werte der beiden ...«

»Du kannst mich mal. Ich tu, was ich kann.«

Sie knallte den Hörer auf.

Dengler rief sie erneut an.

»Was willst du denn noch?«

Er konnte hören, wie sie mit den Tränen kämpfte.

»Es tut mir leid.«

»Schon gut. Aber du willst von mir immer nur eins haben: Akten, Informationen. Und du siehst noch nicht einmal, dass das manchmal nicht einfach für mich ist.«

»Doch, das sehe ich. Aber ich habe sonst niemanden, den ich fragen kann. Und ...«

»Und?«

»Es tut mir leid.«

»Ist ja schon gut. Ich habe hier noch einen umfangreichen Datensatz. Mit den Unterlagen für den Prozess gegen die Zschäpe in München.«

»Kannst du ihn mir schicken?«

»Ja.«
»Ich danke dir.«

*

»Wie lange willst du denn noch wach bleiben?«, fragte Olga.
»Marlies hat mir einen Ordner mit Tatortfotos geschickt. Von
dem Camper.«
»Sind die Fotos von den Feuerwehrleuten wieder aufgetaucht?«
»Nein, ich glaube, das sind Aufnahmen, die später gemacht wur-
den.«
»Ich geh nach oben. Ich bin müde.«
»Komisch ist es schon.«
»Was ist daran komisch? Es ist schon spät.«
»Diese Fotos hier zeigen die beiden Leichen. Schau mal, dieser
Körper hier ist Mundlos.[28] Bedeckt mit Brandschutt. Hier, schau,
liegt die Pumpgun, mit der er erst Böhnhardt erschossen hat oder
besser: erschossen haben soll, danach sich selbst. Er hat sich, das
legt das Foto nahe, im hinteren Teil des Campers vor ein hochge-
klapptes Bett – mit einem Vorhang davor – gesetzt und sich dann
den Lauf der Winchester in den Mund gesteckt und hat abgedrückt. Sein Körper rutschte dabei nach vorne. Daneben siehst du
zwei Handtücher, die da an der Tür zum Hygieneraum hängen.«[29]
»Ja«, sagte Olga, »von seinem Kopf ist nicht mehr viel übrig.«
»Ein Krönleinschuss, so nennt man das, Schädelsprengung durch
Geschosseinwirkung. Führt zu einer breiten Öffnung des Schä-
deldaches und zu einem oft völligen Herausschleudern des Hirns
durch die hochenergetische Schusseinwirkung.«[30]
»Was du alles weißt ...«
»Steckschuss, Winkelschuss, Durchschuss, Streifschuss, Tangen-
tialschuss, Gellertschuss, Krönleinschuss – das musste ich alles
einmal lernen.«
»Respekt, Respekt!«
»Aber fällt dir an dem Foto etwas auf?«

215

Olga beugte sich über den Laptop. »Sieht nicht schön aus.«

»Mehr fällt dir nicht auf?«

Olga schüttelte den Kopf. »Ich mag solche Bilder nicht sonderlich.«

»Mundlos schießt sich das Hirn aus dem Kopf, aber es ist nicht da. Schau dir mal den Vorhang hinter ihm an. Schau dir die Schrankwand an. Schau dir die beiden Handtücher an. Eigentlich müsste dort Blut und Hirngewebe kleben. Aber was sieht man?«

»Nichts.« Olga beugte sich erneut über den Laptop. »Nichts. Kein Blut. Kein Hirn.«

»Während der Obduktion wird das Resthirn gewogen. Wir müssten wissen, wie viel es noch gewogen hat. Der Rest muss durch die Schusseinwirkung, die ihm die Schädeldecke weggesprengt hat, im Camper sein ...«

»Aber auf diesem Foto ist davon nichts zu sehen.«

»Die Schlussfolgerung kann dann nur sein: Jemand hat den toten Mundlos später hierhingelegt. Als er bereits tot war. Wenn das herausgeschossene Hirn der beiden noch irgendwo im Camper klebt, dann sind sie dort gestorben. Wenn nicht, dann starben sie woanders – und die Leichen wurden so hingelegt, wie du sie hier auf dem Foto siehst.«

»Und du meinst, um das zu vertuschen, wurde der Camper mit den beiden Leichen sofort vom Tatort weggebracht?«

»Das ist jedenfalls eine mögliche, sogar eine wahrscheinliche Theorie. Stenzel lässt den Camper ja auch nicht ins Polizeipräsidium bringen. Sondern in die Halle des Abschleppdienstes. Eigentlich unvorstellbar. Jeder der dort anwesenden Polizisten muss gewusst haben, dass hier massiv gegen Dienstvorschriften verstoßen wird. Und dann gestaltet jemand, Stenzel oder irgendjemand anders, den Innenraum des Campers um. Die Leichen werden neu gelegt. Vielleicht werden auch einige Fundstücke neu angeliefert. Eine neue Erzählung wird inszeniert.«

»Das klingt ein bisschen arg fantastisch.«

»Das stimmt«, gab Dengler zu. »Aber eines ist sicher: So hat sich

Mundlos nicht erschossen. Es gibt keinen Kopfschuss mit einer Pumpgun, bei dem nicht Blut und Hirn in die Umgebung freigesetzt wird.«

»Wir müssen diesen Obduktionsbericht haben.«

»Genau. Den brauchen wir dringend.«

»Es gibt noch einen Einwand. Wenn der Camper mit den Leichen in dieser Wagenhalle des Abschleppdienstes steht – ich meine, der wurde doch sicherlich bewacht.«

»Die Akten lügen nicht …«

»Und? Sagen die Akten etwas darüber, wie der Camper bewacht wurde?«

»Allerdings.« Dengler tippte auf den Laptop ein. »Gleich hab ich's.«

Olga gähnte: »Ich bin müde. Lass uns morgen weitermachen.«

»Schau mal hier. Hier ist eine Anfrage der Polizei, ob das Wohnmobil in der Halle bewacht werden soll. Was denkst du, wie die Antwort lautet?«

»Ich bin müde, Georg.«

»Keine Absicherungsmaßnahmen erforderlich.‹ Das ist die Anweisung. Dort heißt es zu den Folgen dieser Anweisung: ›Die Halle wurde bei Bedarf einfach nur abgeschlossen, und die Polizei hat einen Schlüssel zu dieser Halle bekommen, und ein weiterer Schlüssel lag bei der Abschleppfirma.‹ Und weiter steht hier: ›Eine Bewachung des Wohnmobils in der Halle der Abschleppfirma fand nicht statt. Mitarbeiter des Abschleppunternehmens konnten einfach in die Halle hineingehen. Auch eine Videoüberwachung gab es in dieser Halle nicht.‹[31] Weißt du, was das heißt, Olga? Das bedeutet: Seit dem Abzug der Feuerwehr – die den Transport des Wohnwagens zum Abschleppunternehmen ja noch begleitet hatte – am 4. November kurz nach 16 Uhr hatte man in dieser Halle also Zeit für Beweismittel-Inszenierungen. Ausreichend Zeit.«

Olga küsste ihn. »Kommst du nachher zu mir?«

»Gern«, sagte Dengler. Aber er hatte sich schon wieder über den Computer gebeugt und neue Dokumente aufgerufen.

Als er Stunden später zu ihr ins Bett schlüpfte, lag Olga auf der Seite und atmete tief. Schlafend rutschte sie zu ihm herüber. »Alles gut?«, fragte sie und schlief sofort wieder ein.

»Es ist der Hammer! Stell dir vor, es gab weder an der Pumpgun noch auf den Patronenhülsen Fingerabdrücke, weder von Mundlos noch von Böhnhardt. Das Ableben der beiden geschah spurenfrei. Dabei trug Mundlos keine Handschuhe. Wenn er geschossen hat, dann mit nackten Fingern. Du hast doch das Foto gesehen ...«

Olga im Halbschlaf: »Bitte erzähl es mir morgen früh.«

»Außerdem verreisen wir. Ich hab mit zwei Männern telefoniert, die Dr. Schweikert mir empfohlen hat. Ein alter Stasi-Mann in Berlin und ein Kollege vom LKA in Erfurt. Er freut sich, uns kennenzulernen.«

»Morgen, Georg, erzähl es mir beim Frühstück.«

»Keine Spuren an der Waffe. Für wie blöd halten die uns eigentlich?«

Er streckte sich aus und nahm die schlafende Olga in den Arm.

»Wieso blöd?«, murmelte sie. »Sie kommen doch damit durch. Diese Leute kommen immer durch.«

## 40. Berlin-Hellersdorf: eine Art Café

Zu essen gab es nichts, jedenfalls stand davon nichts auf der kartonierten Liste, die zwischen Salz- und Zuckerstreuer klemmte. Aber im Angebot war ein Drink namens »Orgasmus«, und ein anderer hieß »Blow Job«. Irgendwas mit Wodka. Jeder kostete 2,20 Euro.

Dengler blickte auf die Uhr. Hans Bader war seit zehn Minuten überfällig.

Es war erstaunlich grün zwischen den Plattenbauten. Ein Park in Sichtweite, das Gras zwar braun und niedergetreten, aber die Bäume schienen der Hitze besser zu widerstehen. Sie spendeten Schatten, doch ihre Blätter hingen träge herab, voller Sehnsucht warteten sie auf einen Windstoß und Regen.

Eine junge Frau zog genervt ein widerspenstiges drei- oder vierjähriges Kind an der Hand hinter sich her. Ein älteres Paar schleppte Einkaufstüten über den Platz, und ein junger Mann, die kräftigen Oberarme vollständig mit Tattoos übersät, führte einen kleinen Hund von Ecke zu Ecke. Der Hund schnüffelte, der Mann rauchte und ließ dem Tier sein Vergnügen.

Von Weitem sah Dengler eine Gestalt, die sich auf ihn zubewegte, vorsichtig tastend ging sie, jeden Schritt mit einem Stock abstützend. Hans Bader war alt, so alt, dass Dengler das Alter schon nicht mehr zu schätzen wagte. Er trug eine hellgraue Hose, deren eigenartiger Glanz ihre Entstehung in eine sehr frühe Phase sozialistischer Kunstfaserproduktion datierte, graue Schuhe, jedoch in einem dunkleren Grauton als die Hose, ein blau-weiß kariertes Hemd, darüber eine beige Windjacke, und auf dem Kopf eine ebenfalls graue Schiebermütze. Bader ließ sich schwer atmend in den Stuhl gegenüber sinken. Zwei wache Augen hinter einem riesigen Hornbrillengestell musterten ihn.

»Dengler?«, fragte Bader.

Er kramte ein Stofftaschentuch aus der Hosentasche und rieb sich über die nasse Stirn.

»Schweikert hat mich angerufen. Wir kennen uns lange, sind ja derselbe Jahrgang.«

Und nachdem er das Taschentuch wieder in der Hosentasche verstaut hatte: »Wir haben beide dem Staat gedient. Er dem seinen, ich dem meinen. Er hat gewonnen.«

»Dr. Schweikert war Polizist. Sie waren bei der Staatssicherheit, hat Dr. Schweikert mir erzählt. Ist ein Unterschied, finde ich.«

Bader machte eine wegwerfende Handbewegung. »Wir waren beide Staatsdiener.«

»Möchten Sie einen Kaffee?«, fragte Dengler mit einem Blick auf die Speisekarte. »Ein Frühstück gibt es hier leider nicht.«

Der alte Mann lachte. »Ja, ja, gastronomisch sind wir ein wenig unterversorgt. Hier lebt der Osten noch. In der DDR, wissen Sie, hat man nicht leichtfertig Geld in Restaurants getragen. Da hat man zu Hause gekocht.«

»Wie Sie ja schon wissen, soll ich Ihnen Grüße von Dr. Schweikert bestellen.«

»Der ist ja jetzt auch im Ruhestand. Den haben sie im Westen abgesägt. Mich im Osten. So haben wir noch etwas gemeinsam.«

»Woher kennen Sie sich?«

»Schweikert war eine Zeit lang in Berlin. Bei der *Zentralstelle für Regierungs- und Vereinigungskriminalität*. Er hat mich vernommen. Wir haben uns fast ein wenig angefreundet. Er kannte seinen Marx. Und Hegel. Sehr überraschend. Ein gebildeter Mann.«

Dengler dachte an das Porträt von Stalin, das Dr. Schweikert in seinem Büro hängen hatte. Der große Diktator hing dort – mit dem Kopf nach unten. Unzählige Gerüchte gab es damals in der Behörde, was der umgekehrt gehängte Stalin wohl zu bedeuten hatte.

»Er hat Ihnen sicher erzählt, dass ich Privatermittler bin. Ich ermittele in dem Fall der in Eisenach-Stregda zu Tode gekommenen Neonazis Mundlos und Böhnhardt. Dr. Schweikert erzählte mir, dass Sie bei der Staatssicherheit mit dieser Szene zu tun hatten.«

Bader nickte und starrte vor sich hin.

»Ich war auch Polizist«, sagte er dann. »Lange her, aber wahr. Ich lehrte sogar Kriminalistik an der Humboldt-Universität; am Lehrstuhl von Ehrenfried Stelzer. Sagt Ihnen wahrscheinlich nichts.«

Dengler schüttelte den Kopf.

»Dann war ich bei der Stasi. Das gebe ich zu. Dazu stehe ich auch. Offizier im besonderen Einsatz. OibE hieß der bei uns. Ich war einer der wenigen dieser Offiziere, die nicht der HVA, der Hauptverwaltung Aufklärung, zugeordnet waren. Offiziell arbeitete ich weiter als Wissenschaftler an der Humboldt-Universität und war

hauptamtlich bei der Staatssicherheit. Ich beschäftigte mich mit jungen Faschisten, Jugendkriminalität und Innerer Sicherheit.«
»Sie haben sich also mit der Neonaziszene in der DDR beschäftigt.«
»Abteilung Auswertung Innere Sicherheit, Aktive Maßnahmen.«
»Also ja?«
»Es gab einige dekadent-negative und politisch-negative Elemente im Sozialismus. Wir haben das genau beobachtet. Wir hatten das im Blick. Das war meine Aufgabe.«
»Meine zugegeben etwas laienhafte Vorstellung von Sozialismus ist, dass sich ein neuer, positiver Menschentyp entwickeln sollte. Wie konnten dann Neonazis ...«
Bader schlug zornig mit dem Stock auf den Boden.
»Hooligans«, sagte er. »Eine Bewegung aus England. Die griff in den Siebzigerjahren auch auf die DDR über. Wir nannten das Rowdytum. Wurde verfolgt nach § 215. Und nach § 220 StBG: Staatsverleumdung und öffentliche Herabwürdigung. Im Umfeld des 1. FC Union Berlin tauchten sie zuerst auf. Wenn Union gegen den Berliner BFC Dynamo spielte, gab es Krawalle. Manchmal mitten auf dem Alexanderplatz. Ich hab's noch genau im Ohr: ›Ras dwa tri – Russen werden wir nie!‹, das schrien die negativen Elemente. Der BFC galt ihnen als ›Bullenelf‹, weil an der Spitze des Vereins der Minister für Staatssicherheit stand. Solche Sachen gab's dann auch in Leipzig, meist Anhänger des 1. FC Lok Leipzig. Dann in Dresden. Schließlich überall. Das Schlimme war, dass auch Kinder verdienter Genossen dabei waren, Offiziere der NVA, höhere Volkspolizisten. War nicht immer leicht, das den Regeln entsprechend zu behandeln.«
»Und Skinheads?«
»Die tauchten Ende der Siebziger-, Anfang der Achtzigerjahre auf. Ganz plötzlich, erst wenige, dann wurden es immer mehr. Wir schoben das auf die Infiltration durch den Westen, aber es wurde eine regelrechte Bewegung. Es wurden plötzlich SA-Lieder gesungen: ›Es zittern die morschen Knochen‹, ›SA marschiert‹. Wir wussten erst gar nicht, woher die Jungen diese

221

Lieder überhaupt kannten. Sie riefen alle möglichen Parolen, an eine erinnere ich mich, weil wir uns in der Nonnenstraße darüber amüsiert haben: ›Deutsche Frauen – Deutsches Bier; Schwarz-Rot-Gold – wir stehn zu dir‹. So ein Zeug. Wir diskutierten das dann politisch.«

»Das heißt?«

»Unser Schwerpunkt lag damals nicht auf der Bekämpfung dieser Elemente. Unsere Hauptsorge in den Siebzigerjahren waren die Langhaarigen, die Hippies und vor allem die Punkbewegung. Die kamen aus der BRD zu uns rübergeschwappt. Wir hassten die Punks. Die gefärbten Haare. Scheußlich. Und vor allem: Die Punks weigerten sich zu arbeiten.«

Bader sah Dengler empört an.

»Die sahen schlimm aus. Wir schätzten sie als ernste Bedrohung der sozialistischen Gesellschaftsordnung ein. Und die Skinheads richteten ihre Wut erst mal gegen die Punks und die Hippies. Das haben wir genau beobachtet. Da nahmen sie uns Arbeit ab.«

Bader setzte die Brille ab, kramte erneut das Taschentuch aus der Hosentasche und wischte sich damit übers Gesicht. Dann setzte er die schwere Brille wieder auf und sah Dengler an.

»Objektiv gab es eine Interessenüberschneidung. Es störte in der DDR ja niemanden, wenn jemand mit einer Glatze rumlief und ansonsten ordentlich aussah. Aber mit langen Haaren und Jeans, das fiel schon unangenehm auf.«

Als er Denglers erstaunten Blick sah, sagte er schnell: »Das war bei euch in der BRD doch genauso. Damals. Langhaarige mochte niemand. Punks erst recht nicht.«

Bader schüttelte sich leicht.

Dann sagte er: »Und wohin führt das? Schauen Sie sich doch mal in Berlin um: An jeder Ecke Graffiti und Schmierereien. Jeder besprüht heutzutage die Wände. Wie die S-Bahnen aussehen! Das ist doch schlimm.«

Bader schüttelte sich wieder. »Und dann die Musik. Diese Punk-

Bands nannten sich ›Arbeitsgeil‹, ›Arschlos‹, ›Antitrott‹, ›Demokratischer Konsum‹, ›Herbst in Peking‹, ›Schleimkeim‹, ›Wutanfall‹, ›Zerfall‹, ›Zorn‹ oder ›Zwecklos‹, und das ging natürlich alles nicht. Das richtete sich direkt gegen die sozialistische Ordnung. Das war eine Verhöhnung. Wir warben Inoffizielle Mitarbeiter in der Szene, aber die Zielobjekte versuchten dann immer, unter den Schutzmantel der Kirche zu schlüpfen. Unsere Neonazis, ich will da gar nichts verheimlichen, die mochten wir auch nicht. Aber die gingen wenigstens regelmäßig zur Arbeit. Die benahmen sich ordentlich. Die sahen normal aus. Wir beobachteten sie, auch die Westkontakte, wir hatten da auch unsere Leute drin, aber ...«

»Aber?«

»Als die Bürgerrechtsbewegung auftauchte, versuchten wir die Rechten noch stärker zu unterwandern, fast jeder Fünfte bei den Skins war ein IM von uns. Die Neonazis mochten die klerikale Konterrevolution so wenig wie wir. Im Oktober 1987 überfielen sie ein Punkkonzert in der Zionskirche hier in Berlin. In der Kirche spielte damals eine Band namens ›Die Firma‹ – damit waren natürlich wir gemeint, die Staatssicherheit – und eine Band aus dem Westen; die hieß ›Element of Crime‹.« Er schüttelte den Kopf. »Element of Crime‹, das muss man sich mal vorstellen. Gibt's die eigentlich noch? Egal, jedenfalls sorgten wir dafür, dass die Volkspolizei nicht eingriff, aber wir hatten nicht bedacht, dass danach ›Neue Nazis in der DDR‹ ein großes Thema war. Ein Riesenthema! Das bekamen wir nicht mehr weg. Eigentlich durfte es das im Sozialismus überhaupt nicht geben, aber nach dieser Sache berichteten die westlichen Medien natürlich auf den ersten Seiten. Die westdeutsche *Zeit* druckte einen Aufsatz von einem unserer Dissidenten. Konrad Weiß hatte den Aufsatz geschrieben: ›Die neue alte Gefahr. Junge Faschisten in der DDR‹.[32] Er hatte vollkommen recht, mit jedem Wort hatte er recht. Aber ... es ging einfach nicht. Wir waren antifaschistisch und damit Schluss.«

»Habe ich Sie richtig verstanden? Sie haben versucht, Nazis für die Stasi zu instrumentalisieren?«

»Es war eine Kombination aus Unterwanderung und Repression. Das ist am Ende gescheitert. Dengler, Sie haben keine Ahnung von Geheimdiensten, oder? Die Neonazis hassen Punks. Und für uns waren Punks feindlich-negative Kräfte. Wir hatten die ganze Sache eigentlich im Griff. Weitgehend. Dann kam die Wende – und alles war vorbei. Aber lesen Sie mal den Artikel von Weiß!«

»Sagt Ihnen der Begriff ›Stay behind‹ etwas?«

Bader lachte trocken. Das Lachen ging in ein Husten über. Erneut zog er das Taschentuch aus der Hosentasche und wischte sich den Mund ab.

»Ach, die Amis. Meistens waren sie ganz gut, manchmal aber auch nicht. Sie haben in der BRD eine Truppe alter Nazis angeheuert und mit ihnen ein bisschen Krieg gespielt. Sie setzten Funksprüche im Wald ab. Übten Sprengstoffattentate. Verdeckte Morde. Wir kannten sie alle. Im Ernstfall hätten wir sie alle kassiert. Der westdeutsche Staat und die Amerikaner haben alte und neue Nazis rekrutiert.«

»Aber eben haben Sie mir erzählt, dass Sie das auch getan haben.«

»Was glauben Sie denn, wie das hier gelaufen ist? Die schöne Margot, die die FDJ aufgebaut hat – was glauben Sie, mit welchen Leuten die das gemacht hat? Auch alte Hitlerjugend! Ging doch nicht anders. Kleine Lichter. Wir haben uns den neuen Menschen doch nicht backen können. Aber das war auch nicht schlimm. Die Nazis, die alten und die neuen, sind sehr leicht zu führen. Bei den Punks dagegen einen IM zu platzieren – das war nicht leicht. Aber die neuen Nazis hatten wir ganz gut im Griff … Das meinten wir jedenfalls.«

»War der russische Geheimdienst eigentlich damit einverstanden, dass die Stasi Neonazis als V-Leute führte?«

»›IM‹ hießen die bei uns. ›Inoffizielle Mitarbeiter‹. Sie müssen die

Begriffe auseinanderhalten, Dengler. V-Leute heißen sie bei Ihnen im Westen. Und die Russen, mein Gott, die hatten ja ihre eigenen IMs bei den Neonazis.«

Als er Denglers überraschten Blick sah, sagte er:»Ich erzähl Ihnen jetzt mal eine Geschichte aus dem wahren Leben. Weil Sie ein Freund von Dr. Schweikert sind. Putin, den kennen Sie ja, der heutige Präsident Russlands, der war bis 1990 Mitarbeiter des KGB in Dresden. Der warb uns einen berüchtigten Neonazi ab: Rainer Sonntag. Neonazi und Kleinkrimineller, das geht ja immer ineinander über. Über Sonntag wollte Putin ein eigenes Netz von Agenten in der Neonazi-Szene bei uns in der DDR aufbauen. Wie weit er damit gekommen ist, haben wir nicht herausgefunden. Vermutlich aber doch ziemlich weit. 1987 wurde Sonntag in den Westen abgeschoben, ich vermute, weil Putin das so wollte. In der BRD machte Sonntag Karriere in der Szene an der Seite des westdeutschen Neonazis Michael Kühnen. Sonntag war jetzt ›Agent im Operationsgebiet‹ und berichtete alles an die Russen, genauer gesagt an Putin in Dresden. Als alles vorbei war mit der DDR, kam Sonntag zurück nach Sachsen und baute dort die Neonazi-Szene auf, vertrieb mit den Glatzen in Dresden die Hütchenspieler und Kleinkriminellen, mischte in der Bordellszene mit. Ich habe gehört, dass er dann von den Amerikanern geführt wurde. Machte aber Ärger. Zu viel Rotlichtgeschäfte vielleicht. Und dann wurde er erschossen.«[33]

»Erschossen?«

»Erschießen ist die drastische Form, einen Agenten abzuschalten, Dengler.«

Bader stand auf. Er stützte sich auf seinen Stock und sah an Dengler vorbei auf einen unbestimmten Punkt.»Alles alte Zeiten, Herr Dengler, ist alles längst vorbei.«

»Da bin ich mir nicht so sicher«, sagte Georg Dengler.

## 41. Stregda

Am nächsten Tag, einem warmen Samstag im Juli, nahm Dengler den ICE kurz vor acht Uhr vom Berliner Hauptbahnhof. Er setzte sich in den Speisewagen, zog sein schwarzes Notizbuch aus der Tasche und schrieb die Punkte auf, die er in Thüringen in Erfahrung bringen wollte.

- Treffen mit dem Polizisten Brauer
- Augenscheinnahme Tatort Stregda — war es möglich, dass ein dritter Mann, den Anwohner gesehen haben wollen, unbemerkt fliehen konnte?
- Besuch bei der Rechtsmedizin in Jena; Obduktionsbericht Mundlos/Böhnhardt, wie hoch ist der CO-Hb-Wert von Mundlos = hat er einen Brand im Wohnwagen gelegt oder nicht?
- Aufspüren der Tatortfotos der Feuerwehr

In Leipzig stieg Dengler um und erreichte um 10.30 Uhr Erfurt. Am Willy-Brandt-Platz bestellte er sich in einem Café einen doppelten Espresso und wartete. Eine Stunde später traf der ICE mit Olga aus Stuttgart ein.

Zu Fuß gingen sie zum Wenigemarkt und setzten sich beim verabredeten Restaurant im Freien unter einen der großen Schirme. Dengler orderte eine große Flasche Mineralwasser. Sie warteten.

Er hatte den Mann nicht kommen sehen. Plötzlich setzte sich jemand an ihren Tisch. Ein Mann in den Vierzigern, mittelgroß, dunkelblond, kurz geschnittene Haare, ausgeprägte Nase in einem offenen, neugierigen Gesicht, energische Erscheinung, weißes Leinenhemd, Jeans.

»Sie sind die Freunde von Dr. Schweikert?«, fragte er in einem breiten thüringischen Dialekt.

Er reichte Olga die Hand und betrachtete sie interessiert. Dann begrüßte er Georg Dengler.

Ein Mann, der Frauen mochte.

Dengler war dieser Brauer auf den ersten Blick sympathisch.

Der Kellner kam mit der Speisekarte. Brauer bestellte Thüringer Klöße mit Apfelrotkraut, Dengler und Olga entschieden sich für ein Risotto mit Pfifferlingen. Dengler erzählte von seiner Zeit beim BKA, seinem Erlebnis als junger Polizist bei der Ermordung des Bankiers – und von Harry Nopper.

Brauer nickte. »Nopper kam damals mit einer ganzen Riege aus Hessen. Wir hatten den Eindruck, dass sie in Hessen die kältesten der kalten Krieger loswerden wollten. Da gab es eine rotgrüne Koalition, und da mussten Leute wie der Nopper verschwinden. Außerdem, so erzählte man in Thüringen, lief ein Verfahren gegen ihn. Er hatte wohl imaginäre V-Leute geführt und deren Judaslohn einfach selbst eingesteckt. So hieß es bei uns. Unter uns Polizisten. Ob das stimmte ...« Er zuckte mit den Schultern.

Er sah Dengler an. »Dr. Schweikert war mein Ausbilder. Damals dachte ich, alle Polizisten im Westen seien so wie er.« Er lachte, und es klang ein wenig bitter. »Ist leider nicht so. Aber: Seine Freunde sind auch meine Freunde.«

Er sah Dengler und Olga offen an. »Wie kann ich euch helfen?«

Dengler: »Wir würden uns gerne den Tatort in Stregda ansehen. Sie kennen die Geschichte, oder?«

»Das ... das kann man so sagen.«

»In den Akten wird immer argumentiert, es könne keinen dritten Mann in dem Wohnmobil gegeben haben, weil hinter einem Zaun eine tiefe Baugrube ihm einen möglichen Fluchtweg versperrt habe. Anwohner berichten jedoch, sie hätten jemanden aus dem Camper fliehen sehen. Ich will mir diese Baugrube ansehen. Und dann würde ich gerne Einblick bekommen in die Obduktionsberichte von Uwe Mundlos. Dazu müsste ich in die Rechtsmedizin nach Jena. Und dann würde ich gern Harry Nopper sehen.«

»Ich fahre euch nach Stregda. Schaut euch die Baugrube an. Aber an die Obduktionsberichte heranzukommen … das wird nicht so einfach. Die sind unter Verschluss. Ich glaube nicht, dass sie einem Privatermittler die Berichte aushändigen.«

»Nein«, sagte Dengler, »das erwarte ich auch nicht.«

Brauer pfiff durch die Zähne. »O. k. … was erhoffst du dir von den Obduktionsberichten?«

Dengler: »Wie du vielleicht gemerkt hast, habe ich Zweifel an den Abläufen rund um den Mord oder Selbstmord von Mundlos und Böhnhardt. Diese Berichte könnten mir Auskunft darüber geben, ob Mundlos das Feuer wirklich gelegt hat, wie behauptet wird, oder nicht. Ich muss wissen, wie hoch der CO-Hb-Wert in seinem Blut war. Kannst du mir irgendwie helfen? Es wäre wirklich wichtig, diese Daten zu haben.«

Ihm fiel auf, dass sie unversehens zum »Du« übergegangen waren.

Marius kratzte sich am Kopf. »Also, ich weiß nicht, wie wir das … Aber vielleicht fahren wir erst mal nach Stregda. Ich hab einen Wagen. Allerdings ist das nur ein Zweisitzer.«

Dengler zahlte.

Olga zwängte sich zu Dengler auf den Beifahrersitz, dann fuhren sie los.

Nach fünfzig Minuten erreichten sie ein modernes Neubaugebiet. Sie parkten an einer steilen Straße. Von hier aus zweigte eine Nebenstraße ab, die auf der einen Seite von zweigeschossigen Häusern gesäumt war. Es war heiß. Als sie ausstiegen, bellte irgendwo ein Hund. Auf der Straße war niemand zu sehen.

»Das ist der Tatort«, sagte Marius Brauer.

Dengler sah sofort, dass da ein neuer Zaun war. Aus Metall. Hoch. Dunkelgrün gestrichen, und er war tatsächlich nicht so leicht zu überwinden wie der niedrige Holzzaun, der dort an dem Tag gestanden hatte, an dem die beiden Neonazis starben. Dengler und Olga überquerten die Straße und betrachteten die Grube.

»Da geh ich doch in High Heels runter«, sagte Olga. »Und zwar sehr elegant.«

Hinter dem Zaun war ein Abhang, aber keineswegs die tiefe, unbezwingbare Baugrube, von der er im Bericht des BKA gelesen hatte. Der Abhang war mit Gras bewachsen – und er stellte für niemanden ein Hindernis dar.

Dengler stand an dem Zaun, und ihm wurde das Ausmaß der Lüge klar, die das BKA in die Welt gesetzt hatte. Er rief sich den Bericht des Kollegen Bernhardt noch einmal in Erinnerung.

Die Eingangstür des Wohnmobils befand sich zwar auf der Seite des Wohnmobils, die die eingesetzten Beamten nicht einsehen konnten. Jedoch befindet sich dort ein maximal ein Meter breiter Bürgersteig und direkt dahinter ein ein Meter hoher Zaun, der eine ca. zwei Meter tiefe Baugrube sichert, in die es steil bergab geht. Sollte eine Person aus dem Wohnmobil geflüchtet sein, so wäre sie am vorderen oder hinteren Ende des Fahrzeugs in das Sichtfeld der Beamten gelaufen, da eine Flucht über den Zaun und durch die Baugrube sehr unwahrscheinlich ist.

Dengler zog sein Handy aus der Hosentasche und fotografierte den Tatort, so wie er jetzt aussah.[34]

Was er sah, war ein idealer Fluchtweg.[35]

Er hatte gefunden, was er wissen wollte, und war doch deprimiert.

Die Kollegen waren am Tatort, dachte er. Sie hatten gesehen, was ich heute auch gesehen habe. Trotzdem haben sie falsche Angaben in den Bericht geschrieben. Das heißt: Sie haben es absichtlich getan. Sie haben wissentlich gelogen. Sie haben den Tatablauf so manipuliert, dass der mögliche Fluchtweg einer dritten Person verschwiegen wurde. Sie haben womöglich den Rückzug eines Mörders gedeckt.

Seine Gedanken sprangen hin und her. So wie die beiden bewaffneten Zivilisten den Rückzug der Attentäter in der Kölner Keupstraße gedeckt haben? So wie der Verfassungsschutzbeamte Temme den Rückzug des Kassler Mörders gedeckt hatte?

»Dieser Tatort ist nicht leicht zu verkraften, wenn man einfach nur ein guter Polizist sein will, nicht wahr?«, sagte Marius Brauer.

Dengler schwieg.

Brauer sagte: »Hat sich nicht viel geändert. So sah es hier auch vor vier Jahren aus. Abgesehen von dem Zaun ...«

Sie stiegen in Brauers Porsche und fuhren zurück nach Erfurt.

Rückblende

## 42. 3. Januar 2011, Kanzleramt

Die Wagenkolonne des Botschafters passierte die große Einfahrt des Kanzleramtes. Merkwürdig, dass er sich auf der kurzen Fahrt hierher an den Vortrag über Deutschland erinnert hatte, den er damals, ganz am Anfang seiner Karriere, gehalten hatte. Vielleicht, dachte er und straffte sein Kinn, hatte ich schon früh eine Begabung für strategisches Denken. Heute würde er auf diese Begabung wieder einmal setzen müssen.

Die Kanzlerin stand am Eingang und holte ihn am Wagen ab. Nette Geste, dachte er, aber im selben Moment wurde ihm bewusst, dass natürlich auch sie eine Strategin war, die wusste, was sie wollte: den amerikanischen Firmen Steuern auferlegen. Er kannte die Telefonate zwischen ihr und ihrem Finanzminister. Beide hatten verabredet, in der Steuerfrage ihm gegenüber hart zu bleiben.

Spencer lächelte.

Die Besprechung fand im Büro der Kanzlerin statt. Sie führte

Spencer zu der Sitzgruppe am Fenster, er setzte sich auf die Couch, auf der, wie er wusste, auch schon George W. Bush gesessen hatte. Die Kanzlerin setzte sich übers Eck zu ihm. Ihm gegenüber saß der Finanzminister, der zur Begrüßung ein paar Worte in merkwürdigem Englisch murmelte. Der Mann sah verbittert aus. Bald würde er noch verbitterter aussehen.

Auf dem Tisch vor ihnen standen Tassen aus weißem Porzellan und silberne Kaffeekannen. Das musste man den Deutschen lassen: Sie machten nach den Italienern den besten Kaffee der Welt. Er war, das gab er gerne zu, besser als die dünne Brühe, die es in der Botschaft gab.

Zu Beginn der übliche Small Talk zwischen ihm und der Kanzlerin, den Spencer dann allerdings abrupt abbrach.

»Lassen Sie uns zum Wesentlichen kommen. Es geht um Ihre Pläne, die Besteuerung amerikanischer Unternehmen neu zu regeln. Mit Besorgnis haben wir die Äußerungen des Staatssekretärs …«

Drei Minuten redete er, kurz und präzise.

Die Kanzlerin antwortete ihm so, wie er es erwartet hatte. Die Höhe der Steuerausfälle für Deutschland sei enorm. Sie balancierte dann mit einigen Zahlen, aber Spencer hörte ihr schon nicht mehr zu.

»Es geht um ein wichtiges Prinzip, Frau Kanzlerin«, er nannte sie jetzt nicht mehr beim Vornamen, und das war als Warnung zu verstehen, »um ein Prinzip, das sich seit Bestehen der Bundesrepublik bewährt hat und ein wesentliches Element der transatlantischen Beziehung unserer beiden …«

Und so weiter. Er hörte sich nicht gern in diesen Floskeln reden. Vor allem vermied er den Begriff, den die Deutschen am liebsten verwendeten: deutsch-amerikanische Freundschaft. Bullshit. Lächerlich. Allein die Reihenfolge – ein Witz.

Der Finanzminister warf ein, dass jeder deutsche Handwerker seine Steuern zahlen müsse, auch jede Buchhandlung müsse das, und er habe Schwierigkeiten, seinen Wählern zu erklären, warum eine Firma wie Apple de facto fast steuerfrei agieren könne.

Spencer wurde langsam ungeduldig. »Sorry«, sagte er. »Herr Finanzminister, Sie sind doch der Politiker. Ich kann Ihnen nicht erklären, was und wie sie die Dinge Ihren Wählern erklären. Das ist nun wirklich Ihre Aufgabe. *That's really your job.*«

Die Kanzlerin hob erneut an, und da war Spencer es endgültig leid.

»Erlauben Sie mir eine kleine Abschweifung«, unterbrach er sie. »Häufig führen kleine Abschweifungen direkt zum Ziel. Wissen Sie eigentlich, was Ihre Geheimdienste tun? Wissen Sie ...«

Er sprach vier Minuten lang, und er hatte die ungeteilte Aufmerksamkeit seiner Gastgeberin.

»Was würde wohl geschehen«, fragte er dann, »wenn all dieses in der Öffentlichkeit bekannt würde?«

Er machte eine kleine Kunstpause, die er selbst äußerst gelungen fand. »Ich brauche Ihnen wohl nicht zu sagen, dass es dann mit dem Rücktritt des Innenministers nicht getan wäre.«

Er stand auf, nahm die Hand der Kanzlerin und deutete einen Handkuss an.

»Denken Sie über die Sache noch einmal in Ruhe nach.«

Er klopfte dem versteinert blickenden Finanzminister auf die Schulter und ging.

Zufrieden ließ er sich wenig später in den Rücksitz seiner Limousine fallen.

Er war ein anderes Kaliber als dieser Mountbatten.

# 43. Thüringen

Am Abend saßen sie zu dritt in einem Lokal in der Futterstraße. Brauer hatte einen ruhigen Tisch reserviert.

»Thüringen ist ein schönes Land. Aber es wurde im Verlauf der Geschichte wieder und wieder hart geprüft«, erzählte er. »Es war immer ein armes Land. Es ist das Ursprungsland der Sozialdemokratie. In Gotha wurde die sozialdemokratische Partei gegründet. In Erfurt gab sie sich das wichtige ›Erfurter Programm‹. Und trotzdem: Die Thüringer haben sich früh Adolf Hitler an den Hals geworfen. Bereits 1930 war die NSDAP an der Thüringer Regierung beteiligt. Nach 1933 machte Hitler aus Thüringen ein nationalsozialistisches Experimentierfeld. Erfurt und Weimar wetteiferten darum, wer die braunere Stadt sei. Bereits im Sommer 1932 säumten etwa 100 000 Menschen in Erfurt den Weg zur ›Mitteldeutschen Kampfbahn‹, heute Steigerwald-Stadion, um den Führer zu sehen.

Dann Krieg, Luftangriffe. Besetzung durch die Amerikaner im April 1945. Die Amis geben das Land dann an die Sowjets, eine neue Diktatur. Sogenannter Sozialismus, die Erziehung zu Duckmäusern geht weiter, nur unter anderen Vorzeichen. Unsere Neonazis hier haben diese Erziehung genossen, Mundlos ist Jahrgang 1973, Zschäpe 1975, Böhnhardt 1977. Dann kam die Wende, für mich persönlich ein großes Glück. Aber es bedeutete auch: gekrümmte und geknickte Lehrer, depressive Eltern ohne Arbeit und ohne Perspektive, schweigende Erwachsene, keine Lebensfreude, nirgends. Die in den Siebzigerjahren Geborenen nennt man zu Recht eine Generation im Niemandsland. Dann kamen aus dem Westen die kalten Krieger nach Thüringen. Die machten einfach dort weiter, wo sie im Westen aufgehört hatten. Der Thüringer Verfassungsschutz gewichtete die Gefährdung durch Punks, Antifa und Linke sehr viel höher als die Gefahren des Rechtsextremismus. Er gründete eine Scheinfirma und drehte mit dieser einen Lehrfilm für den Schulunterricht. *Jugendlicher Extremismus in der Mitte Deutschlands* hieß der Film. Wir, die Polizisten, die die Szene kannten, waren entsetzt. Autonome waren die Gewaltbereiten, rechte Kameradschaften nicht. Der Obernazi und V-Mann Tino Brandt durfte verkünden: ›Wir sind selber prinzipiell gegen Gewalt.‹ Was haben wir gelacht im LKA, als wir das gesehen haben. Thüringen war wieder ein Experimentierfeld geworden.«

»Harry Nopper. Was hat er damit zu tun?«

»Nopper? Ja sicher, der steckt da mittendrin. Er ist der starke Mann beim hiesigen Verfassungsschutz. Er zieht die Fäden. Er kam nach der Wende mit einer Truppe vom hessischen Verfassungsschutz hierher. Ich weiß es nicht genau, aber ich bin nahezu sicher, dass er es war, der die thüringischen Neonazis mithilfe der V-Leute aufbaute, sie schulte, ihnen Organisation und Struktur gab.«

»Zu welchem Zweck?«

»Das frage ich mich auch. Vielleicht war es ganz einfach so, dass sie eine Gegenmacht aufbauen wollten. Nopper und Konsorten kamen nach der Wende nach Thüringen. Vermutlich sahen sie überall noch alte Stasi-Seilschaften, IMs, Volkspolizei, SED-Kader, Nationale Volksarmee. Dann die Punks, obwohl das in Jena kaum mehr als zwanzig waren. Und die Leute, die gegen die Neonazis auftraten, erschienen ihnen auch gefährlich. Sie wollten eine eigene Gegenmacht aufbauen. Eine Truppe, die ihrem Kommando gehorcht. Der Thüringer Heimatschutz, bei dem Böhnhardt, Mundlos und Zschäpe sozialisiert wurden, bestand aus 160 Neonazis. Ich kenne davon allein vierzig V-Leute. Wenn du mich fragst: Nopper und Konsorten steuerten die. Und sie schützten sie auch. Gegen Tino Brandt, ihren Oberboss, ermittelten wir immer und immer wieder. Die Verfahren wurden fast alle eingestellt, verurteilt wurde er nie. Die Neonazis in Thüringen standen praktisch unter Generalamnestie. So kam uns Polizisten das damals vor. Sie konnten schwere und schwerste Gewaltdelikte begehen. Die schützende Hand des Herrn Nopper bewahrte sie vor Strafe. Erst als nach Stregda alles zusammenbrach und das Landesamt in der Kritik stand, änderte sich das. Sobald die schützende Hand fehlte, löste sich der Heimatschutz auf. Brandt stand plötzlich vor seinem Richter.«

Brauer schaute Dengler an:»Aber du willst die Obduktionsberichte von Mundlos und Böhnhardt. Das wird nicht einfach. Ich kenne einen pensionierten Rechtsmediziner. Der hat noch bei Otto Prokop in Berlin studiert. Ich kann mal mit ihm reden. Er heißt Ludwig Stern.«

## 44. Professor Stern

»Herr Professor«, sagte Dengler,»ich möchte wissen, ob Uwe Mundlos den Brand in dem Camper gelegt hat. Deshalb würde ich gerne einen Blick in das toxikologische Gutachten werfen, das nach der Autopsie erstellt wurde.«

»Junger Mann, ich bin in Pension. Ich habe keine Schlüssel, keinen Zugang mehr zum Institut und zu Informationen. Ich muss klingeln, wenn ich das Institut besuche. Wie jeder andere auch. Zu meiner Zeit lagen Gutachten wie dieses in Sicherheitsschränken in meinem Büro. Abgeschlossen. Wie wollen Sie da drankommen?«

Professor Stern war ein magerer Mann. Ein dunkelbrauner Anzug mit weißen Nadelstreifen schlotterte um seine Schultern und die Hüfte. Er war hoch gewachsen, überragte Dengler um eine Kopflänge, ging mittlerweile etwas vornübergebeugt, als habe er sich allzu oft unter niedrigen Türrahmen bücken müssen. Sein Gesicht war von einer ungesunden gelbbraunen Farbe, die dünne Haut umspannte den Schädel, als wäre er fleischlos. Stern lief mit weit ausholenden Schritten. Dengler hatte Mühe, auf gleicher Höhe zu bleiben.

»Ich habe bei der Polizei gelernt, dass der CO-Hb-Wert im Herzblut aussagt, ob ein Toter vor seinem Ableben noch Feuer ausgesetzt war oder nicht. Ich interessiere mich ...«

»Sehr recht, sehr recht. Gut aufgepasst. Die Kohlenmonoxidanalyse ist in diesem Zusammenhang ein entscheidender Vitalparameter. Im toxikologischen Befund wird er erhoben. Natürlich sagt auch die Rußaspiration etwas darüber aus. Latein. Können Sie Latein, Herr Dengler?«

»Leider nicht, Herr Professor.«

»Aspirare, zusammengesetzt aus ad für ›heran‹, spirare heißt ›atmen‹. Es geht um das Eindringen von Stoffen, gleich ob gasförmig, fest oder flüssig, in die Atemwege. Rußaspiration bezeichnet also das Eindringen von Rußpartikeln in die Luftröhrenverzweigungen in der Lunge. Geschieht beim Einatmen in Brandnähe.«

»Ich habe gelernt, dass Rußpartikelwerte allein nicht aussagekräftig genug sind und dass deshalb die Kohlenmonoxidanalyse dazukommen sollte.«

»Sehr richtig, junger Mann. Wichtig für Ihre Frage beim toxikologischen Befund sind beide: die Rußpartikelwerte in den Atemwegen und die CO-Hb-Werte im Blut.«

»Genau das möchte ich wissen.«

Professor Stern blieb abrupt stehen.

»Dengler, das glaubt doch kein Mensch, dass da in Stregda alles mit rechten Dingen zugegangen ist. Ich jedenfalls nicht.«

»Deshalb müsste ich einen Blick ...«

»Wie gesagt, ich kann da nichts mehr machen. Ich musste die Schlüssel abgeben. Ich wüsste nicht, wie ich Ihnen helfen kann.«

»Man bräuchte einen guten Plan.«

»Wenn Sie einen guten Plan haben, junger Mann, einen wirklich guten Plan, dann können Sie mit mir rechnen.«

## 45. Jena, Rechtsmedizin

Am nächsten Tag um 15.30 Uhr betrat Professor Stern das Rechtsmedizinische Institut in Jena. Der Pförtner fuhr aus dem Stuhl hoch, als er seinen früheren Chef erblickte. An dessen Seite ging, fest bei ihm untergehakt, eine Frau. Aber was für eine?

Olga trug einen superkurzen Lederrock, schwarze Strümpfe, handhohe Bleistiftabsätze, eine rote enge Lederjacke und darunter eine Art Bustier, das ihr Dekolleté betonte.

Stern trug denselben weiten Anzug wie am Vortag, sein Gang war federnd und dynamisch. Mit großen Schritten kam er auf den Pförtner zu.

»Darf ich Ihnen meine Verlobte vorstellen, Frau Elena Ionesco? Elena, sag Herrn Schmid guten Tag.«

Olga stöckelte auf den Pförtner zu, der zum Telefon gegriffen und den Hörer hochgehoben hatte, in seiner Bewegung erstarrte und den Hörer nun wieder zurück auf die Gabel sinken ließ.

»Hallo«, hauchte sie dem Mann entgegen, der sie fassungslos ansah.

Olga griff nach seiner Hand und drückte sie.

»Spätes Glück, mein Freund, spätes Glück«, rief Professor Stern und legte Olga den rechten Arm um die Taille. »Würden Sie mich bei der Chefin anmelden?«

Der Mann griff erneut zum Telefon, wählte eine Nummer und sagte dann: »Frau Professor Kullmann erwartet Sie.«

Stern zog Olga näher zu sich.

»Ich kenne den Weg«, krähte Stern.

Der Pförtner setzte sich wieder und starrte ihnen nach.

*

Frau Professorin Edith Kullmann saß hinter einem großen Holzschreibtisch und unterschrieb Briefe, als Stern, Olga vor sich herschiebend, in das Büro stürmte. Sie blickte nur kurz auf und unterschrieb weiter.

»Hallo Kullmännchen, ich wollte mal wieder hereinschauen.«

»Hör endlich auf, mich Kullmännchen zu nennen. Sonst nenn ich dich Sternchen.« Genervt schraubte sie den Füller zu und legte ihn auf den Schreibtisch.

»Ich will dir meine Verlobte vorstellen. Wir heiraten im Herbst.«

Kullmann sah überrascht auf. Olga stöckelte auf sie zu, die Hand weit ausgestreckt.

»Ich freue mich so, Sie kennenzulernen! Er hat mir schon viel Gutes von seiner Nachfolgerin erzählt. Und wissen Sie was?« Olga hielt kichernd die Hand vor ihren Mund: »Ich sag auch manchmal Sternchen zu ihm!«

Edith Kullmann blickte sie an, ihr Blick hastete zu Stern, zurück zu Olga und wieder zu Stern.

Olga nahm ihre Hand und schüttelte sie.

Währenddessen scannte ihr Blick das Büro. Handtasche neben dem Schreibtisch, Jackentasche, nicht ausgebeult, ein leichter Regenmantel lag über einem Stuhl.

»Wir würden dich gern zur Hochzeit einladen. Was sagst du nun?«, sagte Stern triumphierend.

»Was?«

»Ein Fest für mein spätes Glück.«

»Elena Ionesco«, sagte Olga.

Frau Kullmanns Blick flackerte zurück zu Olga.

»Was? Ionesco – wie der Dichter?«

»Hach, das ist bloß mein Großonkel«, sagte Olga und schüttelte weiter ihre Hand, »kennen Sie ihn?«

Es klopfte an der Tür.

»Herein«, brüllte Stern.

»Das ist nicht mehr dein Büro«, protestierte Kullmann.

Die Tür ging auf, und Marius Brauer kam herein.

»Kann ich Sie einen Augenblick sprechen, Frau Professor? Nur ganz kurz.«

Edith Kullmann, sichtlich erleichtert, der Situation zu entkommen, stand auf.

»Mach nur, Kullmännchen. Wir warten hier.«

Sie eilte aus dem Raum. Brauer zwinkerte Olga zu, drehte sich um und schloss hinter sich die Tür.

Sofort bückte sich Olga und durchsuchte die Handtasche.

Nichts.

Mit schnellen Schritten lief sie zum Stuhl am Fenster. Sie hob den Mantel hoch und griff in die Außentaschen. Und – zog einen Schlüsselbund hervor.

»Dort!« Stern zeigte auf einen Stahlschrank. Olga warf ihm die Schlüssel zu, hastig schloss er den Schrank auf. Er durchforstete eine Hängeregistratur mit Schnellheftern.

Nichts.

Er blätterte in einem weiteren Hängeordner.

Nichts.

Olga deutete auf zwei größere Leitz-Ordner in einem Seitenfach.

»Da sind sie.«

Stern sah sie an. »Wie sollen wir die beiden Ordner hier herausbekommen?«

Olga schüttelte den Kopf. »Nicht nötig!«

Sie zog ihr Handy aus der Bluse. »Schnell! Schlagen Sie die toxikologischen Gutachten auf!«

## 46. Der Schlüssel

Als Klaus-Dieter Welker in Köln zum Vizepräsidenten des Verfassungsschutzes ernannt wurde, verließen Iris und er Bayern. Sie suchten lange und kauften schließlich ein Haus in Bad Honnef, das ihnen gut gefiel: Sie konnten den Rhein sehen und mochten es, an Sommerabenden am Ufer entlangzugehen, es gab einen wunderbaren Park und sogar einige Restaurants mit herausragender Küche, was, wie sie bald merkten, im Rheinland keine Selbstverständlichkeit war.

Iris hatte sich immer Kinder gewünscht, aber es hatte nicht geklappt. Sie ließ sich untersuchen, doch der Arzt fand, sie sei bereit. Alles bestens bei Ihnen, sagte er. Schicken Sie Ihren Mann vorbei. Klaus-Dieter Welker sträubte sich, Iris musste laut werden, bis er die Tests machte. Seine Spermien waren zu langsam. Sie würden keine Kinder haben.

Ja, sie war enttäuscht gewesen. Aber das war lange her. Sie hatten sich arrangiert, und nun mochte sie ihr Leben. Sie war Rechtsanwältin und arbeitete in einer Kanzlei in Bonn, seit mehr als fünfzehn Jahren war sie Partnerin in der Kanzlei, spezialisiert auf Vertragsrecht, und einige der wichtigen Verträge, die bekannte Bonner Unternehmen abgeschlossen hatten, waren ihr Werk. Als die Flüchtlingswelle auf Deutschland zurollte, begann sie, sich bei der Bonner Flüchtlingshilfe zu engagieren. Sie wurde der Kleiderkammer zugeteilt, und so stand sie einmal in der Woche hinter einem großen Tisch und verteilte T-Shirts und Hosen, Handtücher und Seife an die Männer und Frauen und Kinder aus Syrien und Afghanistan.

Sie war zufrieden mit dem Leben, das sie führte. Sie war konservativ aus Überzeugung und machte daraus keinen Hehl. Mehr noch, man sah es ihr an, ihren manchmal zu strengen Kostümen, den beigen und weißen Freizeithosen, die sie gerne mit blauen

Wolljacken kombinierte. Sie segelte gerne. Sie wählte CDU, nur einmal, zum Ende der Regierungszeit von Helmut Kohl, hatte sie für die Grünen gestimmt, weil sie fand, dass Kohl lange genug die Bildschirme beherrscht hatte. Den krachledernen Konservatismus, den die CSU in ihrer eigentlichen Heimat pflegte, verabscheute sie; sie mochte keine Aschermittwochsreden vor johlenden Betrunkenen, Politik gehörte nicht ins Bierzelt. Vielleicht war sie auch deshalb einverstanden gewesen, Bayern zu verlassen und nun in der konservativen, aber auch rheinisch-liberalen Atmosphäre in Bad Honnef zu wohnen.

Sie hatte sich daran gewöhnt, dass Klaus-Dieter über seine Arbeit nicht sprach. Der Verfassungsschutz war ein Frühwarnsystem der Demokratie, irgendjemand musste diesen Job machen, gut, dass Klaus-Dieter es tat. Er war oft unterwegs, hielt Vorträge auf Symposien, musste nach Berlin in den Innenausschuss oder ins Ministerium und machte eben seinen Geheimdienstkram, wie sie es nannte. Klaus-Dieter hielt immer gewisse Sicherheitsregeln ein. Wenn ihn noch während des gemeinsamen Frühstücks jemand anrief, ging er in den Flur und schloss die Tür zur Küche. Er hielt sich auch an diese Regeln, als sie durch die Gewohnheit bereits aufgeweicht waren und er die Küchentür nur angelehnt ließ oder im Flur so laut sprach, dass sie das Gesprochene ganz passabel verstand. Geheimdienstkram. Sie lächelte darüber.

Hin und wieder traf sie bei gesellschaftlichen Anlässen Kollegen von ihm. Mit der Frau des Präsidenten, auch sie eine Anwältin, spielte sie Tennis im selben Club. Einige Kollegen ihres Mannes wurden Freunde, sie besuchten sie sonntags in Bad Honnef, man grillte im Garten oder wanderte in der Eifel. Bei diesen Gelegenheiten mieden sie das Thema Geheimdienst, aber je länger man sich kannte, desto öfter sprachen die Männer dann doch über Banalitäten ihres Berufslebens, plötzliche Beförderungen, Karriereaussichten, Ehescheidungen oder – sehr delikat – Affären im Amt. Manchmal machten sie sich auch einen Spaß daraus, Iris über konspiratives Verhalten aufzuklären, die Methoden, Verfolger zu erkennen und ähnlichen Kinderkram, wie sie das nannte. Einige seiner Kollegen fand sie angenehm und anregend. Andere mochte sie nicht. Manche, so fand sie, schossen über das Ziel hinaus, waren von einer manchmal bizarren Geheimniskrämerei geprägt, einer Engstirnigkeit, ja sogar von einer Radikalität, die sie abstieß.

Wenn sie ihr Leben betrachtete, war sie zufrieden. Alles in ihm war an seinem richtigen Platz.

Natürlich gab es hin und wieder auch Aufregungen, doch im Nachhinein lachte sie meist darüber. Im vergangenen Herbst hatten sie einen Rohrbruch im Haus gehabt, der den gesamten Keller unter Wasser gesetzt hatte. Der Wasserschaden hatte auch Klaus-Dieters Arbeitszimmer überschwemmt, den einzigen Raum im Haus, den sie nicht betreten durfte. Seit er Vizepräsident geworden war, arbeitete er oft auch am Wochenende im Bunker, wie Iris diesen Raum nannte. Er tat ihr leid, weil der Kellerbunker nicht einmal Fenster hatte. Als das Wasser abgepumpt wurde, war das eine heikle Sache, weil Mitarbeiter aus dem Amt erst die Unterlagen und einige Geräte sichern mussten, bevor die Handwerker mit dem Trocknen und Streichen, dem Aufräumen und der Renovierung beginnen konnten. Dann kam der schwarze Kombi aus dem Amt und brachte die geheimnisvollen Geräte und die Akten, die sie nicht sehen durfte, wieder zurück.

Zweimal schon hatte ihr Mann den Schlüssel zu seinem Kellerbüro vergessen oder verlegt. Dann musste er nach Köln fahren, um den Ersatzschlüssel zu holen. Von ihrem Haus nach Köln – das war keine kurze Strecke, Klaus-Dieter fluchte, und Iris blieb es nicht verborgen, dass er nun einen Ersatzschlüssel im Haus versteckt hatte, hinter dem Rahmen ihres Lieblingsbildes von Gabriele Münter, das sie von ihren Eltern geerbt hatte. Eines Abends durchsuchte er wieder einmal fluchend seine Hosentaschen, lief zum Auto, kam ärgerlich zurück, schickte sie dann für einen Moment aus dem Wohnzimmer. Als er »Schatz, du kannst wieder reinkommen« rief und dann die Treppe hinunterlief, um sein ach so geheimes Büro aufzuschließen, war sie ins Wohnzimmer zurückgegangen und hatte sofort gesehen, dass das Münter-Gemälde leicht schief hing. Sie lächelte über seinen Versuch, etwas vor ihr zu verbergen, und sei es nur der Aufbewahrungsort eines Schlüssels.

Den Schlüssel hinter dem Bild hatte sie schon fast vergessen – bis zu jenem Morgen, als er vom Frühstückstisch aufstand, um im Flur zu telefonieren. Sie hörte ihn fluchen:»Mein Gott, ist denn diese Stregda-Scheiße immer noch nicht vorbei!« Er sprach viel lauter als sonst und wütender.

Sie bedauerte, dass sie ihn nicht nach seinen Sorgen fragen konnte. Sie stellte sich vor, wie eine normale Ehefrau vielleicht gefragt hätte:»Schatz, wer ärgert dich am frühen Morgen?«, oder:»Was ist denn los mit dieser Stregda-Scheiße? Kann ich dir helfen?« Das durfte sie nicht. Sie war die Frau eines Geheimdienstmannes, außerdem hatte sie in vierzig Minuten einen Termin mit einem wichtigen Mandanten und musste selbst bald aufbrechen. Also sprach man nicht darüber, auch nicht als Klaus-Dieter in die Küche zurückkam, sich mit rotem Kopf an den Tisch setzte und sich verärgert Butter aufs Brot strich. Sie küsste ihn auf die Wange, sagte:»Ich wünsche dir einen schönen Tag«, nahm ihre Aktentasche und ging zu ihrem Wagen.

Am Nachmittag googelte sie »Stregda«. Und plötzlich war sie mittendrin in den Morden der NSU, dem Nagelbombenanschlag in Köln, dem Prozess gegen Beate Zschäpe in München. Stregda war der Ort, an dem die beiden Rechtsterroristen Mundlos und Böhnhardt gestorben waren. Sie las, dass der Untersuchungsausschuss des Thüringer Landtages beschlossen hatte, die Feuerwehrleute zu vernehmen, die als Erste in Stregda eingetroffen waren und den Brand in dem Wohnmobil gelöscht hatten. Ihren Aussagen würde man mit größtem Interesse entgegensehen, sagte eine Abgeordnete.

War das die »Stregda-Scheiße«, über die Klaus-Dieter sich so aufgeregt hatte?

Was hatte er mit der Sache zu tun?

Hatte er überhaupt etwas damit zu tun?

Natürlich nicht, sagte sie sich.

Sie glaubte es.

Zwei Tage lang.

Zwei Tage, in denen sie sich weitere Informationen aus dem Netz besorgte.

Viele Verschwörungstheorien, dachte sie.

Am dritten Tag wartete sie, bis der Fahrer Klaus-Dieter abgeholt hatte, rief ihn nach einer halben Stunde unter einem Vorwand auf dem Handy an, vergewisserte sich, dass er bereits in Köln war. Am Abend würde er in Berlin auf einer Tagung mit den Landesämtern sein. Sie ging ins Wohnzimmer, hängte das kleine Münter-Gemälde ab, drehte es um und fand auf der Rückseite den Schlüssel.

Die schwere Stahltür des Kellerbüros ließ sich erstaunlich leicht öffnen, der feuchte Zementgeruch hing noch im Raum. Sie trat ein.

Das Büro ihres Mannes war überraschend unspektakulär. Ein abgeschlossener Stahlschrank an der Wand von der gleichen Bauart wie der Schrank in Klaus-Dieters Büro in Köln, ein Schreibtisch aus Holz mit einigen Papieren darauf und einem Telefon, das auf einem Metallkasten stand, eine kleinere Holzkommode, ein Ledersessel – das war's.

Sie wusste nicht genau, wonach sie suchen sollte. Flüchtig überblickte sie die Papiere auf dem Schreibtisch. Zeitungsmeldungen, ein Pressedienst zur Innenpolitik. Und ein Doppelbartschlüssel. Dieser Schlüssel passte zu dem Stahlschrank. Sie schloss ihn auf. In dem Schrank stapelten sich Akten. Sie nahm eine heraus, schlug sie auf – und legte das Dokument schnell wieder zurück, als sie den Namen eines bekannten Politikers auf dem Titel las. Sie musste gründlicher suchen.

Kurz bevor sie den Stahlschrank schloss, fiel ihr Blick auf einen weiteren kleinen Schlüsselbund. Sie nahm ihn an sich und schaute sich im Raum um, wozu die Schlüssel gehören könnten. Die Schublade im Schreibtisch? Aber die war unverschlossen. Schließlich passten die Schlüssel bei der Kommode. Sie öffnete die beiden kleinen Holztüren – und erschrak. In den Fächern auf der rechten Seite türmten sich Geldscheine, gebündelt und mit Banderolen versehen. Iris atmete heftig ein und aus. Sie hatte noch nie so viel Bargeld auf einmal gesehen. Sie konnte den Betrag nicht schätzen, es mussten Zehntausende Euro sein. Vielleicht mehr. Vielleicht viel mehr. Weiter hinten sah sie gebündelte Dollarscheine.

Sie drückte die Türen der Kommode wieder zu, schloss sie ab, legte alles wieder an seinen Platz und verließ den Raum. Sie klemmte den Büroschlüssel hinter das Bild. Dann schenkte sie sich ein Glas Rotwein ein und setzte sich auf die Couch.

Sie hatte von Klaus-Dieter Geschichten über V-Mann-Führer gehört, die ihren V-Leuten nur einen Teil des Lohnes auszahlten und den Rest in die eigene Tasche steckten. Diese Beträge wurden nicht einzeln verbucht, die V-Leute unterschrieben in der Regel keine Quittungen. Es floss viel Bargeld. Bargeld ohne Quittungen – und nicht zuletzt aus diesem Grund wurden diese Posten vom Präsidenten des Bundesrechnungshofes nur einmal im Jahr und nur sehr oberflächlich geprüft.

Bereicherte sich ihr Mann auf diese Art?

Gefährdete er mit kriminellen Aktionen ihr Heim und ihre Sicherheit?

Sie konnte es sich nicht vorstellen.

Sie beschloss, die Angelegenheit zu vergessen.

Sie konnte es nicht.

Sie ging zu Bett und lag wach.

Dachte nach.

Um halb zwölf rief Klaus-Dieter sie an, aus einer Bar offensichtlich, denn sie hörte angetrunkene Männerstimmen und klirrende

Gläser im Hintergrund. »Wir sind schon zum gemütlichen Teil übergegangen«, sagte er fröhlich. Sie antwortete ihm einsilbig, und er fragte, ob es ihr nicht gut gehe. »Ich hab schon geschlafen«, log sie und gähnte.

Um vier Uhr war sie hellwach.

Sie stand auf, zog den Bademantel an, steckte sicherheitshalber ihr Handy in die Außentasche, ging hinunter ins Wohnzimmer, holte die Schlüssel aus dem Versteck, und dann schloss sie zum zweiten Mal das Kellerbüro ihres Mannes auf. Sie öffnete den Stahlschrank.

Wenn hier etwas versteckt war, dann wohl unter den Akten, irgendwo hinten. Sie hob Papierstapel hoch, griff mit der Hand darunter und legte alles wieder behutsam zurück.

Im hintersten Regal lagen einige Schnellhefter, ältere, aber vielleicht wichtige, denn sie wurden von den anderen Akten getrennt aufbewahrt. Iris nahm einen heraus und öffnete ihn.

»Lageeinschätzung«, las sie. Ein Dokument ohne Briefkopf.

»Lageeinschätzung nach den Exekutionen von neun Migranten in Deutschland«, lautete der komplette Titel.

Der Verfasser analysierte die Situation nach einer Mordserie an neun ausländischen Geschäftsleuten und nach drei Bombenanschlägen in den Jahren zwischen 2000 und 2006 an verschiedenen Orten in Deutschland. Er schrieb in der vorangestellten Zusammenfassung, dass man von zwei Dingen ausgehen könne. Es sei, erstens, mit diesen Morden nicht gelungen, eine allgemeine Stimmung in der Bevölkerung zu erzeugen, die sich gegen ausländische Geschäftsleute richtete in dem Sinne, dass diese – wie nach den Morden zunächst offiziell behauptet wurde – weitgehend in kriminelle und mafiöse Strukturen eingebunden seien. Sollte das Ziel der »Operationen« gewesen sein, die ausländische Geschäftswelt generell zu kriminalisieren, so sei dies als Fehlschlag zu interpretieren. Zweitens sei aber auch festzustellen, dass die deutsche Mehrheitsgesellschaft sich nicht mit den Aktionen und Demonstrationen der Ausländer solidarisiert hätte, nur eine Handvoll extremer Linker hätte sich etwa an dem Schweigemarsch nach der Ermordung von Halit Yozgat in Kassel beteiligt, der unter der Losung »Kein 10. Opfer!« stattgefunden hatte.

Wie betäubt starrte sie auf das Papier.

Diese Vorgänge – war Klaus-Dieter darin verstrickt?

Hatte er etwas mit dieser schrecklichen Mordserie zu tun?

Sie wollte aufstehen, setzte sich aber sofort wieder, weil sie sich ganz schwach fühlte.

Sie griff zum Telefon auf dem Schreibtisch und wählte seine Nummer. Es funktionierte nicht. An dem Metallkasten, auf dem das Telefon stand, gab es einige Tasten. Sie drückte eine davon, und ein gelbes Licht blinkte auf. Aber das Telefon funktionierte immer noch nicht. Sie drückte die anderen Knöpfe. Als ein Licht grün blinkte, hörte sie den Amtston.

Sicherheitshalber rief sie ihr eigenes Handy an, und aus einer Laune heraus sprach sie einige Worte in das Telefon ihres Mannes – und erschrak, als sie ihre Stimme aus dem Lautsprecher ihres Handys hörte: abgehackt, metallen, blechern. Wer ihre Stimme jetzt hören würde, könnte nicht wissen, ob es eine männliche oder eine weibliche, eine junge oder alte, eine freundliche oder eine wütende Person war. Sie legte den Hörer wieder auf und schaltete den Kasten aus.

Ihr kam es vor, als würde sie durch Nebel schreiten, als sie zu dem Schrank zurückging und das merkwürdige Dokument zurücklegte und ein zweites herausnahm. Sie schlug die Mappe auf. Bilder von Leichen, von einem brennenden Campingwagen, Schriftstücke, Notizen. Und immer wieder die zerschossenen Köpfe von zwei Männern. So etwas hatte sie noch nie gesehen. Sie spürte, wie ihr Magen rebellierte. Ihr wurde schwindelig.

Was tat ihr Mann wirklich?

Mit wem war sie verheiratet?

War es falsch gewesen, sich all die langen Jahre nicht damit zu beschäftigen, was für einen Beruf Klaus-Dieter ausübte?

War sie nichts weiter als eine naive Ehefrau?
Sie würde diesen Raum nie wieder betreten.
Sie schloss den Schrank und das Büro ab. Dann ging sie nach
oben ins Bad, wusch sich das Gesicht mit kaltem Wasser. Es half
nicht.

## 47. Das Kabinett

Professor Stern winkte den Kellner herbei. Er hatte Dengler,
Olga und Brauer in ein Café am Markt eingeladen. Sie saßen
vor einem alten Fachwerkbau; der JenTower, ein runder Glas-
und Stahlturm, schaute ihnen über die Dächer hinweg zu. Stern
wandte sich an Olga. »Mit unserer Heirat wird das jetzt wohl
nichts mehr?«
Sie lachte und drückte ihm einen Kuss aufs Ohr. »Sie waren großartig!«
»Mein erster Einbruch. In ein Büro, in dem ich zwanzig Jahre lang
selbst saß. Ich kann's immer noch nicht fassen.«
Stern war mächtig aufgekratzt.
»Haben Sie schon etwas gefunden, Herr Dengler?«
Dengler blätterte in den Aufnahmen von Olgas Handy.
»Ja. Ihr habt den Obduktionsbericht und den toxikologischen Be-
fund von Böhnhardt fotografiert. Der ist eindeutig:

Aufgrund der Auffindesituation in einem ausgebrannten Wohnmobil wurde zum Ausschluss
einer Rauchgasvergiftung die Kohlenmonoxid-
Hämoglobin-(CO-Hb)-Konzentration im Herzblut bestimmt. Die dabei erhaltene CO-Hb-
Konzentration lag mit 3% im physiologischen

248

Normbereich, so dass eine Rauchgasvergiftung definitiv ausgeschlossen werden kann.
Zusammenfassung: Im Rahmen der chemisch-to-
xikologischen Untersuchungen wurden toxiko-
logisch nicht relevante Mengen an Coffein
sowie der physiologisch gebildeten flüchtigen Stoffe Aceton und Isopropanol nachgewiesen. Eine Rauchgasvergiftung konnte
definitiv ausgeschlossen werden. Eine Alko-
holisierung lag zum Todeszeitpunkt nicht vor
(siehe beiliegenden Befund). Insgesamt ergibt sich somit kein Anhalt für das Vorlie-
gen einer durch Fremdsubstanzen bedingten
Einschränkung der Handlungsfähigkeit oder
gar einer Vergiftung zum Todeszeitpunkt.«[36]

Stern schlug sich auf die Schenkel und krähte vergnügt: »Mit
3 Prozent Kohlenmonoxid-Hämoglobin-Konzentration im Herzblut hat dieser Mann vor dem Ableben kein Branderlebnis aufzu-
weisen. Das ist eindeutig.«
Dengler lehnte sich zurück: »Eindeutig – aber auch unstrittig. Die
offizielle Version lautet: Mundlos erschießt Böhnhardt, Mundlos
legt Feuer, Mundlos erschießt sich selbst.«
Stern schlug sich vor den Kopf. »Nein! Ich habe die falsche Akte
rausgezogen. Mein Gott, das tut mir leid.«
Dengler: »Um sicherzugehen, hätten wir den Bericht von Mundlos gebraucht.«
Brauer: »So eine Scheiße! Der schöne Plan – alles umsonst.«
Stern war niedergeschlagen. Alle waren niedergeschlagen.
Brauer: »Na, dann fahren wir unverrichteter Dinge wieder zu-
rück.«
Stern sah auf seine Uhr und sprang auf. »Also los. Zweiter Ver-
such.«
Dengler: »Wie soll das denn funktionieren?«

»Das Kullmännchen. Die macht gleich Feierabend. Also ich stelle mir das so vor ...«

*

Sie mussten vierzig Minuten warten, bis Frau Professorin Kullmann das Institut verließ. Sie rief dem Pförtner noch einen Gruß zu und ging den Fürstengraben entlang. Sie griff bereits in die Manteltasche, um den Schlüsselbund herauszuziehen, als sie abrupt stehen blieb. Professor Stern kam ihr entgegen, eng umschlungen mit Olga.

»Kullmännchen, ich hab noch was vergessen«, rief er ihr zu.

Sie seufzte und blieb stehen.

Stern und Olga kamen zu ihr. Stern legte seiner früheren Kollegin einen Arm um die Schulter. Professorin Kullmann zuckte zusammen und versuchte, allerdings vergebens, sich dem sie umschlingenden Arm wieder zu entziehen.

»Ich hätte gerne, dass Sie unsere Trauzeugin sind«, rief er aus. »Würden Sie das für uns tun? Unsere Trauzeugin sein?«

»Sternchen, jetzt ist es aber genug«, rief Olga streng.

Stern blieb stehen, verdutzt. Olga drängte sich zwischen die beiden und drückte ihm mit einer schnellen Bewegung die Schlüssel in die Hand, die sie aus Professorin Kullmanns Mantel gezogen hatte. Dann hakte sie sich bei ihr unter und schob die Frau den Gehsteig entlang.

»Entschuldigen Sie das Verhalten von Sternchen. Er ist ja ganz nett, wissen Sie. Aber ich werde ihn nicht heiraten. Er ist ganz verrückt danach, aber ich werde das nicht tun. Sie werden sicher nicht Trauzeuge sein müssen.«

»Das ... das ist Ihre Privatsache«, stammelte Edith Kullmann. »Ich will ... ich hab damit nichts zu schaffen.«

»Aber vielleicht können Sie mir erklären, warum das liebe Sternchen unbedingt heiraten will. Ich verstehe das nicht. Ich bin doch viel zu jung, um nur einem Einzigen zu gehören.«

250

»Also, meine Liebe, das geht mich gar nichts an. Machen Sie das doch bitte unter sich aus.«

Stern trat wieder heran.

»Komm, mein Herz, wir zwingen niemanden, Trauzeuge zu sein«, sagte er in beleidigtem Ton.

Er griff nach Olgas Hand.

Der Schlüsselbund wechselte zu Olga. Um drei Schlüssel leichter.

Stern legte den Arm wieder um Kullmann, die sich unter seinem Griff wand. »Hör zu, Kullmännchen, das war alles nicht so …«

Olga schob behutsam den Schlüsselbund zurück in ihre Manteltasche. »Sternchen, komm jetzt mit.« Resolut zog sie Stern von Edith Kullmann weg, die sofort diese Chance ergriff und mit eiligen Schritten zu ihrem Auto floh.

*

Es war gerade dunkel geworden, als Dengler, Olga und Stern auf den Eingang des alten, noch aus der wilhelminischen Zeit stammenden Gebäudes zugingen, in dem sich die Rechtsmedizin in Jena befand. Stern sah sich noch einmal um, dann zog er den Schlüssel aus der Tasche und schloss die Haupttür auf. Sie folgten ihm durch den dunklen Flur bis zum Büro von Edith Kullmann. Stern schloss auch diese Tür auf. Olga blieb, an die Wand gedrückt, im Flur stehen. Dengler und Stern betraten vorsichtig das Büro. Dengler blickte auf das Display seines Handys: keine Nachricht von Marius Brauer, der draußen in seinem Porsche saß und den Haupteingang im Auge behielt.

Mit dem dritten Schlüssel öffnete Stern den Stahlschrank. »Hier«, sagte er. »Das ist die richtige Akte. Ich suche den Bericht.«

Seite für Seite fotografierte Dengler den Obduktionsbericht, das toxikologische Gutachten, die zahlreichen Fotos und Anhänge. Plötzlich leuchtete sein Handy auf. Eine Nachricht von Marius Brauer: »Kullmann kommt. Zusammen mit einem Mann vom Sicherheitsdienst.«

»Alles zurückstellen. Wir müssen raus.«

Hastig ordneten sie die Seiten wieder in den Ordner, stellten ihn in den Schrank zurück und verschlossen die Tür.

»Legen Sie die Schlüssel auf den Schreibtisch.«

Stern schaute für einen Augenblick verwirrt, dann legte er die drei Schlüssel auf den Schreibtisch von Professor Kullmann.

»Und jetzt nichts wie raus.«

Sie hasteten den Gang entlang. Doch schon nach wenigen Metern hörten sie Edith Kullmanns aufgeregte Stimme: »Vielen Dank, dass Sie mich hereingelassen haben. Ich weiß gar nicht, wie ... Öffnen Sie bitte auch mein Büro!«

Stern winkte Dengler und Olga zu. Sie folgten ihm die Treppen hinauf in den zweiten Stock. Mit vorsichtigen Schritten näherten sie sich einer Tür in der Mitte des Flures. Doch dann lief Dengler wieder zurück, stieg hinunter zum Treppenabsatz und lauschte nach unten.

»Wieso steht meine Bürotür offen?«, hörte er Frau Kullmann sagen. Vorsichtig auftretend ging Dengler wieder hoch und presste warnend den Zeigefinger auf die Lippen, als er die anderen erreichte.

»Das Kabinett«, flüsterte Stern fast unhörbar. »Diese Tür. Hier sucht uns keiner. Da geht nachts nicht einmal der Wachmann rein.« Die Tür quietschte leise, als sie hineinhuschten.

Der Raum war schwach erleuchtet. In den Regalfächern der hölzernen Schrankwände standen einige große Glasbehälter. Glasbehälter, alle gefüllt mit einer transparenten Flüssigkeit und ...

»Oh, Gott, das ist ja schrecklich«, stieß Olga hervor.

»Alles sehr interessant, nur gerade im Augenblick nicht«, flüsterte Stern.

In dem ersten Behälter war ein weiblicher Torso zu sehen. Die Bauchdecke war geöffnet. Eine Stricknadel ging durch die Vagina und steckte im Inneren des Körpers in einem Fötus.

»Die gute Frau kam bei dem Versuch um, selbst eine Abtreibung ...«

»Psst!« Dengler warf Stern einen strengen Blick zu, und der Professor verstummte. Doch sofort deutete er auf einen anderen Behälter, diesmal mit einem geöffneten Männertorso. Die Lunge war gut zu sehen, sie war gespickt mit zahlreichen gelben Körnern, die nahezu das gesamte Organ bedeckten.

»Der arme Mann ist in ein Maissilo gefallen und erstickt«, flüsterte Stern stolz. »Und schauen Sie sich mal dieses prächtige Exemplar an.«

Olga drehte sich um – und sprang zurück. Sie starrte in das nächste Glas und damit in das Gesicht eines Mannes, in dessen Schädel eine Axt steckte.

»Wunderbar, nicht wahr«, sagte Stern. »Heute darf man das ja alles nicht mehr so machen. Das alles stammt noch aus der Nazizeit und der DDR. Wir haben außerdem noch ...«

Dengler legte wieder den Finger auf den Mund, und Stern schwieg.

Er ging zur Tür und schlich nach draußen. Als er am Treppenabsatz angekommen war, hörte er, wie Professor Kullmann unten die Tür ihres Büros abschloss.

»Vielen Dank«, sagte sie zu dem Sicherheitsmann.

»Hauptsache, es war kein Einbruch. Und es ist nichts gestohlen worden.«

»Der verdammte Stern«, brummte Kullmann. »Der hat mich völlig aus dem Konzept gebracht.«

Der Wachmann lachte. »Er soll ja eine Braut haben. Ein heißer Feger, hat mein Kollege erzählt.«

»Der bildet sich viel zu viel ein. Wie immer.«

Dengler hörte, wie die beiden miteinander sprechend sich entfernten, er wartete, bis unten die große Haupttür ins Schloss fiel und abgeschlossen wurde.

Er ging zurück zu Olga und Stern ins Kabinett.

»Wir werden die Nacht wohl hier verbringen müssen«, sagte er zu den beiden, nahm sein Handy aus der Tasche und informierte den draußen wartenden Marius Brauer mit einer SMS.

»Herrlich«, sagte Stern und strahlte Olga an. »Die erste Nacht mit seiner Verlobten in diesem Kabinett zu verbringen – das ist der Traum eines jeden Rechtsmediziners.«

## 48. Der Beweis

Keine gute Nacht: Die Holzdielen in dem Kabinettsraum waren hart, außerdem schnarchte Stern so heftig, dass Olga kaum Schlaf fand. Wenn sie die Augen aufschlug, sah sie die Axt im Kopf des armen Mannes, dessen Reste in dem großen Glaszylinder direkt über ihr schwammen. Hin und wieder knuffte sie Stern in die Seite, dann unterbrach er mit einem Röcheln das Schnarchen. Doch leider hielt die Wirkung dieser Therapie nur jeweils wenige Minuten an.

Am frühen Morgen hörten sie Geräusche aus den unteren Etagen, die ersten Angestellten kamen zur Arbeit. Stern reckte sich. »Was für eine aufregende Nacht«, rief er Olga zu, die ihn mit müden Augen anstarrte.

Kurze Zeit später gingen sie an dem überrascht aufsehenden Pförtner hinaus auf die Straße. »Ich lade Sie alle zu einem Kaffee und einer heißen Dusche zu mir ein«, sagte Stern. »Und dann möchte ich gerne das Obduktionsergebnis sehen.«

Dengler informierte Marius Brauer. Als sie alle um den Wohnzimmertisch von Professor Stern saßen, traf Brauer ein. Er lachte, als er erfuhr, wo sie die Nacht verbracht hatten.

Stern: »Ich musste erst pensioniert werden, um auf diesen ausgezeichneten Gedanken zu kommen. Und ich muss wirklich sagen: Madame Olga, meine fantastische Verlobte! Wie Sie diese Schlüssel an sich gebracht haben. Hervorragend!«

»Gelernt ist gelernt«, sagte Olga und schob ein Portemonnaie zu ihm über den Tisch.

»Aber … das ist ja meins!«

»Gelernt ist gelernt«, sagte Olga. »Mir wurde das schon als Kind beigebracht. Und Georg konnte ich mit dieser Fähigkeit schon öfter helfen.«

»Soso«, sagte Stern leicht verwirrt und steckte das Portemonnaie ein.

Dengler blätterte in seinem Handy. »Wir haben das gesamte Gutachten. Es ist gut lesbar.«

Er wischte mit seinem Finger, um neue Seiten zu lesen.

»Lesen Sie vor! Spannen Sie uns nicht länger auf die Folter!«, rief Stern.

»Keine Panik! Also:

Zur Sektion gelangte die Leiche des 38jährigen Mannes, Uwe Mundlos. Die nachgewiesenen oberflächlichen und großflächigen Hautverbrennungen an der linken Hand und an den Beinen sind mit der Auffindesituation in einem ausgebrannten Wohnmobil vereinbar. Hinweise auf eine Rußeinatmung oder ein Rußverschlucken wurden nicht festgestellt.
In der Mundhöhle zeigten sich Verletzungen mit den typischen Kriterien einer Einschussverletzung im Sinne eines sog. Mundschusses (Beschmauchung, strahlige Zerstörung des Gaumens), während auf der Kopfoberseite eine große Schädelaufreißung mit nachweisbarem partiellem Hirnverlust zwanglos dem Ausschuss zugeordnet werden kann. Der Schusskanal verläuft somit von der Mundhöhle (Gaumen) steil ansteigend durch den Schädel zur Kopfoberseite.
Das Verletzungsmuster weist auf ein Geschoss größeren Kalibers hin.«[37]

»Das ist doch schon mal was«, sagte Brauer. »Es gibt bei Mundlos keinerlei Hinweise auf Rußpartikel, weder eingeatmete noch verschluckte.«

»Lesen Sie doch mal den toxikologischen Bericht vor. Der interessiert mich am meisten«, rief Stern dazwischen.

»Warten Sie. Hier haben wir die Beschreibung der Kopfverletzung«, sagte Dengler.

```
B) Innere Besichtigung
I. Kopfhöhle
43. Schädeldachtrümmerbruch. In der zer-
störten und weit aufgerissenen Schädelhöhle
Resthirn und die zerrissene harte Hirnhaut.
Resthirn mit massiven Zerstörungen, teil-
weise Rinde und Mark noch abgrenzbar. Rest-
hirngewicht 558 g.
44. Gesichtsschädeltrümmerbruch: Trümmer-
bruch der Mittelgesichtsknochen. Unterkie-
ferbruch. Bei völliger Zerstörung der Schä-
delbasis freier Blick von Mundhöhle zur
Kopfhöhle.
45. In der Mundhöhle eigene, fest sitzende
Zähne.«[38]
```

»Den toxikologischen Bericht«, schrie Stern ungeduldig.

»Warten Sie doch. Ich suche ja noch danach. Aber eine Frage – hier wird gesagt: In der Leiche finden sich 558 Gramm Resthirn. Wie schwer ist das Gehirn eines Mannes üblicherweise?«

»Ungefähr 1400 Gramm«, sagte Stern.

»Bei unseren Thüringer Neonazis kann es aber auch weniger sein«, warf Brauer ein, aber niemand reagierte auf den Scherz.

Dengler: »Dann hat Mundlos also durch den Schuss zirka 900 Gramm Hirn in das Wohnmobil geblasen. Dazu kommt eine Menge Blut.«

»Krönleinschuss«, sagte Brauer. »Klassische Kriminallehre. So steht es …«

Er sah, dass Dengler ihm einen genervten Blick zuwarf und schwieg sofort.

Dengler: »Ich hab hier jetzt das toxikologische Gutachten. Moment …« Er wischte mehrmals mit dem Zeigefinger über die Oberfläche des Smartphones. »Hier sind die Untersuchungsergebnisse.«

»Mensch Dengler, lesen Sie endlich«, sagte Stern.

Dengler las:

»An flüchtigen Substanzen wurde im Oberschen-kelvenenblut lediglich Aceton und Isopro-panol nachgewiesen, die physiologisch im menschlichen Stoffwechsel gebildet werden. An Fremdsubstanzen wurden lediglich normale Mengen Coffein in Herzblut und Urin nachge-wiesen, die aus toxikologischer Sicht nicht relevant erscheinen.«

»Um Gottes willen, Dengler«, rief Stern dazwischen und sprang auf, »wie ist der Kohlenmonoxid-Hämoglobin-Wert? Suchen Sie doch mal diese Stelle im Gutachten.«

»Sternchen«, sagte Olga. »Du hast die ganze Nacht gelärmt. Jetzt hör einfach mal zu.«

Stern murmelte etwas Unverständliches und setzte sich wieder.

Dengler fuhr fort:

»Hinweise auf die Anwesenheit von Drogen-oder Medikamentenwirkstoffen … haben die Untersuchungen nicht ergeben.«

Stern schnappte nach Luft, wollte etwas sagen, aber ein Blick von Olga brachte ihn zum Schweigen.

Dengler las weiter: »Jetzt kommt die Stelle, auf die wir alle warten, Herr Professor:

Aufgrund der Auffindesituation in einem ausgebrannten Wohnmobil wurde zum Ausschluss einer Rauchgasvergiftung die Kohlenmonoxid-Hämoglobin-(CO-Hb)-Konzentration im Herzblut bestimmt. Die dabei erhaltene CO-Hb-Konzentration lag mit 3% im physiologischen Normbereich, so dass eine Rauchgasvergiftung definitiv ausgeschlossen werden kann.«[39]

Alle saßen schweigend am Tisch, nicht einmal Professor Stern sagte irgendetwas.

Dengler blickte auf. »Wie ist dieses Ergebnis zu verstehen, Herr Professor?«

Stern sah ihn mit müden, aber klaren Augen an. »Das bedeutet, dass Uwe Mundlos Nichtraucher war. Selbst ein Raucher hätte einen höheren Wert.«

Er zögerte einen Augenblick.

»Kann ich das selbst mal lesen?«

Dengler reichte ihm das Handy. Stern studierte die Dokumente auf dem Display, öffnete und schloss Aufnahmen, vergrößerte einzelne Ausschnitte. Schließlich reichte er Dengler das Gerät zurück.

Leise sagte er: »Ihr wollt wissen, was das im Ergebnis heißt? Das heißt, dass dieser Mann kurz vor seinem Tod weder ein Feuer gesehen und erst recht kein Feuer entfacht hat. Beide waren mit hoher Wahrscheinlichkeit bereits tot, als das Feuer im Wohnmobil ... ausbrach.«

Er stützte sein Gesicht auf beide Hände. »Die ganze Stregda-Geschichte stinkt zum Himmel. Das habe ich schon immer irgendwie vermutet. Aber jetzt ... jetzt haben wir Beweise. Es ist ein riesiger Unterschied, ob man etwas vermutet oder etwas wirklich weiß. Ich bin Beamter. Ich habe immer an den Staat ...«

Er rang um Fassung.

Marius Brauer legte seine Hand auf Sterns Oberarm: »Herr Professor, was ich Ihnen jetzt sage, ist sehr wichtig. Sie wissen jetzt, dass die beiden in Stregda keinen Selbstmord verübt haben. Dieses Wissen ist gefährlich. Sie dürfen darüber mit niemandem reden. Ihre Sicherheit ist gefährdet, wenn Sie darüber reden. Wenn Sie mit anderen Personen darüber reden, gefährden Sie auch deren Sicherheit und vielleicht deren Leben.«

Stern sah sie alle an und nickte. Tränen standen in seinen Augen: »Ich wollte das unbedingt wissen. Vielleicht war das ein schwerer Fehler.«

## 49. Beratung

Marius Brauers kleines Apartment in der Erfurter Altstadt war nur wenige Minuten vom Dom entfernt. Dengler und Olga saßen in der Küche auf barhockerähnlichen Stühlen um einen hohen Tisch, Brauer stand am Herd, die Ärmel hochgekrempelt, und schälte und schnitt Kartoffeln.

»Bratkartoffeln Thüringer Art – ist das o. k. für euch?«

»Großartig«, sagte Dengler. Olga schwieg.

»Altes Thüringer Rezept«, sagte Brauer. »Die Kartoffeln in dünne Scheiben oder Spalten schneiden. Ein paar große Zwiebeln brauchen wir auch. Die müssen in kleine Stücke geschnitten werden.«

Er nahm drei Zwiebeln von einer hölzernen Schale und begann sie zu häuten. Dann schnitt er sie auf einem Brett klein. Er wischte sich Tränen aus den Augen. »Das liegt an den verdammten Zwiebeln. Nicht, weil jemand die beiden Idioten umgelegt hat.«

Aus dem Wandschrank holte er eine Pfanne, goss etwas Sonnenblumenöl hinein und ließ es heiß werden. Dann gab er die rohen Kartoffelscheiben hinein, briet sie an, pfefferte und salzte sie.

»Ich weiß nicht, ob wir mit dem, was wir herausgefunden haben, vor einem Gericht Bestand hätten«, sagte Dengler.

»Wieso nicht?«, fragte Olga.

Dengler zog sein schwarzes Notizbuch aus der Tasche.

»Ich schreib mal die Punkte auf, die wir ermittelt haben: Erstens, die Geschosse, die Mundlos und Böhnhardt töteten, durchschlugen jeweils ihre Schädel und traten dann durch die Außenwand des Campers aus. Doch die Geschosse wurden nicht am Tatort Stregda gefunden.«

Marius Brauer schüttete Paprikapulver über die Kartoffeln und rührte es mit einem hölzernen Kochlöffel unter. »Das bedeutet im Grunde nur, dass die Kollegen nicht gut genug gesucht haben oder dass sie woanders erschossen wurden. Vielleicht an dem Platz, an dem sie nach dem Banküberfall die Räder eingeladen haben, oder auf dem Weg zu dem Platz, wo der Camper gefunden wurde. Zeit genug gab es ja zwischen dem Banküberfall kurz nach 9 Uhr und dem Auffinden des Campers um 12 Uhr.«

»Zweitens: Beide Männer starben jeweils durch einen Krönleinschuss. Die Obduktion ergab bei Mundlos ein Resthirn von 558 Gramm, bei Böhnhardt eine Resthirnmasse von 102 Gramm. Sie verloren dadurch gut 800 Gramm, beziehungsweise rund 1300 Gramm, also beide zusammen über 2 Kilogramm Gehirn. Diese Gehirnmassen müssen durch die weit geöffneten Schädeldecken an den Tatort ausgebracht worden sein. Doch in den Akten findet sich kein einziger Hinweis, dass von der Tatortgruppe im Wohnmobil überhaupt Hirnreste gefunden und asserviert wurden.«

Brauer: »Das aber legt den Schluss nahe, dass die beiden außerhalb des Campers, sagen wir mal, zu Tode kamen.«

»Drittens«, sagte Dengler, »in dem Zeitraum, in dem die beiden Streifenpolizisten die Knallgeräusche gehört haben, also in zwanzig Sekunden, können die Taten einfach nicht begangen worden sein. Das ist viel zu kurz für Tötung, Brandstiftung und Selbstmord.«

»Daraus ergibt sich jedoch die Frage«, sagte Olga, »was die Polizisten da gehört haben wollen.«

»Sie sprachen von Knallgeräuschen. Der vernehmende Beamte machte in seinem Bericht daraus ›Schüsse‹.«

»Wie soll das gehen?«, sagte Brauer. »Wenn die beiden schon tot sind – woher kommen dann diese Knallgeräusche in dem Camper?«

Aus zwei kleinen Tontöpfen entnahm er trockenen Majoran und eine Prise Kümmel und streute es in die Pfanne. »Ich nehme gerne ordentlich Kümmel«, sagte er. »Die Kartoffeln haben eine schöne Farbe. Und der Clou ist: Jetzt erst kommen die Zwiebeln dazu.«

Nachdenklich rührte er um. »Da passt einiges nicht zusammen – nach unserer Theorie.«

»Noch nicht«, sagte Dengler. »Und vor allem wissen wir nicht, was Harry Nopper damit zu tun hat.«

»Noch nicht«, sagte Marius Brauer.

Dann füllte er die Thüringer Bratkartoffeln auf ihre Teller.


## 50. Observation


Am nächsten Morgen stand Dengler um sieben Uhr im Büro einer Autovermietung in der Weimarischen Straße, buchte einen dunklen VW Golf und ließ sich dann von der freundlichen Stimme des Navigationssystems in die Haarbergstraße leiten. Die Büros des Verfassungsschutzes waren in einem großen, fast hellweißen, ziemlich unansehnlichen Bürobau mit einem rot-braun gestrichenen Vorbau untergebracht. Dengler stellte den Wagen in einer Parkbucht ab, von der aus er einen guten Blick auf den flachen Vorbau des Gebäudes und den Eingang hatte.

So wie er Nopper einschätzte, würde dieser nicht allzu früh im Büro erscheinen. Also stellte er sich auf Warten ein. Warten und Beobachten – das immerhin hatte er gelernt als Zielfahnder. Allerdings würde Nopper wohl mit dem Wagen ins Amt kommen, das Auto vermutlich in einer Tiefgarage abstellen und mit dem Aufzug in sein Büro fahren. Dengler stieg aus und suchte auf dem Parkplatz vor dem Gebäude nach reservierten Stellplätzen. Dann entdeckte er die Zufahrt.

Dengler wartete.

Er wartete vergebens. Er beobachtete die kommenden und abfahrenden Wagen. Hinein- und hinausgehende Personen. Nopper war nicht dabei.

Olga rief ihn an. Sie hatte die Krämerbrücke überquert, sich dann in der »Steinernen Chronik der Stadt« – der Michaelisstraße – umgesehen und hatte zum Schluss noch die alte Synagoge besichtigt. Jetzt saß sie in einem Bistro. »Wunderschöne Stadt«, sagte sie. »Magst du nicht kommen? Ich sitze am Fischmarkt und trinke einen Kaffee.«

Die Wahl zwischen Nopper und Olga fiel ihm nicht schwer. Er ging zurück zum Golf und fuhr ins Zentrum. Unterwegs rief er Marius Brauer an. »Willst du mit Olga und mir einen Kaffee trinken?«

»Gute Idee«, sagte Brauer. »Ich hab eine Überraschung für euch beide. Nichts, was man am Telefon erzählen sollte. Aber nimm dir heute bitte nichts vor.«

»Ich wollte das Landesamt überwachen und Nopper folgen«, sagte Dengler.

»Der läuft dir nicht weg«, sagte Brauer. »Heute Abend machen wir etwas anderes.«

»Wann treffen wir uns?«, fragte Dengler.

»Um 14.30 Uhr am Parkhaus Domplatz, von da aus gehen wir zu einem Café in der Nähe.«

*

Dengler hörte Brauer kommen, bevor er ihn sah. Der Motor des Porsche gab einen satten Ton von sich, allerdings einen verwundeten, kranken Ton, der die Ankunft Brauers von Weitem verkündete. Brauer parkte seinen röhrenden Boxster. Fünf Minuten später schlenderten die drei über den Platz vor dem Erfurter Dom. Als sich der LKA-Mann etwas erschöpft wirkend auf den lederbezogenen Kaffeehaus-Stuhl neben Olga fallen ließ, stöhnte er: »Das wird wieder teuer. Vielleicht ist der Auspuffkrümmer hin.«

»Sehr laut, dein Schätzchen«, sagte Dengler. »Pass auf, dass die Polizei dich nicht erwischt.«

»In Erfurt kennt jeder Kollege mein Auto«, sagte Brauer. »Da passiert so schnell nichts. Aber die Kiste muss in die Werkstatt.«

»Und jetzt bitte die Überraschung.«

»Wir bekommen heute Abend Besuch. Ein Feuerwehrmann. Er heißt Horst Wagner und ist einer von denen, die in Stregda dabei waren. Er ist über zehn Ecken mit meiner Exfrau verwandt. Und ist in der freiwilligen Feuerwehr. Ich musste ihm jedoch hoch und heilig versprechen, dass das nur ein inoffizielles Gespräch wird. Er wird leugnen, dass er mit uns gesprochen hat, wenn das irgendwie rauskommt.«

»Wovor fürchtet er sich?«

»Das wird die erste Frage sein, die ich ihm stelle.«


## 51. Feuerwehr


Horst Wagner[40] war Mitte fünfzig, kräftige, untersetzte Figur, der Bauch wölbte sich deutlich über einen schwarzen Ledergürtel, ovales Gesicht mit Knollennase, die an einer Stelle rot geädert war, ein deutliches Zeichen, dass er gerne trank; bis auf zwei Streifen graues Haar rechts und links des Schädels war er kahlköpfig. Er trug dunkelblaue Jeans, ein blaues T-Shirt und darüber einen leichten Pullover.

Wagner wirkte nervös und fühlte sich sichtlich unwohl in Brauers kleiner Wohnung. Er gab Dengler und Olga zwar die Hand zur Begrüßung, schaute sie jedoch nicht an, stattdessen sah er lieber auf den Boden oder studierte die Urlaubsfotos von Brauer, gerahmte Farbfotografien aus Havanna, die in weißen Rahmen an den Wänden hingen. Zu viert saßen sie um den Wohnzimmertisch, Wagner und Brauer auf der Couch, Dengler und Olga in den beiden Sesseln.

»Erst mal ein Schnäpschen, Horst?«

Wagners Gesicht hellte sich kurz auf, um sich gleich darauf wieder in Falten zu legen.

»Also ich bin ganz inoffiziell hier. Du gehörst ja zur Familie. Das hier ist also eher eine Familiensache. Du musst mir versprechen, Marius, dass nichts davon irgendwo schriftlich auftaucht oder so. Sonst gehe ich jetzt lieber.« Er schickte einen unsicheren Blick zu Dengler und Olga.

Marius stellte zwei Gläser hin und goss ihm und sich einen Schnaps ein.

Er sagte: »Dieses Gespräch findet eigentlich gar nicht statt, Horst. Es ist so eine Art Hintergrundgespräch. Dein Name tut da gar nichts zur Sache. Und die beiden«, er deutete auf Dengler und Olga, »sind völlig verschwiegen.«

»Hintergrundgespräch ist gut«, sagte Horst Wagner und betrachtete das Glas vor sich.

»Zum Wohl«, sagte Marius und hob das Glas.

»Prostata«, sagte Wagner und kippte den Schnaps in einem Schluck hinunter. »Aah, der ist aber gut.«

»Ja«, bestätigte Marius Brauer, »der hat's in sich. Ein Kollege brennt den selbst. Sag mal, warum bist du eigentlich so vorsichtig? Ich will nicht sagen ängstlich, aber irgendwie vielleicht schon.«

»Wir wurden ja vergattert …«

»Vergattert?«

»Ja. Ich darf darüber eigentlich gar nicht reden.«

Er blickte sich um, und Dengler sah, dass Wagner mit sich rang, ob er nicht einfach aufstehen und gehen sollte.

Brauer schenkte ihm noch ein Glas Schnaps ein. Wagner lehnte sich wieder auf der Couch zurück. Er schüttelte den Kopf. »Wenn ich gewusst hätte, was dieser Einsatz alles nach sich ziehen würde, glaub mir, ich wäre da nicht mitgefahren. Hätte mich krankgemeldet an dem Tag. Bauchweh, Durchfall, irgendwas. Aber das war ja gar nicht absehbar. Für uns war es zunächst ein normaler Fahrzeugbrand. Nichts, worüber man sich aufregen muss. Aber dann …«

»Was heißt vergattert?«

»Wir wurden extra noch mal zu einer Versammlung zusammengerufen. Wir haben ja regelmäßige Treffen, wir haben Dienstversammlungen, in denen wir unsere Schulungen durchführen, wir haben regelmäßig praktische Ausbildung. Aber das war eine außerplanmäßige Versammlung, zu der wir gerufen wurden.«

Brauer: »Wann war das?«

Wagner: »Ein oder zwei Wochen danach. Genau kann ich das nicht mehr sagen.«

Brauer: »Und wer berief die Versammlung ein?«

Wagner: »Der Wehrführer. Der macht das sonst nie.«

»Wie heißt der?«

»Namen will ich eigentlich nicht nennen, Marius.«

»Gut. Willst du noch einen Schnaps?«

»Einen noch. Meine Frau holt mich nachher ab. Ich muss nicht selbst fahren.«

Brauer schenkte nach. »Prostata«, sagte er.

Ein guter Vernehmer, dachte Dengler.

»Prostata«, antwortete Wagner.

»Und der Wehrführer hat euch darauf hingewiesen, dass ihr jetzt Stillschweigen zu bewahren habt in der Sache Einsatz in Stregda?«

»So in etwa.«

»Ist das üblich?«

»Das ist total unüblich. Wir sind ja sowieso verpflichtet, Stillschweigen zu wahren über die Einsätze. Wir wurden noch nie extra so vergattert wie wegen dieser Sache.«

»Und wie verlief der Einsatz?« Brauer lehnte sich zurück.

»Wir kommen da hin, nach Stregda, meine ich. Kaum fangen wir an, sind da gleich so viele Zivile rumgesprungen. Ich meine, die haben sich dann später als zivile Beamte rausgestellt.«

»Was meinst du mit ›viele‹?«, fragte Brauer.

»So fünf bis zehn, grob geschätzt. Bloß wegen eines Brands in einem Wohnmobil!«

»Wieso war eigentlich kein Notarzt bei dem Einsatz dabei? Es hätte doch sein können, dass da noch jemand im Camper bewusstlos drinliegt.« Der Tonfall von Brauers Stimme klang jetzt, als würde er sich nach etwas Nebensächlichem erkundigen.

»Frag mich nicht! Ich hätte als Erstes den Krankenwagen und einen Arzt gerufen. Dann wäre ich zum Löschen übergegangen und hätte geguckt, ob jemand drin ist. Aber ich bin ja bloß ein kleiner Feuerwehrmann, freiwillige Feuerwehr, nicht mal Berufsfeuerwehr.«

Dengler mischte sich ein. »Nachdem der Brand gelöscht war. Ging da ein Polizeibeamter in den Camper?«

»Ja. Gleich nachdem wir den Brand gelöscht hatten.«

»Hat er reingeschaut – oder ging er in das Wohnmobil?«

»Er hat sich vorgebeugt, hat reingeschaut …«

»Und dann?«

»Dann ist er reingegangen.«

»Und war ein Notarzt vor Ort zu diesem Zeitpunkt?«

»Nein.«

Brauer: »Weißt du, wer da in den Camper hineinging?«

»Ja. Das weiß ich allerdings. Das war der Chef.«

»Stenzel?«

»Ich wollte eigentlich keine Namen sagen.«

»Du kannst auch nicken, wenn's stimmt.«

Wagner nickte. »Ich stand ja daneben. Wir hatten eben die Tür aufgemacht.«

»Wie lange war er drin?«

»Das kann ich jetzt nicht mehr sagen. Es ist zu lange her, aber schon ...«

»Hast du auch reingeguckt?«

Wagner rutschte auf der Couch hin und her.

Brauer.»Das ist hier alles inoffiziell. Mach dir keine Sorgen.«

Wagner:»Inoffiziell. O. k. Natürlich hab ich reingeguckt.«

## 52. Telefonat Sicherheitsmann

»Ich sollte doch die Augen offen halten«, sagte der Sicherheitsmann.»Also ich weiß nicht, ob das wirklich wichtig ist.«

»Dann erzähl einfach, was du erzählen willst«, sagte die Stimme am anderen Ende der Leitung.

»Komische Geschichte. Frau Professor Kullmann – oder muss ich Frau Professorin Kullmann sagen?«

»Scheißegal. Erzähl weiter.«

»Also die Kullmann rief an, weil sie gemerkt hat, dass an ihrem Schlüsselbund drei Schlüssel fehlen. Der Hauptschlüssel zu den Ausgängen und der zu ihrem Büro. Sie sitzt im Auto und fährt nach Hause, und da merkt sie, dass ...«

»Das hast du bereits gesagt. Du brauchst dich nicht zu wiederholen.«

»Also ruft sie mich an, weil sie ja jetzt nicht mehr in das Institut kommt. Und die Schlüssel weg sind. Und ich sag natürlich, da lass ich sie gern rein. Sie ist ja die Chefin und sie ...«

»Weiter.«

»Also sie kommt an und ich lass sie rein, zum Haupteingang. Und geh mit ihr zum Büro. Da fehlt ihr ja auch der Schlüssel. Aber das Büro war nicht abgeschlossen.«

»Und dann?«

»Ja und dann? Da liegen die fehlenden drei Schlüssel auf ihrem Schreibtisch und sie kann sich das alles nicht erklären.«

»Drei Schlüssel?«

»Ja. Aber ich weiß nicht, wo der dritte hingehört.«

»Und dann?«

»Die war völlig verwirrt. Sie konnte sich partout nicht erinnern, dass sie die Schlüssel von ihrem Schlüsselring abgenommen hat. Sie hat es auf ihren Besuch geschoben. Ihr Vorgänger war da. Der war schon am Tag vorher da. Und der war sehr komisch.«

»Komisch?«

»Ich hab ihn gesehen. Der hatte 'ne Frau dabei, also so 'ne Frau, an die so ein Typ normalerweise nicht rankommt. Die hatte …«

»Namen?«

»Professor Stern, der war jahrelang der Chef. Der Vorgänger von Kullmann.«

»Und die Frau?«

»Keine Ahnung.«

»War's das?«

»Am Morgen ziemlich früh war der Professor wieder da. Mit der Frau. Ein Kollege hat gesehen, wie die aus dem Seitenausgang raus sind.«

»Sonst noch was?«

»Das war's eigentlich. Ich hab ja gesagt, ich weiß nicht, ob das wichtig ist. Ist bloß wegen … ich soll doch die Augen offen halten.«

## 53. Feuerwehr (2)

»Aber jetzt muss ich mal was anderes loswerden. Die Polizei hat uns nicht gesagt, dass da Schüsse gefallen sind. Ich denk mal, der normale Menschenverstand sagt doch, der Feuerwehr muss man doch was sagen, wenn da geschossen wurde. Die hätten ja noch leben und auf uns schießen können. Darüber gab es noch einige Diskussionen bei uns. Normal ist doch, dass man zur Feuerwehr sagt: Passt auf, da sind Schüsse gefallen, seid vorsichtig. Aber nichts davon, gar nichts, wir bekamen keine Information. Nichts.«

»Deshalb habt ihr auch keine Maßnahmen zur Eigensicherung getroffen.«

Wagner schüttelte den Kopf. »Nichts. Wir hatten keine Ahnung. Keine Information ist da geflossen. Da hätten ja noch verletzte Brandopfer drin sein können. Stattdessen forderte uns ein Polizist auf, wir sollten vorsichtig löschen, weil da vielleicht Tote drin sind und die Spurenlage erhalten bleiben sollte.«

Dengler beugte sich vor. »Hab ich das richtig verstanden: Ziel der Feuerwehr ist es doch, Menschenleben zu retten. Und da sagt die Polizei, bitte vorsichtig löschen. Und sie sagt, da können Tote drin sein?«

Wagner starrte Dengler an: »Tja, wenn sie das schon vorher gewusst haben.«

Marius Brauer: »Und du hast dann auch reingeschaut? Was hast du gesehen?«

»Turnschuhe mit Beinen dran.«

»Sorry, du siehst da Turnschuhe mit Beinen dran. Ich meine: Ist es denn möglich, das einzuschätzen, dass das ein Toter ist? Hätte doch ein Verletzter sein können.«

»Wir von der Feuerwehr gehen immer erst mal von einem Verletzten aus.«

»Hätte man nicht spätestens jetzt einen Notarzt rufen müssen?«

Wagner fuhr sich mit der flachen Hand über die Glatze. »Normal schon.«

Dengler: »Es wurden Fotos gemacht?«

»Ja, vom Einsatzleiter der Berufsfeuerwehr.«

»Von welcher Position aus hat er fotografiert?«

»Er ist reingegangen und hat dann nach links hin fotografiert. Dort war der Brandherd.«

»Wo genau?«

»Hinter dem Fahrerbereich war eine Kochecke, ein Herd, gegenüber ein Tisch. Dort muss irgendwo das Feuer ausgebrochen sein.«

»Am Herd? Am Tisch?«

»Ja. Irgendwo da, in der Mitte des Wohnmobils.«

Brauer: »Hast du die Leichen gesehen?«

Wagner fuhr sich erneut mit der Hand über die Glatze. »Ich hab sie gesehen.«

»Du standest in der Tür. Mit welchem Abstand von dir ...?«

»Ich weiß nicht. Etwa 20 Zentimeter vor mir. Da waren die Füße von dem einen. Der lag praktisch im Eingangsbereich. Der andere saß hinten links im Heckteil am Boden. Beide kein schöner Anblick.«

Brauer: »Das glaube ich dir. Da denkt man, ein ganz normaler Brand in einem Wohnwagen, nichts Besonderes. Und dann das.«

Dengler: »Haben Sie Waffen im Inneren des Wohnmobils gesehen?«

»Ich hab nichts gesehen von Waffen.«

Dengler: »Wie bitte? Können Sie das noch einmal wiederholen?«

»Ich hab nichts gesehen von Waffen. Auf dem Tisch könnte eine Pistole gelegen haben. Aber mehr war da nicht.«

»Was geschah dann?«

»Die Kamera wurde beschlagnahmt.«

»Mit den Fotos vom Brandherd und dem Camper ohne Waffen. Wer hat die Kamera beschlagnahmt?«

»Also Marius, Namen will ich nicht ...«

»Stenzel? Du brauchst nur zu nicken, wenn es stimmt.«

Wagner rollte mit den Augen, dann nickte er. »Es gab eine Diskussion zwischen Stenzel und dem Einsatzleiter. Der wollte die Kamera erst nicht rausrücken. Der Stenzel hätte sich die Fotos ja auch auf dem normalen Dienstweg beschaffen können. Die Feuerwehr hilft doch der Polizei. Das ist doch klar. Null Problemo. Da braucht man doch nicht die Kamera zu beschlagnahmen. Später, hab ich gehört, bekam die Berufsfeuerwehr die Kamera zurück – mit einer leeren Speicherkarte. Das ist doch merkwürdig.« Brauer: »Allerdings.«

»Aber das Merkwürdigste ist etwas anderes. Als der Stenzel aus dem Wohnmobil wieder rauskam, fluchte er. Er hatte einen ganz roten Kopf und sagte etwas, was ich nicht kapiert habe.«

Dengler, Olga und Brauer starrten Wagner gebannt an.

»Er sagte: ›Den Nopper‹ – oder so ähnlich – ›werd ich einbuchten wegen dieser Sauerei‹.«[41]

Schweigen.

»Wer ist das eigentlich – dieser Nopper? Kennt ihr den?«

Marius Brauer stand auf und lächelte: »Ja, Horst, den kennen wir.«


Rückblende

## 54. 3. Januar 2011, Ku-Klux-Klan

Auf der Rückfahrt zur Botschaft pfiff Spencer einen alten Countrysong von Hank Williams und trommelte mit den Fingern vergnügt auf die Lederpolster.

*Hey, I'm drinkin' that whiskey*
*Out of that glass*
*And if that ain't country*
*Well boys, you can kiss my ass*

Die NSA würde ihn in Kürze über die internen Diskussionen zwischen der Kanzlerin und ihrem Finanzminister unterrichten. Er machte sich keine Sorgen. Dieser fanatische Minister würde zurückgepfiffen und der absurde Steuerplan still und leise beerdigt werden.

Keine Frage, das Thema war wohl erledigt.

Er hatte ihnen die Instrumente gezeigt.

Der *chief of station* der CIA an der Botschaft hatte ihn auf dem Laufenden gehalten über eine Operation in Baden-Württemberg, einem Bundesland im Süden Deutschlands. Wieder einmal bewunderte er die komplexe Arbeit der CIA. Ihre Voraussicht. Und die Effektivität, mit der die *agency* in Deutschland operierte. Sie hatten vor einigen Jahren einen *confidential informant* angeworben, den Spencer nur unter der Abkürzung *AS* kannte und der damals für den baden-württembergischen Verfassungsschutz arbeitete. Er bekam von der CIA den Auftrag, eine Niederlassung des Ku-Klux-Klans in Baden-Württemberg zu gründen.

*Honey pot* nannte die CIA die Strategie, die sie mit der Ku-Klux-Klan-Gründung im Süden Deutschlands verfolgte. Der Klan war ein Honigtopf, mit dem die CIA in den frühen 2000er-Jahren glaubwürdig an die Neonaziszene in Thüringen andocken konnte. Der Thüringer Heimatschutz war eine Gruppe, die vom deutschen Bundesamt für Verfassungsschutz und dem Erfurter Landesamt kontrolliert wurde. Der Plan der CIA war es, diese Gruppe in eine schwere Straftat zu verwickeln, diese exakt zu dokumentieren, um so ein besonderes Druckmittel gegen die deutsche Regierung in der Hand zu haben. Für alle Fälle.

*AS* machte seine Arbeit gut. Die CIA sorgte dafür, dass einige Polizisten aus Böblingen in den Klan aufgenommen wurden, die bereits von den auf demselben Gelände früher dort stationierten *special forces* in diesem Sinn bearbeitet worden waren.

Der *chief of station* hatte ihm Fotos gezeigt von einer Kreuzverbrennung bei Schwäbisch Hall, die diese Gruppe durchgeführt hatte. Spencer hatte herzlich gelacht, als er diese Bilder betrachtete, denn die Aktion sah aus wie eine schlecht inszenierte Operette. Sie brannten noch nicht einmal das grob zusammengenagelte Kreuz richtig ab, sondern AS und seine Kumpane hatten Teelichter darauf abgestellt – wie auf einem Adventskranz. Dann hatten sie sich vor dem Regen in AS' Wohnung geflüchtet. Es war im wahrsten Sinne komisch, aber es hatte die Wirkung, die die CIA wollte. Der *honey pot* funktionierte.

Über einen Rechtsradikalen namens Thomas Richter bekam die CIA Kontakt zu drei flüchtigen Neonazis aus Thüringen. Es gelang, sie am Tag einer geplanten Operation im April 2007 in die Heilbronner Gegend zu locken. Sie hatten ein Wohnmobil gemietet, und die CIA sorgte dafür, dass die Nummer des Wagens bei einer Kontrolle notiert wurde.

Das war ausreichend, um später den Verdacht auf sie zu lenken, wenn das nötig sein sollte.

Allerdings wäre die ganze Sache aus anderen Gründen fast schiefgegangen. Thomas Richter spitzelte auch für die andere Seite, für das Bundesamt für Verfassungsschutz in Köln, unter dem Codenamen *Corelli*. Über ihn erfuhr dann der baden-württembergische Verfassungsschutz von AS' Ku-Klux-Klan-Aktivitäten. Enttäuscht, weil AS ihnen nicht davon berichtet hatte, schaltete der baden-württembergische Verfassungsschutz ihn als V-Mann ab.

Der *chief of station* war über *Corelli* damals ziemlich sauer, so schien es Spencer jedenfalls. Er werde sich den Mann noch einmal vorknöpfen, sagte er zu ihm.[42] Das alles lag nun schon ein paar Jahre zurück.

Nachdem Spencer wieder in der Botschaft eingetroffen war, mailte er einen Bericht über das Gespräch mit der Kanzlerin und dem Finanzminister nach Washington.

Zwei Tage später erfuhr er von der NSA, dass die Kanzlerin die Besteuerungspläne aufgegeben hatte. Schließlich meldeten es auch die Zeitungen.

Er lächelte und griff zum Hörer.

## 55. Observation (2)

Am nächsten Morgen parkte Dengler den dunklen Golf erneut schräg gegenüber dem Hochhaus, in dem der Verfassungsschutz seine Büros hatte. Er beobachtete die Personen, die ein und aus gingen, die parkten, die aus der Garage kamen oder hineinfuhren.

Nichts. Harry Nopper war nicht dabei.

Die Mission in Thüringen war beendet.

Bis auf einen, den letzten Punkt.

Was hatte Harry Nopper mit alldem zu tun?

Stenzel wusste es. »Den Nopper werde ich einbuchten wegen dieser Sauerei«, hatte er gesagt, als er aus dem Camper ausstieg – nachdem er die Leichen von Mundlos und Böhnhardt gesehen hatte.

Sollte er Stenzel aufsuchen? Ihn befragen?

Doch Stenzel steckte viel zu tief in der Sache drin. Er hatte wahrscheinlich den Tatort manipuliert. Die Ermittlungen behindert. Er hatte Straftaten begangen.

Dengler ließ die Aussage von Wagner noch einmal in sich nachklingen: Den Nopper werde ich einbuchten wegen dieser Sauerei.

Olga rief an. »Ich sitze wieder in demselben Café. Magst du herkommen? Außerdem kenne ich langsam die Stadt. Sie ist nicht sonderlich groß.«

»Morgen fahren wir zurück.«

\*

Am Nachmittag verließ er das Hotel in der Nähe der Krämerbrücke und fuhr mit dem Golf noch ein letztes Mal zu dem schon fast vertrauten Standplatz.

Fast hätte er ihn übersehen.

Nopper glitt in einem größeren dunklen Audi an ihm vorbei.

Fast hätte er ihn nicht erkannt.

Nopper hatte sich einen Vollbart wachsen lassen.

Er war fett geworden.

Dengler wendete den Golf und setzte sich hinter den Audi. Zwei Wagen waren zwischen ihnen. Perfekt. Nopper fuhr die Kranichfelder Straße hinunter, Dengler blieb an ihm dran. Vor einer Bahnunterführung in der Nähe des Hauptbahnhofs bog Nopper in die Schillerstraße ab. Der Wagen vor ihm, ein grüner BMW, fuhr geradeaus. Jetzt war nur noch ein Auto zwischen ihnen. Sie überquerten den Gera-Flutgraben. Irgendwann bog der Audi vor ihnen rechts ab, und – ein paar Straßen weiter – meldete das Navigationssystem Dengler, dass er jetzt in der Gustav-Adolf-Straße war. Ein nobles Quartier, dreistöckige große Häuser, Akademikerviertel, schätzte Dengler. Als Nopper den Audi am Straßenrand abstellte, fuhr Dengler weiter, bog ab und parkte den Golf. Er stieg zügig aus und sah noch, wie Nopper die Wohnungstür aufschloss.

Er ging auf der Straße ein Stück weiter, drehte sich um und ging zurück. Ohne den Kopf zu heben, sah er, wie Nopper im dritten Stock ein Fenster zur Straße weit öffnete. Auch Verfassungsschützer litten unter der Hitze.

Volltreffer.

Dengler ging ruhig an dem Haus vorbei, bog in die nächste Straße ein, stieg in den Golf, notierte sich Noppers Adresse und fuhr zurück ins Hotel.

Es war Zeit, Erfurt zu verlassen.

## 56. Gespräch mit Frau Professor Kullmann

»Frau Professor Dr. Kullmann, mein Name ist Gerhard Braun. Ich bin verantwortlich für die Sicherheit in den Gebäuden unserer Kunden, und das hier ist mein Kollege Heiner Jung. Wir haben erfahren, dass drei Schlüssel abhandengekommen sind. Nun wollen wir uns vergewissern, dass nichts fehlt, dass nichts gestohlen wurde; sie verstehen.«

»Es wurde nichts gestohlen. Ich hab das natürlich sofort überprüft. Hier im Büro – es lag alles an seinem Platz.«

»Es waren drei Schlüssel. Dürfen wir fragen, wozu die Schlüssel passen?«

»Wir können das Gespräch kurz halten, meine Herren. Es war der Schlüssel für die Außentüren, der Schlüssel zu diesem Büro und der Schlüssel zu den Aktenschränken. Aber es fehlt nichts. Nichts hier im Büro. Nichts in den Schränken. Ich habe offensichtlich die Schlüssel aus Versehen hier auf dem Tisch liegen lassen.«

Frau Kullmann stand auf. »Ich muss jetzt …«

Doch die beiden Männer blieben auf den Stühlen vor ihrem Schreibtisch sitzen.

»Nur damit wir sichergehen. Für unseren Bericht. Sie haben diese drei Schlüssel von ihrem Schlüsselbund abgemacht?«

Kullmann setzte sich wieder.

»Nein, das ist ja das Merkwürdige. Daran kann ich mich nämlich nicht erinnern. Aber sie lagen hier.« Sie deutete auf die Ecke ihres Schreibtisches. »Wahrscheinlich war ich nervös. Ich habe sie jedenfalls nicht bewusst abgezogen.«

»Gab es einen Anlass? Etwas Besonderes, das Sie nervös gemacht hat?«

»Allerdings. Mein Vorgänger hat mich besucht. Er hat eigentlich nie akzeptiert, dass ich … dass eine Frau seine Nachfolge antritt. Und dass sie es dann noch nicht einmal schlecht macht. Er war hier.«

»Darf ich fragen: Warum machte Sie das so nervös, dass Sie eventuell unbewusst Schlüssel von Ihrem Bund abzogen?«

»Stern benimmt sich immer noch so, als wäre das hier sein Büro. Das klingt vielleicht etwas kleinlich, aber ich ertrage es nicht, wenn es an der Tür klopft und er schreit ›Herein‹, als wäre das immer noch sein Revier hier.«

»Das kann ich gut verstehen. Das würde mir auch, entschuldigen Sie den Ausdruck, kräftig auf den Sack gehen. Wo verwahren Sie Ihre Schlüssel denn üblicherweise?«

»Der Schlüsselbund steckt meist in meiner Handtasche.«

»Sie erinnern sich, dass Sie sie herausgenommen haben?«

»Nein. Daran erinnere ich mich nicht.«

»Und Sie und Professor Stern waren während seines Besuchs die ganze Zeit allein hier in diesem Büro?«

»Nein, er hatte seine Verlobte mitgebracht. Die wollte er mir vorstellen. Es war alles ein bisschen absurd.«

»Absurd? Warum?«

»Die Frau ist viel zu jung für ihn. Ich denke, eine Rumänin. Kurzer Rock, enormes Dekolleté. Wenn Sie verstehen, was ich damit sagen will.«

»Nein, das verstehe ich nicht.«

»Sie passen nicht zusammen. Stern ist steinalt. Impertinent. Anstrengend. Was will eine so junge Frau von einem Kerl, den sie spätestens in ein paar Jahren beerdigen wird?«

»Die Wege der Liebe sind manchmal unergründlich, Frau Professor.«

»Papperlapapp – Wege der Liebe.«

»Sie waren also zu dritt. Die ganze Zeit?«

»Ja, sicher. Ich muss jetzt wirklich los. Vielen Dank für Ihre Mühe. Ich werde in Zukunft …«

»Noch eine Frage zum Schluss: Und Sie haben, als Sie nach Hause gingen, Ihr Büro nicht abgeschlossen?«

»Das war wohl nicht mein Tag.«

Die beiden Männer standen auf. »Das war's dann von uns.«

Sie gingen zu dritt an die Tür.

»Sie sehen, diesmal schließe ich ab.«

Dann blieb sie stehen. »Ich wurde kurz herausgerufen. Ein Polizist wollte etwas wissen, wegen einer Leiche, die er ... seltsam, das lag schon Ewigkeiten zurück.«

»Und in der Zeit waren Professor Stern und seine Verlobte allein in Ihrem Büro. Wie lange?«

»Ein paar Minuten. Mehr nicht.«

»Kennen Sie den Namen des Polizisten?«

»Natürlich. Marius Brauer vom LKA. Früher hatten wir öfter mit ihm zu tun.«

## 57. Rückfahrt

Marius Brauer besuchte sie am Morgen ihrer Abreise im Hotel. Sie frühstückten zusammen.

»Hat Spaß gemacht, euch kennenzulernen. Aber hast du jetzt etwas gegen Nopper in der Hand?«

Dengler schüttelte den Kopf.

Olga sagte: »Wir wissen, dass Nopper etwas damit zu tun hat. Das war vor der Aussage des Feuerwehrmanns noch nicht so eindeutig klar.«

Brauer: »Aber das reicht bei Weitem nicht, um Nopper irgendwie dranzukriegen, oder?«

Dengler: »Tja, das reicht bei Weitem nicht. Vor allem wissen wir immer noch nicht, wie die Operation in Stregda wirklich gelaufen ist. Ich gehe inzwischen von einer Exekution aus. Jemand hat die beiden Neonazis ausgeschaltet. Aber: Die beiden Streifenpolizisten haben sie noch gehört. In dem Camper drin. Ich krieg es noch nicht zusammen.«

Olga: »Was haben die beiden Bullen denn gehört?«

Dengler: »Ihre Aussagen sind eindeutig. Sie kamen an den Camper und hörten ein Geräusch, das so klang, als würden Stühle im Inneren des Wohnwagens gerückt. Dann zwei oder drei Knallgeräusche, die das BKA als Schüsse interpretiert hat. Und schließlich das Feuer, das im Beisein der beiden Polizisten ausgebrochen ist.«

Brauer: »Da war also noch jemand im Wohnwagen, als die beiden Kollegen davorstanden.«

Dengler: »Sieht so aus.«

Olga: »Die dritte Person, die von Zeugen gesehen wurde, als sie aus dem Wohnwagen floh.«

Dengler: »Vielleicht. Wir wissen, dass Stenzel und das BKA Falschaussagen gemacht haben. Und zwar doppelt: vor dem Untersuchungsausschuss in Berlin und in den internen Berichten. Sie sagen: Wegen der eingezäunten und unzugänglich tiefen Grube sei eine Flucht nicht möglich gewesen. Der Zaun war niedrig und stellte sowieso kein Problem dar. Die Grube ist offenkundig leicht begehbar. Doch wir wissen nicht, wann die Zeugen diese dritte Person gesehen haben.«

Brauer: »Wir wissen noch zu wenig.«

Dengler: »So ist es.«

Brauer: »Werdet ihr weitersuchen?«

»Worauf du dich verlassen kannst.«

»Ich bleibe auch dran. Ich glaube, ich befrage einmal die Hausbewohner.«

Olga sagte: »Sei vorsichtig. Du bist nicht mit dem Fall befasst.«

Brauer nickte. »Aber ich bin ein altmodischer Mensch. Den ersten Schwur meines Lebens habe ich als Polizist abgelegt. Freiwillig. Mit großer Überzeugung. Und ich nehme ihn immer noch ernst.«

Dengler sah ihn nachdenklich an. »Pass auf dich auf.«

Brauer lachte. »Das verspreche ich euch beiden gern.«

Sie standen auf und umarmten sich.

*

Auf der Rückfahrt setzten sich Dengler und Olga in den Speisewagen des ICE. Sie bestellten Kaffee und blickten schweigend in die vorüberfliegende Landschaft.

»Du musst diese Marlies anrufen«, sagte Olga nach einer Weile.

Dengler erwiderte nichts und rührte mit dem Löffel in seinem Kaffee.

»Sie hat dir doch nur einen Teil der Unterlagen geschickt.«

Er nickte.

»Ruf sie an.«

Dengler sagte: »Wir können auch einfach aufhören.«

»Ja, das könnten wir. Aber wollen wir mit dieser Ungewissheit leben? Deine Albträume würden bleiben. Wir würden uns immer fragen, ob es richtig gewesen ist, aufzugeben.«

»Olga, wir sind offensichtlich einem Staatsverbrechen auf der Spur. Hinzu kommt: Wir haben mit Stenzel und Co nur die Leute gesehen, die den Dreck weggeräumt haben. Wir haben noch nicht einmal die leiseste Ahnung, wer die eigentlichen Drahtzieher sind. Es sind unsichtbare Gegner, mächtige Gegner, die jede Lüge in die Welt setzen können, und die Menschen werden sie glauben.«

»Ich weiß das alles.«

»Es könnte gefährlich werden.«

»Ich weiß.«

Dengler sah die Frau an, die er mehr als alles auf der Welt liebte. Dann streckte er die Hand aus, und Olga schlug ein.

Dengler stand auf und wählte Marlies' Nummer.

## 58. Arthur

Marius Brauer fuhr den Boxster im Schritttempo auf den Parkplatz des LKA. Er stieg aus und schloss den Wagen ab. Bald würde er ihn reparieren müssen. Er schüttelte sich bei der Vorstellung von der fetten Rechnung für die Ersatzteile, die er dann wieder bezahlen musste. Trotzdem: Er war froh, dass er den Wagen hatte. Zärtlich fuhr er mit der rechten Hand über die Motorhaube. Alles selbst lackiert.

Alles selbst montiert.

Seine Ablenkung.

Seine Meditation.

Seine Methode, den ganzen Wahnsinn zu vergessen.

Brauer wandte sich um und ging über den Parkplatz zum Eingang des LKA. Ein fähiger Kollege, dieser Dengler. Brauer lächelte bei der Erinnerung, wie sie sich die Obduktionsberichte beschafft hatten. Er hatte eine kämpferische Freundin. Ihm gefiel diese Olga. Sehr sogar.

»Marius.«

Oh Gott, nicht diese Stimme am frühen Morgen.

»Marius!«

Arthur kam die Treppe herunter. Er strahlte, als freue er sich, ihn zu sehen.

»Marius, gut, dass wir uns treffen. Ich wollte schon immer mal deinen Porsche sehen.«

Meinen Porsche, dachte Marius Brauer. Seit wann interessiert sich Arthur für irgendetwas, was mit mir zu tun hat? Und sei es nur der Porsche.

»Können wir nicht mal ein Stück zusammen fahren?«

Brauer sah seinen Chef misstrauisch an. »Schon … wann willst du …?«

»Jetzt. Komm, lass uns einmal um das LKA fahren.«

»O. k. Wenn du willst …«

Sie gingen zurück zum Parkplatz.

»Früher waren wir ja nicht gerade Freunde«, sagte Arthur. Er legte einen Arm um Brauers Schultern. »In der Schule. Da waren wir dumme Jungs. Hatten von nichts eine Ahnung. Aber jetzt ... Ich freue mich, dass wir zusammenarbeiten. Wir Ossis müssen uns ja hier irgendwie behaupten. Uns haben sie schließlich keine Buschprämie gezahlt. Wir sind ja die Neger.«

Er lachte. Er lachte auf dieselbe fiese Tour wie früher.

Brauer ging schnell auf die Fahrerseite, sodass Arthur den Arm wegnehmen musste, er schloss den Boxster auf und setzte sich hinter das Steuer. Sein Chef setzte sich auf den Beifahrersitz. »Bin gespannt, was die Kiste draufhat.«

Sie fuhren um den Block. »Kannst auch mal richtig Gas geben«, sagte Arthur. »Wir sind ja die Polizei.«

Brauer drückte das Pedal durch, und der Porsche machte einen Satz nach vorne.

»Großartig«, murmelte Arthur und klammerte sich am Sitz fest. »Wenn auch ein bisschen arg laut ...«

»Der Auspuff ist im Eimer. Ich brauche dringend einen neuen. Aber im Augenblick ... der Kontostand ... du verstehst.«

»Ich frage mich sowieso, wie du dir eigentlich so eine Karre leisten kannst. Ich meine, ich weiß doch, was du verdienst«, fragte Arthur, als Brauer den Wagen wieder in die Parkbucht fuhr.

»Die Kiste habe ich eigenhändig aus verschiedensten neuen und gebrauchten Teilen zusammengeschraubt. Allein dafür geht fast mein gesamtes Geld drauf.«

»Das hab ich mir schon gedacht«, sagte Arthur. »Aber es wird immer viel geredet im LKA, weißt du? Wie kann der Brauer sich so ein Auto leisten und so weiter.«

Arschloch, dachte Brauer und sagte nichts.

Sie stiegen aus.

»Die Rechtsmedizin hat angerufen. Wegen einer Sache, die du neulich von der Kullmann wissen wolltest. Der Fall ist doch schon lange abgeschlossen. Worum ging es da eigentlich?«

»Hatte ein schlechtes Gefühl. Kriminalisteninstinkt. Wollte einfach sichergehen. Manchmal verfolgt einen ja so ein alter Fall. Man überlegt hin und her, geht noch mal alles durch. Ich lag aber daneben mit meinem Misstrauen. Die Sache hat sich erledigt.«

»Das hoffe ich auch, Marius«, sagte Arthur und ließ ihn stehen. Dann, als er vor der Treppe stand, drehte er sich noch einmal um. »War schön, dass wir uns zufällig getroffen haben und ich mit dir eine Runde fahren konnte. Tolles Auto.«

Marius Brauer blieb stehen und wartete, bis sein Chef verschwunden war. Dann ging er zurück in den Hof bis zum Häuschen des Pförtners.

»Kam gerade zu der unverhofften Ehre, dass mein Chef in meinem alten Boxster eine Runde mit mir drehen wollte.«

Der Pförtner nickte. »Ich musste ihn extra anrufen, wenn du mit deiner Kiste hier reinfährst.«

Brauer lächelte.

Das Spiel ist eröffnet, dachte er.

# Vierter Teil

## Heilbronn

# 59. Der Mord in Heilbronn

Der Mordfall Kiesewetter: Stoff, aus dem Thriller sind

Am 25. April 2007 wird die Polizistin Michèle Kiesewetter in Heilbronn erschossen, ein Kollege schwer verletzt. DIE TÄTER: Laut Anklage das NSU-Trio Uwe Böhnhardt, Uwe Mundlos und Beate Zschäpe. DIE ZWEIFEL: Warum Kiesewetter? Welchen Auftrag hatte die Polizei an diesem Tag in Heilbronn? Und was ist mit den blutverschmierten Männern?

*Von Holger Witzel (Stern, 15. Dezember 2014)*

So viel Zufall – daran klammern sich die Ermittler offenbar bis heute – kann nur Zufall sein: dass ausgerechnet in Heilbronn eine Polizistin aus Thüringen von Thüringer Neonazis hingerichtet wird. Dass sich gleichzeitig arabische Extremisten und osteuropäische Mafiosi, V-Leute und US-Agenten in der Stadt tummeln. Dass mehrere blutverschmierte Menschen vom Tatort flüchten, aber angeblich nichts damit zu tun haben. Schon deshalb – so die offizielle Version dieser Geschichte – können auch Michèle Kiesewetter und ihr Kollege Martin A. an diesem 25. April 2007 nur zufällig am falschen Ort gewesen sein.

Die beiden Polizisten parken ihren Streifenwagen kurz vor 14 Uhr im Schatten einer alten Pumpstation auf der Theresienwiese. Das Gelände zwischen Bahngleisen, Neckar und Innenstadt dient Pendlern als Parkplatz, hundert Meter südlich wird gerade der Rummel für das Maifest aufgebaut. Die Beamten plaudern und rauchen – und haben keine Chance, als sich die Täter von hinten anschleichen.

Michèle Kiesewetter, 22, sitzt bei offenem Fenster am Lenkrad. Ihr Kollege, damals 24, erinnert sich später, dass sie noch dachten, da wolle jemand eine Auskunft. Dann enden auch bei Martin A. alle Bilder. Von einem Kopfschuss getroffen, sackt er auf dem Beifahrersitz zusammen. Sein letzter Gedanke, bevor er Wochen im Koma liegt, gilt noch seiner Sonnenbrille. Seine Kollegin ist sofort tot. Ihr Killer beugt sich über sie, um an ihre Waffe zu kommen. Bei A. zerrt gleichzeitig jemand mit solcher Gewalt an der Pistole, dass eine Befestigungsschraube aus dem Lederholster reißt. A. fällt dabei aus dem Auto. Hinterher fehlen neben den Dienstwaffen drei Magazine mit insgesamt 39 Patronen. (...) Die Tat selbst hat niemand gesehen. Dafür berichten gleich fünf Augenzeugen unabhängig voneinander von blutverschmierten Männern, die aus der Nähe des Tatorts geflüchtet seien. Dazu passen Erkenntnisse der Tatortanalyse, dass mindestens ein Täter großflächig mit dem Blut von Michèle Kiesewetter in Berührung gekommen sein muss. Eine Autofahrerin beschreibt einen 30 bis 35 Jahre alten Mann mit rundem Gesicht und dunkelblonden glatten Haaren, der in einen Wagen sprang. Sie hält ihn für einen »Russen«. Sein Arm und die ganze linke Seite seien voll Blut gewesen.

Ein Mann, dessen Identität als »zuverlässige Vertrauensperson« der Polizei geheim bleiben soll, beobachtet an einer anderen Stelle eine ganz ähnliche Szene, hörte den Fahrer zudem »dawai, dawai« rufen – russisch für schnell. Weitere Zeugen beschreiben, wie Verdächtige im Wertwiesenpark vor einem Polizeihubschrauber flüchten. Ein Radfahrer sieht am Neckarufer eine Frau und zwei Männer, von denen sich einer die blutigen Hände im Fluss wäscht. Jahrelang gehen die Ermittler von bis zu sechs Tätern aus. (...) Doch dann scheint der komplizierte Fall plötzlich ganz einfach: In Eisenach tauchen am 4. November 2011 in einem ausgebrannten Wohnmobil die erbeuteten Dienstwaffen wieder auf. Daneben liegen Uwe Mundlos und Uwe Böhnhardt, die mit ihrer Freundin Beate Zschäpe 1998 in Jena untergetaucht waren. Als Kern der rechtsextremen Terrortruppe Nationalsozialistischer Untergrund (NSU) sollen sie 14 Jahre lang unentdeckt von Behörden Morde verübt und Banken ausgeraubt haben. Im Brandschutt ihres mutmaßlich letzten Verstecks in Zwickau finden sich außerdem die Tatwaffen von Heilbronn. (...)

Seitdem gilt Michèle Kiesewetter als zehntes und letztes Opfer des NSU. Ihre Hinrichtung ist Teil der Anklage gegen Beate Zschäpe und ein paar mutmaßliche Unterstützer, die sich seit Mai 2013 vor dem Oberlandesgericht München verantworten müssen. Und doch bleiben bei keiner anderen mutmaßlichen NSU-Tat so viele Fragen offen, werden Ermittlungsergebnisse, Zeugenaussagen und andere Widersprüche so hartnäckig ignoriert wie in Heilbronn.

Mit dem Motiv fängt es an: Zuerst hatte selbst BKA-Präsident Jörg Ziercke noch über »erstaunliche« Erkenntnisse aus dem Thüringer Umfeld der Polizistin und sogar von einem »Beziehungsdelikt« gesprochen. Doch dann legten sich BKA und Bundesanwälte in wenigen Tagen auf ihre Theorie von den »Zufallsopfern« und den Einzeltätern fest. Böhnhardt und Mundlos, so glauben sie, hätten aus Hass auf den Staat gemordet. Nach neun ähnlich willkürlich ausgewählten Opfern mit türkischen und griechischen Wurzeln hätten sie sich 2007 für zwei von bundesweit etwa 250 000 Polizisten entschieden. (...)

Der ostdeutsche Neonazi Thomas R. – unter dem Decknamen »Corelli« bis zu seiner Enttarnung 2012 gleichzeitig eine der Topquellen des Bundesamtes für Verfassungsschutz – gehörte einem europäischen Ableger des Ku-Klux-Klans in Schwäbisch Hall an. Im selben Verein war zeitweise auch der Polizist Timo H. aktiv, am Tag ihres Todes Kiesewetters Einsatzleiter. Sein mutmaßlicher Geheimbundbruder R. soll in den 90er-Jahren mit den beiden Uwes zu tun gehabt haben, was der stets bestritt. Erwähnungen in und Spenden des NSU an Nazi-Fanzines, deren Internetseiten auch R. mit Anzeigen und technischen Dienstleistungen unterstützte, lassen zumindest Zweifel an »Corellis« Aussagen zu.

Ungeklärt blieben ähnlich geheimnisvolle Andeutungen des Neonazi-Aussteigers Florian H. aus Eppingen bei Heilbronn. Er soll Arbeitskollegen bereits im Sommer 2011 – Monate bevor der NSU aufflog – erzählt haben, dass Rechtsextremisten hinter dem Polizistenmord steckten. Gegenüber dem LKA wiegelte er später ab, und der Fall kam zu den Akten.

Zumindest regional decken sich solche frühen Hinweise mit den Angaben des pensionierten Verfassungsschützers Günter Stengel, dem ein Informant im Raum Heilbronn schon 2003 von einer rechten Terrorgruppe namens NSU erzählt und der sogar den Namen Mundlos erwähnt haben soll. Der Bericht dazu, so kam vor dem Bundestagsuntersuchungsausschuss heraus, sei seinerzeit auf Anweisung seiner Vorgesetzten vernichtet worden.

Wie so oft im gesamten NSU-Komplex wirken im Nachhinein womöglich auch kleine Pannen ganz und gar nicht mehr zufällig. So hinterfragt heute auch kein offizieller Strafermittler mehr, (...) was es mit dem amerikanischen Elitesoldaten auf sich hat, der eine Dreiviertelstunde vor dem Mord auf der Autobahn 6 bei Heilbronn in einem BMW mit Tarnkennzeichen der US-Streitkräfte geblitzt wurde.

Am Steuer saß Master Sergeant Andrew H., der damals wie Kiesewetters Einheit in Böblingen stationiert war. H. war auf islamistischen Terror spezialisiert und wurde inzwischen wieder in die USA versetzt. BKA-Fragen nach seinem Auftrag an diesem Tag wurden von den Amerikanern nie beantwortet. Die deutschen Ermittler hakten auch nicht nach. (...)

Inzwischen gibt es auch für die Anwesenheit von US-Agenten in Heilbronn weitere Indizien. Eine geheime Mail- und Faxkorrespondenz zwischen BND, Bundesanwaltschaft und Kanzleramt bezieht sich auf eine interne Prüfung der Amerikaner, die eine »Beteiligung von zwei Mitarbeitern des FBI ergeben habe«. Nach Aktenlage, die zuerst Andreas Förster in seinem Buch »Geheimsache NSU« – zu dem auch ein Mitautor dieses Artikels beitrug – enthüllte, verzichtete der BND allerdings auf weitere von den Amerikanern angebotene Gespräche zu den Hintergründen. (...)

Selbst für Heilbronn vermerkt das BKA in einem Ermittlungsbericht der Bundesanwaltschaft vom 22. Oktober 2012 noch: »Ein eindeutiger Nachweis, dass zumindest Uwe Böhnhardt und Uwe Mundlos am Tattag in unmittelbarer Tatortnähe waren, konnte bislang nicht erbracht werden.« Letztlich war nur das Kennzeichen eines vermutlich von ihnen benutzten Wohnmobils in der Ringfahndung hängen geblieben. Und die entscheidenden Fragen konnte bisher auch der Mammutprozess gegen Beate Zschäpe und ihre mutmaßlichen Unterstützer in München nicht klären: Waren die zwei NSU-Mitglieder allein in Heilbronn? Waren sie überhaupt dort? Und wenn nicht, wer hat Michèle Kiesewetter dann umgebracht? (…)

Im September 2013 soll Florian H. noch einmal beim LKA aussagen, jener junge Mann, der den Polizistenmord schon so früh mit Neonazis in Verbindung brachte. Doch am Tag der Vernehmung liegt der 21-Jährige tot in seinem ausgebrannten Auto. Die Behörden gehen von Suizid aus Liebeskummer aus, seine Eltern widersprechen heftig.

Thomas R. alias Corelli stirbt unter ähnlich mysteriösen Umständen. Seine Rolle als V-Mann im NSU-Netzwerk beschäftigt nicht nur das Parlamentarische Kontrollgremium des Bundestags, seit in verschiedenen Verfassungsschutzämtern Datenträger auftauchten, die R. bereits 2005 und 2006 übergeben haben soll und die sich auf den NSU beziehen. Er hätte auch ein wichtiger Zeuge für Verbindungen der Terroristen nach Süddeutschland sein können. Anfang April 2014 wird R. jedoch tot in seiner Wohnung gefunden, wo er mit neuer Identität unter Zeugenschutz lebte. Niemand wusste vorher, dass der 39-Jährige an einer schweren Diabetes litt.

## 60. Brauer fasst einen Entschluss

In den folgenden Tagen erledigte Brauer Schriftkram, tippte Vernehmungsprotokolle und schrieb Vermerke. Zwischendurch rief er bei verschiedenen Porsche-Händlern an, checkte die Ersatzteilangebote im Internet und erkundigte sich nach den Preisen für eine neue oder gut erhaltene Auspuffanlage mit Dichtungen und Chrom-Endrohren für seinen Boxster. Die Angebote schwankten, doch kein brauchbares lag unter 700 Euro. Eine eindeutige Überforderung seines leeren Kontos. Er wandte sich wieder dem Schreibkram zu, doch seine Gedanken schweiften immer wieder ab.

Mundlos, Böhnhardt, Zschäpe, der NSU und der Thüringer Heimatschutz – alles war durch den Besuch dieses Georg Dengler und seiner Freundin Olga wieder aufgewühlt worden. Er hatte das alles hinter sich lassen wollen.

Wie einige seiner Kollegen nahm er damals an, dass mindestens einer von den gesuchten dreien V-Mann (oder V-Frau) von Nopper gewesen war, vermutlich Beate Zschäpe, die Klügste im sogenannten Trio. Oder die Raffinierteste. Beweisen konnten sie es nie.[43]

Sie wussten, dass der Verfassungsschutz ihre Ermittlungen behinderte. Sie hörten die Telefonate der Neonazis ab und lauschten den Instruktionen der V-Mann-Führer. Aber nicht einmal im Traum hätte er es für möglich gehalten, dass jeder Vierte des Thüringer Heimatschutzes von Nopper und Co bezahlt worden war und möglicherweise immer noch bezahlt wurde.

Jeder Vierte!

Damals stocherte er im Nebel. Seine Ehe war zerbrochen, weil er an nichts anderes mehr hatte denken können. Nach der Scheidung bewarb er sich auf eine andere Position. Wirtschaftskriminalität. Er wollte den ganzen NSU-Komplex vergessen.

Doch jetzt war alles wieder da. So frisch wie damals. Er sehnte sich nach seinem früheren unschuldigen Glauben an die Demokratie zurück, er sehnte sich nach der großen Freude, die er damals empfunden hatte, nachdem die DDR zugrunde gegangen war.

Brauer legte die Hände wieder auf die Tastatur. Doch es gelang ihm nicht, sich auf das langweilige Vernehmungsprotokoll vor ihm zu konzentrieren.

Er rief Arthur an. »Heute ist nicht mein Tag. Wenn es o. k. ist, nehme ich für den Rest des Tages Urlaub.«

»Brauchst du doch nicht. Du hast so viele Überstunden. Setz dich in deinen Schlitten und fahr nach Hause. Und morgen bist du wieder da, in alter Frische.«

Brauer fuhr den Rechner herunter und steckte die Heckler & Koch ins Halfter. Dann fuhr er nach Stregda.

## 61. Neue Akten

Endlich ging die Zeit der großen Hitze zu Ende. Bereits am Abend ballten sich Wolken über der Stadt zusammen und entluden sich in einem heftigen Gewitter. Lang herbeigesehnter Regen prasselte auf Stuttgart herunter, auf der Wagnerstraße bildete sich entlang des Bürgersteigs ein Bach, der rasch anschwoll und in großer Eile abwärtsfloss, als wäre er nicht sicher, dass er die vielen Wasserströme bewältigen könnte, die von allen Seiten herandrängten.

Dengler stand am Fenster und beobachtete die fallenden und fließenden Wasser. Er dachte an Marlies – dankbar und mit schlechtem Gewissen, weil er sie so bedrängt und sich ihr gegenüber noch nie auf irgendeine Weise erkenntlich gezeigt hatte. Sie hatte ihm einen Stick mit verschlüsselten Daten geschickt. Olga hatte sie lesbar gemacht und Georg geraten, sich einen weiteren Computer anzuschaffen – einen, den er nicht ans Internet anschließen und ausschließlich zum Lesen dieser Akten nutzen sollte.

Er beschloss, Marlies einen großen Strauß Blumen zu schicken.

## 62. Brauer vernimmt Nachbarn

Marius Brauer begann mit dem Haus, das dem Tatort direkt gegenüberlag. Ihm war klar, dass die Ereignisse lange zurücklagen, viel zu lange für genaue Zeugenaussagen. Aber er wusste aufgrund seiner Vernehmungserfahrung, dass sich manche Ereignisse tief ins Gedächtnis eingruben. Für die Nachbarn hier musste der 4. November 2011 ein solches Ereignis gewesen sein. Er drückte die unterste der Klingeln, aber niemand öffnete. Er probierte es an der nächsten und hatte mehr Glück.

»Landeskriminalamt, mein Name ist Marius Brauer. Ich habe einige Fragen. Bitte öffnen Sie die Tür.«[44]

Der Türöffner summte, und Brauer betrat das Haus. Im Türstock im ersten Stock stand eine Frau, etwa Mitte vierzig, sie trug Küchenhandschuhe aus Plastik, und in der Hand hielt sie das Rohr eines Staubsaugers. Brauer zeigte ihr seinen Dienstausweis. Die Frau warf nur einen kurzen Blick darauf.

»Kommen Sie herein«, sagte sie.

»Ich möchte Sie noch einmal nach den Ereignissen am 4. November 2011 befragen. Der Wohnwagen …«

Die Frau zog langsam die Handschuhe aus. »Ein schrecklicher Tag.«

»Würden Sie mir noch einmal Ihre Beobachtungen schildern?«

Brauer zog ein Notizheft aus der Tasche.

»Es ist schon etwas her, aber ich erinnere mich tatsächlich noch ganz gut. Ich war in der Küche. So wie heute. Um kurz vor zwölf, ich meine, es war etwa zehn vor zwölf, hörte ich es draußen knallen, und ich schaute durch das Schlafzimmerfenster. Ich sah das Wohnmobil dort stehen. Dann rief jemand ›Geh zurück‹, und da bin ich wieder in die Küche gerannt.«

»Haben Sie das Wohnmobil gesehen?«

»Ja, das stand dort.«

»Brannte es?«

»Ich glaube nicht.«

Mehr wusste die Frau nicht zu erzählen. Brauer bedankte sich und verließ die Wohnung.

★

»Ich kam gegen 11.30 Uhr von der Arbeit heim. Da stand das Wohnmobil vor dem Haus. Ich hatte es vorher noch nie gesehen. Mehr kann ich nicht sagen.«

★

»Am Tag zuvor stand das Wohnmobil schon einmal da. Das muss zwischen halb zwölf und zwölf Uhr gewesen sein. Da erinnere ich mich genau dran. Ist ja nicht zu übersehen, so ein Riesending.«

★

»Bei dem Brand hab ich dann vom Fenster aus zugesehen. Wie die Feuerwehr gelöscht hat. Vorher hab ich das Wohnmobil noch nie gesehen.«

★

»Ich meine, ich hätte den Camper schon am Tag vorher gesehen, wie er hier die Straße entlanggefahren ist. Aber sicher bin ich mir nicht.«

★

»Ich hab von der ganzen Sache nichts mitbekommen. Hab geschlafen. Tut mir leid, aber ich hab das total verpasst.«

★

»Der Camper ist mir am Morgen das erste Mal aufgefallen. Das muss so gegen acht Uhr gewesen sein. Da stand er am selben Platz, wo … Sie wissen schon.«

»Um acht Uhr? Sind Sie sicher?«

»Auf die Minute genau kann ich das nicht sagen. Es ist ja auch schon eine Weile her. Aber ich stehe immer so um acht Uhr auf. Das ist tägliche Routine. Ich weiß: Als ich das Rollo hochzog, stand der Camper da.«

»Sind Ihnen Personen aufgefallen? Ist Ihnen aufgefallen, ob jemand hineinging oder hinaus?«

»Nein, da ist mir nichts aufgefallen.«

»Haben Sie das Wohnmobil schon am Tag vorher gesehen?«

»Nein. Wenn ich es gesehen hätte, wäre es mir aufgefallen. Das ist ja ein großes Teil, das hätte ich gemerkt.«

*

»Welche Erinnerungen haben Sie an den 4. November 2011?«

»Ich hab's Ihren Kollegen ja schon erzählt. Ich wärmte gerade das Essen für das Kind auf, das muss so kurz vor 12 Uhr gewesen sein, da hörte ich Geräusche, so wie man eine Tür zuschlägt. Da schaute ich aus dem Fenster hinaus.«

»Erinnern Sie sich noch, wie viele dieser Geräusche das waren?«

»Zwei oder drei müssen das schon gewesen sein.«

»Erinnern Sie sich noch an den Abstand zwischen den Geräuschen.«

»Eigentlich nicht. Aber viel Abstand war das nicht.«

»Was sahen Sie, als Sie zum Fenster hinausschauten?«

»Da war ein Kollege von Ihnen, ein Polizist. Ein Nachbar kam aus dem Haus, der Polizist schickte ihn gleich wieder zurück.«

»Und dann?«

»Da waren erst diese knallartigen Geräusche. Dann brannte der Wohnwagen. Flammen schlugen aus dem Dachfenster. Ich hörte dann gleich auch die Sirene der Feuerwehr. Dann brachte ich das Kind nach hinten und beruhigte es.«

*

»Ich bin Lehrerin, und ich weiß noch ganz genau, dass ich am Vortag von diesem … dieser Sache, das muss dann der 3. November gewesen sein, um 15 Uhr aus der Schule nach Hause kam. Mein Parkplatz ist der, auf dem später dieser Wohnwagen stand. Aber am Vortag um etwa drei Uhr nachmittags parkte ich dort meinen Wagen. Da bin ich mir ganz sicher. Am Abend bin ich um 17.30 Uhr noch einmal weggefahren und kam gegen 20.30 Uhr zurück. Und ich parkte auf meinem Parkplatz. Absolut sicher. Da stand sonst niemand. Da war auch kein Wohnmobil in der Nähe.«
»Und am nächsten Tag?«
»Ich meine, ich verließ das Haus wie immer um 7.15 Uhr. Mein Auto stand auf meinem Parkplatz, und definitiv stand da kein Wohnmobil. Kurz vor drei kam ich dann von der Schule zurück. Und da war natürlich Polizei da und Feuerwehr, das volle Programm.«

*

»Ich weiß noch, dass ein Wohnmobil am Tag vorher durch die Straße fuhr. Das muss so um 17 Uhr gewesen sein. Es fuhr langsam, irgendwie suchend. Bei dem Schlamassel am nächsten Tag war ich nicht da, Gott sei Dank.«

*

»Ich arbeite bei der Bundespolizei. Ich bin an dem Tag um Viertel nach eins nach Hause gekommen.«
»Dann sind Sie ja mitten in die volle Aktion gekommen.«
»Ich habe nichts bemerkt.«
»Sie haben nichts bemerkt? Da standen doch ein ausgebranntes

Wohnmobil und ein Feuerwehrwagen, und es muss noch nach Rauch gerochen haben.«
»Ich habe nichts mitbekommen.«

*

»Am Vortag sah ich das Wohnmobil. Es fuhr mehrmals langsam durch die Straße. Das ist ja auffällig, so ein Wohnmobil. Das muss so um 11 Uhr oder 11.30 Uhr gewesen sein.«

*

»Ich habe das doch alles schon zu Protokoll gegeben. Aber mir glaubt ja sowieso kein Mensch. An dem Tag, als es hier in der Straße knallte, da stand das Wohnmobil schon um zehn Uhr da. Ich hab zum Fenster rausgeschaut, und da stand das riesige Ding. Ich weiß es genau. Aber in den Zeitungen steht ja alles anders.«

*

»Ich sah das Wohnmobil um halb neun vor der Tür stehen.«
»Um halb neun?«
»Sie können mir das glauben oder es bleiben lassen. Ich weiß es, weil ich die Regionalnachrichten um halb neun gehört habe.«

*

»Nach meiner Beobachtung stand das Wohnmobil um acht Uhr vor dem Haus.«
»Um acht Uhr?«
»Um acht Uhr. Ich hab aber keine Lust, das noch hundertmal zu erzählen und in den Zeitungen dann Lügen zu lesen.«

*

»Tja, wenn Sie die Wahrheit wissen wollen …«

»Ja, genau die suche ich.«

»Ich wohne, wie sie sehen, genau gegenüber. Schauen Sie mal aus dem Fenster. Da drüben, fünf Meter vielleicht, da ist es passiert.«

»Was haben Sie an dem 4. November beobachtet?«

»An diesem Tag, und das werde ich auch nie vergessen, fuhr ich um 8 Uhr nach Eisenach, weil ich zur Bank musste. Ich habe den Parkplatz vor meiner Nachbarin, also vor dem Parkplatz, auf dem später der Camper brannte. Ich weiß noch genau, dass ich um acht Uhr ohne Probleme rückwärts ausparken konnte. Da stand kein Camper dort.«

»Und dann?«

»Um 9.30 Uhr kam ich zurück. Und da stand das Wohnmobil schon da. Ich weiß es genau, weil ich nicht mehr auf meinen angestammten Parkplatz kam. Also stellte ich meinen Wagen direkt vor den Camper. Vielleicht hab ich ihn sogar zugeparkt. Ich war sauer.«

»Verständlich. Und dann?«

»Ich schaute mir die Kiste näher an. Das Autokennzeichen war ›V‹ für Vogtland.«

»Haben Sie Personen gesehen, die in den Camper hinein- oder hinausgingen, oder haben Sie Personen in dem Wagen gehört oder gesehen?«

»Nein. Ich habe in dem Camper nichts gehört, obwohl ich nahe ran bin. Ich hab mich sogar gebückt, um die unter dem Kennzeichen befindlichen Angaben zum Autohaus zu lesen. Das Fahrzeug stammte aus Treuen.«

»Was machten Sie dann?«

»Ich ging ins Haus und erledigte ein paar private Sachen. Etwa 12.15 Uhr kam ich wieder raus, und da standen zwei Polizisten mit gezogener Waffe vor der Tür und forderten mich auf, wieder in die Wohnung zu gehen. Das machte ich auch. Später ging ich dann wieder raus und gab meine Beobachtungen zu Protokoll.«

\*

Es dämmerte, als Brauer die Befragungen beendete. Er hatte einige Bewohner nicht angetroffen. Kurz überlegte er, ob er am nächsten Tag noch einmal herkommen sollte. Aber das war wohl nicht nötig.

Kaum saß Brauer wieder in seinem Wagen, rief er Dengler an: »Georg, ich hab noch einmal die Bewohner in Stregda befragt. Es ist ziemlich eindeutig: Der Camper stand wahrscheinlich schon gegen kurz nach acht, auf jeden Fall aber zwischen neun und halb zehn da, wo man ihn später fand. Ebenso sicher ist, dass er am Tag zuvor mehrmals gesehen wurde, wahrscheinlich, weil jemand einen Parkplatz für den nächsten Tag gesucht hat.«

»Marius, das kann nicht sein. Um diese Zeit haben Mundlos und Böhnhardt die Bank überfallen.«

»Ich bin genauso überrascht wie du. Allerdings sind es mehrere Zeugen, die das unabhängig voneinander aussagen. Glaubwürdige Zeugen. Einer erinnert sich noch genau, dass er seinen Wagen vor den Camper geparkt hat, weil der seinen Parkplatz blockiert hat.«

»Was bedeutet das?«

Brauer lachte. »Was das bedeutet? Dass die Lage klarer und zugleich verworrener wird. Denn Zeugen haben auch die Knallgeräusche im Wohnwagen gehört. Die gab es also tatsächlich. Eine Zeugin beschreibt es als Geräusche wie das Zuschlagen einer Wagentür.«

»Wie oft?«

»Zwei- oder dreimal.«

»Und wer, verdammt noch mal, hat dann die Bank überfallen?«

»Das ist jetzt die Frage. Ich weiß es nicht. Ich muss aufhören. Fahre gleich auf die Autobahn. Grüß deine schöne Freundin von mir.«

Marius Brauer legte auf. Er hatte die Auffahrt zur Autobahn erreicht. Geduldig blieb er hinter einem VW Polo und überholte ihn erst, als er auf die Überholspur wechseln konnte.

Den dunklen Audi hinter ihm bemerkte er nicht.

# 63. Die widersprüchliche Lage

Martin Klein, Mario und Leo Harder saßen bereits an ihrem Stammplatz, als Dengler und Olga die Tür des Basta aufstießen. Der kahlköpfige Kellner hielt sich im Hintergrund. Es gab keine lautstarke Begrüßung, eher sorgenvolle Mienen und Blicke. Dengler setzte sich, Mario schob ihm und Olga ein volles Glas hin. »Die Lage ist verworren«, sagte Dengler, ohne dass irgendjemand etwas gefragt hatte. »Wir haben Belege dafür, dass der Tod von Mundlos und Böhnhardt so etwas wie eine Exekution gewesen sein muss, aber wir haben auch ganz neue Hinweise, die nahelegen, dass sie gar nicht die Einbrecher in die Bank gewesen sein können. Warum das alles und von wem und wie – ich habe keine Ahnung!«

Alle blickten gedankenverloren in ihre Gläser. Olga durchbrach das Schweigen, indem sie die Hand hob, als bäte sie um das Wort, und sich so der Aufmerksamkeit der Runde versicherte: »Was Georg hier übrigens dezent verschweigt, ist die Tatsache, dass ich mich in all dem Durcheinander fast mit einem echten Professor verlobt hätte.«

Diese Mitteilung verfehlte ihre Wirkung nicht: Die Freunde blickten überrascht hoch, froh über die Ablenkung. Lachend erzählte Olga, wie sie sich die Obduktionsberichte und toxikologischen Befunde beschafft hatten. Dengler sah sie dankbar an. Die düstere Stimmung am Tisch und seine eigene Ratlosigkeit wichen dem Spaß an Olgas Schilderung von ihrem Auftritt als scharfe Braut im Institut der Jenaer Gerichtsmedizin, sie imitierte Professor Sterns krähende Stimme und schilderte die furchtbare Nacht im Gruselkabinett in allen Details: der Kopf mit der Axt, die Lunge voller Maiskörner, die anderen skurrilen Präparate in den Glaszylindern – und der schlimmste Horror: das Schnarchen von Professor Stern. Sie erzählte den Freunden von dem Gespräch mit dem Feuerwehrmann und von der Freundschaft zum Boxster-Fahrer Marius Brauer – und davon, wie schön Erfurt doch war.

Von Harry Nopper sprach sie nicht.

Martin Klein war derjenige, der die Runde wieder auf das Thema lenkte und Genaueres zum Stand der Dinge wissen wollte.

»Die Lage ist komplex«, sagte Dengler. »Wir haben Fakten, die im Grunde ausschließen, dass es sich um Mord an Böhnhardt, Brandstiftung, Selbstmord – alles begangen von Mundlos – handelt, wie es die offizielle Version und die Klageschrift gegen Beate Zschäpe und andere im Münchner Prozess behaupten. Aber es gibt auch Fakten, die genau dies nahelegen. Bis eben habe ich mich durch die Unterlagen gearbeitet, die das BKA erstellt hat. Und ich bin damit noch lange nicht zu Ende. Vielleicht zähle ich euch zunächst die Gründe auf, die für eine Exekution der beiden Neonazis durch Dritte sprechen.«

Alle nickten.

»Zunächst«, fuhr Dengler fort, »ein weiches Argument. Unser Freund Marius Brauer hat noch einmal mit den Leuten gesprochen, die in der Straße wohnen, in der der Camper gebrannt hat. Er sagt, einige glaubwürdige Zeugen hätten das Wohnmobil am Morgen des 4. November bereits *vor* 9.30 Uhr genau *dort* stehen sehen, wo es dann mittags von den beiden Streifenpolizisten aufgefunden wurde. Damit stimmen all die Aussagen der Leute nicht, die den Camper an anderer Stelle gesehen und beobachtet haben wollen, wie Mundlos und Böhnhardt Fahrräder in den Camper geladen haben. Die ganze Backstory ist also höchst zweifelhaft. Wenn man einmal davon ausgeht, dass Mundlos und Böhnhardt schon tot waren, als sie in den Camper gelegt wurden – ich erzähl euch später mehr dazu –, dann folgt aus diesen Aussagen, dass sie nicht diejenigen gewesen sein können, die die Bank ausgeraubt haben – weil sie zum Zeitpunkt des Überfalls gegen 9:15 Uhr bereits tot im Wohnmobil gelegen haben.

Zweitens, ein sehr hartes Argument, wir haben schon darüber gesprochen: Auch wenn wir alle Überlegungen außer Acht lassen, wann und warum der Camper dort abgestellt wurde, dann gibt es auf jeden Fall erhebliche Zweifel am behaupteten Tatablauf: Die

Abfolge der Schüsse im Camper erfolgte zu schnell aufeinander, als dass sich in dieser Zeit der offiziell behauptete Vorgang hätte abgespielt haben können. In zwanzig, auch in dreißig Sekunden ist es nicht möglich, sich zum Selbstmord zu verabreden, dann Mord, Brandstiftung und Selbstmord zu begehen. Die kurze Dauer der Abfolge der Schüsse oder Knallgeräusche wurde durch die Befragung der Anwohner, die Marius Brauer noch mal durchgeführt hat, übrigens bestätigt. Eine Zeugin sprach von einem Geräusch, das sie an eine zuschlagende Autotür erinnerte.

Drittens, ein weiches Argument: Mundlos und vor allem Böhnhardt waren Gewalttäter. Sie hätten der Situation entkommen können, indem sie die beiden Polizisten entweder erschossen oder auch einfach ein anderes Auto gekapert hätten und davongefahren wären. Es ist nicht so recht glaubhaft, dass sich ausgerechnet diese beiden Männer durch zwei ältere Streifenpolizisten ins Bockshorn jagen lassen. Es gab mehrere Fluchtmöglichkeiten. Sie haben keine davon wahrgenommen. Die Erklärung dafür, es habe bei beiden eine ›spontane Deradikalisierung‹ stattgefunden, ist ...«

»Bullshit«, sagte Leo Harder.

»Exakt. Viertens, ein extrem hartes Argument: Mundlos und Böhnhardt starben durch Krönleinschüsse. Durch die Wucht der hochenergetischen Geschosse wurden ihre Hirne aus den Schädeln herausgeschleudert. Bei Mundlos fand man noch 558 Gramm, bei Böhnhardt noch 102 Gramm Resthirn im Kopf. Da ein normaler Mann über 1400 Gramm Hirnmasse verfügt, müssten zwei Kilo Hirnmasse im Camper zu finden sein. Sie sind aber nicht da. Es kann auf den Tatortfotos nichts als Gehirngewebe dieser Größenordnung interpretiert werden – und das Eindeutigste: Die Tatortgruppe hat überhaupt keine Hirnmasse im Wohnmobil gefunden und als Asservat sichergestellt. Schlussfolgerung: Die beiden wurden definitiv nicht im Wohnmobil getötet.«

»Hey, irgendwo Hirnmasse einsammeln – das ist ja eine grauenhafte Vorstellung«, sagte Mario. »Ich bin froh, dass ich Künstler bin und mich nicht mit Leichen beschäftigen muss.«

»Fünftens, ein halbhartes Argument: Die beiden Geschosse, die Mundlos und Böhnhardt töteten, wurden nicht am Tatort oder in dessen Umgebung gefunden. Es wurde mit Metalldetektoren gesucht, aber sie wurden bis heute nicht gefunden.«

»Wieso ist das nur ein halbhartes Argument?«, fragte Martin Klein.

»Theoretisch besteht die Möglichkeit, dass die beiden Geschosse immer noch irgendwo im Gras liegen.«

»Das glaubst du doch selbst nicht«, ereiferte sich Klein.

»Nein«, gab Dengler zu. »Das ist ziemlich unwahrscheinlich. Es ist eine Bestärkung der Annahme, dass die beiden nicht am Auffindeort, also im Camper, starben. Trotzdem muss man die theoretische Möglichkeit einräumen, deshalb: halbhartes Argument.«

»Für mich ist das ein hartes Argument«, sagte Mario.

»Sechstens, noch ein halbhartes Argument: Es gab keine Fingerabdrücke der beiden an den acht Waffen, die im Camper gefunden wurden. Kein einziger Fingerabdruck. Auch nicht von Mundlos an der Pumpgun, mit der er angeblich Böhnhardt und dann sich selbst erschossen hat. Und er trug dabei offensichtlich keine Handschuhe, wie die Fotos zeigen.«

»Gibt es dafür eine andere Erklärung?«, fragte Leo Harder. »Mir wird die Sache langsam unheimlich.«

»Ja. Es gibt eine mögliche Erklärung. Das Löschwasser der Feuerwehr. Das konnte die Fingerabdrücke abgewaschen haben. Aber auch die nicht verschossenen Patronen im Magazin der Winchester-Pumpgun, die trocken waren, haben keine Fingerabdruckspuren. Erschwerend kommt noch hinzu, dass das LKA Thüringen weder bei Böhnhardt noch bei Mundlos irgendwelche Schmauchspuren gefunden hat, die typisch für eine Schusshand sind.«

»Die wurden umgelegt«, flüsterte Mario. »Die wurden hundertprozentig umgelegt. Mir wird ganz übel.«

»Gebt mir noch einen Moment. Es gibt noch ein wichtiges siebtes Argument: Bei Mundlos, der angeblich das Feuer gelegt haben soll, gab es weder Rußpartikel in den Atemwegen und in der Lunge noch – und das ist entscheidend – erhöhte Kohlenmonoxid-Werte im Blut. Das heißt: Mundlos hat kurz vor seinem Ableben wohl kein Feuer erlebt oder besser: Er hat keinen Rauch eines sich schnell entwickelnden Brandes eingeatmet.«

Mario:»Irgendwie schmeckt mir der Wein nicht mehr. Und das will bei mir etwas bedeuten.«

Dengler:»Ich mach's jetzt kurz: Achtens, die beiden Patronenhülsen der Geschosse, die Böhnhardt und Mundlos getötet haben sollen. Für eine der beiden gefundenen Hülsen gibt es keine Erklärung, denn Mundlos kann sie wohl kaum ausgeworfen haben, nachdem er sich das Hirn weggeschossen hat. Und nicht zuletzt das scheinbar sehr unprofessionelle Verhalten der Beamten, das möglicherweise sehr zielgerichtet gewesen ist: Sobald die Polizei auftaucht, zerstört sie entgegen jeder Dienstvorschrift Tatort und Spuren. Und zwar mehr als gründlich. Sie beschlagnahmt die Fotos der Feuerwehr, diese verschwinden auf Nimmerwiedersehen. Man darf nicht vergessen: Zum Schluss wird sogar – *vor* einer Schmauchuntersuchung im Wohnmobil – der Camper mit einem Hochdruckreiniger ausgespült.«

Leo Harder rutschte schon länger unruhig auf seinem Stuhl hin und her:»Und jetzt möchte ich gerne die Gegenargumente hören.«

Dengler:»Die Polizeistreife, die den Camper findet, ist das Gegenargument. Die Polizisten gehen nahe an den Camper heran und hören Geräusche im Inneren: Geräusche, als würde ein Stuhl im Inneren gerückt.[45] Dann hören sie Knallgeräusche beziehungsweise Schüsse. In früheren Vernehmungen sprechen sie wohl von Knallgeräuschen – und der vernehmende Beamte macht Schüsse daraus. Später sprechen die beiden Polizisten selbst von ›Schüssen‹.«[46]

Mario:»Vielleicht sind die beiden Polizisten einfach Teil dieser Inszenierung. Sie wurden bestochen. Oder erpresst.«

Leo Harder:»Mario in Aktion. Jetzt erleben wir die Geburt einer Verschwörungstheorie. Live.«

Dengler:»Ich gehe davon aus, dass die beiden das ausgesagt haben, was sie gesehen und gehört haben.«

Mario:»Dann nehme ich meine Vermutung zurück. Also, lieber

Leo, vorläufig keine Verschwörungstheorie hier am Tisch. Aber ehrlich gesagt: Was ist das alles, was Georg uns hier erzählt – ist das etwa keine Verschwörung?«

Martin Klein: »Stuhlrücken, Knallgeräusche oder Schüsse. Das heißt doch, dass die beiden noch lebend in dem Camper drin waren, oder?«

Olga: »Oder irgendjemand anderes ...«

Dengler: »Wir wissen es nicht. Jedenfalls scheint es Leben in dem Camper gegeben zu haben.«

In diesem Augenblick brummte das Samsung-Handy in seiner Hosentasche. Er stand auf und ließ die Freunde ebenso ratlos zurück, wie er selbst es war.

## 64. Kleines Geschäft

»Herr Professor Dr. Stern, mein Name ist Gerhard Braun«, sagte der Mann vor Sterns Wohnungstür. »Ich bin verantwortlich für den Wachdienst in der Rechtsmedizin, und das hier ist mein Kollege Heiner Jung. Wir haben von Frau Professor Kullmann erfahren, dass für eine gewisse Zeit, in der Sie anwesend waren, drei ihrer Schlüssel abhandengekommen sind. Wir verstehen nicht genau wie. Vielleicht können Sie uns dabei helfen, dieses Rätsel zu lösen.«

»Gern. Wurde denn etwas gestohlen? Eine Leiche vielleicht? Früher war Leichenräuberei ein einträgliches Geschäft. Wissen Sie, dass ...«

»Sie waren mit Ihrer Verlobten bei Frau Kullmann?«

»Ja. Ich habe sie ihr vorgestellt.«

»Sie wollen also heiraten?«

»Nun ja, ich wollte ... ich erwog ... Aber nun habe ich diesen Plan wieder verworfen. Es wird keine Hochzeit geben.«

»Schade, darf ich fragen, warum …?«

»Nun ja, die Dame ist nicht mehr da.«

»Verstehe. Das tut mir leid. Hat sie … hat sie …«, Braun machte eine nehmende Geste, »hat sie etwas mitgenommen?«

»Kann man so sagen«, krähte Stern vergnügt, »mein Herz und mein Bargeld.«

»Waren Sie bei der Polizei?«

»Nein. Wo denken Sie hin? Ich buche den Betrag auf das Konto Lebenserfahrung.«

»Als Sie mit Ihrer Verlobten bei Frau Kullmann waren, verließ diese das Zimmer, um mit einem Polizisten zu reden.«

»Ja, stimmt, daran erinnere ich mich.«

»Gab es irgendeinen Zeitpunkt, zu dem ihre … nun ja, damalige Verlobte allein in dem Büro war?«

Stern fixierte sein Gegenüber und dachte nach.

»In der Tat: Als Frau Kullmann hinausging, verließ auch ich das Büro in Richtung Herrentoilette. Aber das war nur kurz. Kleines Geschäft, wenn Sie verstehen.«

»Halten Sie es für möglich, dass Ihre Verlobte in dieser Zeit die Schlüssel von Frau Kullmann an sich genommen hat, drei Schlüssel entfernt hat und den Rest dann schnell wieder auf den Tisch gelegt hat, bevor Sie von der Toilette zurückkamen?«

»Meine Herren, was das Wesen des Weibes anbetrifft, halte ich alles für möglich.«

»Haben Sie noch die Adresse der Dame?«

»Nein, ihre neue Adresse habe ich nicht. Und die Mobilnummer tut's nicht mehr. Das habe ich schon probiert.«

»Vielen Dank für die Informationen, Herr Professor. Kennen Sie den Polizisten übrigens?«

»Herrn Brauer vom LKA, natürlich kenne ich den. In meiner aktiven Zeit hatten wir zusammen einen Fall, der …«

»Danke sehr. Für uns ist nun alles geklärt. Wir müssen weiter.«

»Einen schönen Tag noch, meine Herren.«

Kaum waren die beiden Männer verschwunden, rief Stern Marius Brauer an. »Ich hatte eben seltsamen Besuch. Zwei Männer. Angeblich vom Sicherheitsdienst des Instituts. Ich habe sie ganz schön reingelegt. Denen habe ich erzählt ...«

Dann berichtete er Brauer von dem Gespräch.

»Das haben Sie gut gemacht, Herr Professor. Jetzt sind die wahrscheinlich beruhigt.« Er legte auf.

Marius Brauer starrte den Hörer an. »Gut gemacht, Herr Professor«, murmelte er. »Nur mich anzurufen, das war ein schwerer Fehler.«

## 65. Telefonat Samsung

»Nun, ich wollte mich erkundigen, ob Sie mir etwas Neues berichten können«, sagte die metallene Stimme.

Trotz Zerhacker hatte Dengler den Eindruck, dass die Stimme freundlich klang. Unsinn, dachte er sofort. Das war absurd. Zerhacker zerstören jede Emotion. Das ist ja ihr Zweck.

»Ja, ich weiß wesentlich mehr als bei unserem letzten Gespräch«, sagte Dengler. »Aber es gibt in dem Fall Widersprüche, die ich nicht erklären kann.«

»Erzählen Sie.«

Nun listete Dengler dem Unbekannten dieselben Punkte auf, die er zuvor seinen Freunden vorgetragen hatte. Erst berichtete er von den Gründen, die für eine Exekution der beiden Neonazis sprachen, dann von den Argumenten dagegen.

Die Person am anderen Ende der Leitung hörte ihm aufmerksam zu, so kam es Dengler jedenfalls vor. Hin und wieder unterbrach eine kurze Nachfrage seine Erläuterungen. »Gute Arbeit«, sagte die Metallstimme, als Dengler geendet hatte. »Werden Sie weitermachen?«

»Ja. Aber ich habe auch eine Frage.«

»Ja?«

»Was hat Nopper mit alldem zu tun?«

»Er zieht die Fäden in Thüringen. Das wissen Sie doch längst, oder?«

»Das weiß ich.«

»Gut. Suchen Sie weiter. Ich werde Ihnen noch einmal Geld schicken.«

Dann war die Leitung tot.

Dengler ging zurück ins Basta zu Olga und seinen Freunden.


## 66. Falschaussagen


Am nächsten Tag tauchte Dengler erneut ein in die Welt der Akten und Dokumente. Er las. Er machte sich Notizen. In einem Vermerk stieß er darauf, dass sich seine früheren Kollegen vom BKA mit dem Rätsel der beiden aufgefundenen Patronenhülsen befasst haben mussten.

```
- MUNDLOS setzt sich im hinteren Teil des
Wohnmobils auf den Boden, stellt die Pump-
gun auf den Boden, steckt sich die Waffe in
den Mund und tötet sich selbst.
Obduktionsergebnis MUNDLOS, Zeugenaussage
bzgl. wegfliegender Deckenverkleidung im
hinteren Teil des Wohnmobils, zweite Bren-
neke-Hülse, Auswurf der Hülse aus der Pump-
gun nur möglich durch einen Schuss von un-
ten nach oben.[47]
```

Also soll Mundlos mit einer Hand den Repetierschaft betätigt haben, um die Hülse auszuwerfen, nachdem er mit der anderen Hand bereits abgedrückt hatte? Was für ein gequirlter Unsinn.

Dieser Vermerk war nichts anderes als der Versuch, mit plausibel klingender Pseudologik die Existenz der zweiten Patronenhülse zu rechtfertigen – für Leute, die diese Akten nur flüchtig lasen oder im blinden Vertrauen auf objektive Darstellung mit logischen Widersprüchen gar nicht rechneten: Denn wie um alles in der Welt sollte Mundlos die Waffe noch repetieren, wenn ihm gerade im selben Augenblick zwei Drittel seines Hirns durch die gesprengte Schädeldecke weggeflogen waren?

Der Kollege konnte seine Erklärung selbst nicht ernsthaft geglaubt haben, aber Dengler konnte sich gut vorstellen, wie verzweifelt der Mann gewesen sein musste, da er ja *irgendwie* den Fund *zweier* Hülsen erklären musste. Mit der Formulierung der naheliegenden Annahme aus diesem Befund – »Jemand anders hat Mundlos erschossen« – hätte er gegen die Weisung von oben verstoßen.

In den folgenden Vermerken konnte Dengler nun genau nachvollziehen, wie die Kollegen getrickst hatten – und wie den Abgeordneten im Bundestag erkennbar falsche Ermittlungsergebnisse als neueste Erkenntnisse präsentiert wurden und wie diese es dann schließlich in die Klageschrift gegen Beate Zschäpe und die anderen Angeklagten im Münchner Prozess schafften.

In einem Vermerk des BKA hieß es:

```
MUNDLOS entfacht mit Papier ein Feuer im
Wohnwagen.
- BÖHNHARDT war zu diesem Zeitpunkt bereits
verstorben (Kein Rauch in der Lunge). Der
Brandgutachter geht durch eine Entzündung
mit Papier in der Mitte des Wohnwagens aus.[48]
```

Kein einziger Hinweis dokumentierte hier, dass Uwe Mundlos ebenfalls keinen Rauch in der Lunge gehabt hatte. Auch die Abgeordneten wurden getäuscht: Marlies hatte ihm das Protokoll der nicht öffentlichen Sitzung des Innenausschusses des Bundestages geschickt. Am selben Tag, an dem dieser Vermerk intern fertiggestellt wurde – am 21.11.2011 –, sagte der damalige BKA-Chef Jörg Ziercke den Abgeordneten in der Innenausschusssitzung die Unwahrheit:

Wir haben im Hinblick auf erste Feststellungen im Wohnwagen die Informationen, dass bei dem einen Täter in der Lunge keine Rußpartikelchen gefunden worden sind, bei dem anderen ja, was mit hoher Wahrscheinlichkeit darauf hindeutet, dass der eine den anderen zuerst erschossen hat, dann den Brand gelegt hat und dann sich selbst erschossen hat. So ist jedenfalls der hypothetische Ablauf durch die Kriminalisten im Moment vom Stand her.[49]

Und weiter:

Darüber hinaus: Tod in dem Wohnmobil. Wir haben eine Waffe gefunden, die tatsächlich eingesetzt worden ist. Daraus ergibt sich im Grunde zwangsläufig, wenn der eine mit einem aufgesetzten Schuss stirbt und der andere sich in den Mund schießt, dass man dann im Grunde rekonstruieren muss. Dazwischen muss noch ein Brand gelegt worden sein. Deshalb hatte ich gesagt: In dem einen Fall haben wir bei der Obduktion Ruß in der Lunge gefunden und in dem anderen Fall nicht. Daraus ergibt sich dann im Grunde die Abfolge, wer wen.[50]

Dies war eine klare Falschaussage. Sicherheitshalber las Dengler noch einmal in den Sektionsprotokollen der Obduktionsberichte nach. Die waren eindeutig. Sowohl bei Böhnhardt:

Hinweise auf eine Rußeinatmung oder ein Rußverschlucken wurden nicht festgestellt.[51]

Als auch bei Mundlos:

Hinweise auf eine Rußeinatmung oder ein Rußverschlucken wurden nicht festgestellt.[52]

Schließlich ergänzte der damalige Generalbundesanwalt Harald Range in derselben Sitzung die Falschaussage noch mit eigenen Worten:

Ich denke, das kann man sagen. Nach dem bisherigen Ergebnis der Obduktion ist es so,
dass Herr Mundlos Herrn Böhnhardt erschossen hat und dann sich selbst gerichtet hat.[53]

Hatten die beiden Herren wissentlich die Unwahrheit gesagt? Oder hatten sie nur einen Sprechzettel abgelesen, den jemand anderes für sie verfasst hatte? Dengler war es egal. Er war müde. Trotzdem schlug er in der Klageschrift des Generalbundesanwalts im Münchner Prozess nach. Und dort fand er die durch nichts belegte Mord-Brand-Selbstmord-Hypothese des BKA als Tatsachenbehauptung:

Als Uwe Mundlos und Uwe Böhnhardt nach der
Tat in dem in Eisenach-Stregda in der Straße
Am Schafrain geparkten Wohnmobil, in das sie
sich geflüchtet hatten, entdeckt wurden, feu-
erten sie noch aus einer Maschinenpistole auf

die sich zu Fuß nähernden Polizeibeamten, um durch deren Tötung ihre Entdeckung zu verhindern und unerkannt entkommen zu können. Nach dem ersten Schuss hatte die Waffe eine Ladehemmung; die Beamten waren in Deckung gegangen. Nachdem sie nunmehr davon ausgehen mussten, dass ein Entkommen nicht mehr möglich sein würde, setzten sie das Wohnmobil in Brand. Einem schon zuvor für den Fall der Entdeckung gefassten Entschluss entsprechend töteten sie sich selbst, wobei Uwe Mundlos zunächst Uwe Böhnhardt und sodann sich selbst erschoss. Mit dem Tod dieser beiden Personen am 4. November 2011 war die terroristische Vereinigung NSU aufgelöst.[54]

Dengler stützte den Kopf mit beiden Händen. Er war schrecklich müde.

## 67. Unter Strom

Was hatten die beiden Polizisten gehört, als sie an den – noch nicht brennenden – Camper traten? Ein Geräusch wie ›Stühlerücken‹. Dengler sah sich die Fotos und die Auflistung der Asservate noch einmal durch. Es gab keine Stühle in dem Camper. Es gab eine Sitzecke mit zwei Bänken, die jeweils Platz für zwei Personen boten. Eine Bank mit Sitzrichtung nach vorne in Richtung Fahrerkabine und gegenüber die zweite Bank, dazwischen ein Tisch.
Stühlerücken – dann Schüsse?

Oder Knallgeräusche?

Oder Geräusche wie zuschlagende Autotüren?

Was war an diesem Tatort geschehen?

Er dachte an Dr. Schweikert. »Lesen Sie die Akten – Aktenklarheit und Aktenwahrheit. Meistens steht alles in den Akten. Man muss sie nur richtig zu lesen wissen.«

Bei Ankunft am Tatort in Stregda bei Eisenach wird eine Lageeinweisung durch KOK L. sowie den Polizeiführer PD Stenzel (Leiter Polizeidirektion Gotha) durchgeführt. … Dabei wird bekannt, dass das Wohnmobil von außen durch die Feuerwehr ins Innere hinein gelöscht wurde, so dass der komplette Innenraum löschwasserdurchnässt ist. Weiterhin sind bereits sämtliche Dokumentationsmaßnahmen im Außenbereich vom Fahrzeug und im Fahrzeuginneren durch die Feuerwehr Eisenach, durch Beamte der Kriminalpolizei Eisenach/Kriminaltechnik sowie Beamte des Kriminaldauerdienstes der KPI Gotha abgeschlossen. Im Aufenthaltsraum des Wohnmobils wurde durch den Polizeiführer PD Stenzel der Stecker einer unter dem Tisch stehenden Starterhilfe gezogen.

Hier hatte er schon einmal gestutzt. Völlig unprofessionelles Verhalten. Was für ein Stecker? Wieso ein Stecker?

Dengler suchte das Tatortfoto mit der Starterhilfe.[55] Gut erkennbar: Sie stand nahezu unversehrt unter dem Tisch, direkt vor der Sitzbank, die in Richtung auf das Heck des Wohnmobils zeigte, vor dem Fensterplatz. Handkoffergroß. Die Kollegen hatten auch davon spezielle Fotos erstellt. In der Spurenbeschreibung hieß es:

```
Typ:  tragbare  Starterhilfe  -  Marke:  Car
Trend,  Modell:  Power  Station  Super  Plus,
Farbe:  grau-schwarz
Gesichert am 05.11.2011
Gesichert  wo:  …  auf  Boden  unter  Tisch  vor
rechter  Sitzbank.
```

Dengler wühlte sich durch die Unterlagen. Er suchte den Anmietungsschein des Wohnmobils. Die Starterhilfe gehörte nicht zum Lieferumfang des Campers.

Zu welchem Zweck hatten sie sie mitgenommen?

Dengler vergrößerte das Foto, das die tragbare Starterhilfe inmitten der Verwüstung im Wohnmobil zeigte. Auf der Vergrößerung war gut zu erkennen, dass von der Starterhilfe Kabel wegführten, einige führten offensichtlich hinauf zur Tischplatte.

Seine Augen schmerzten. Er fuhr sich mit der Hand durchs Gesicht, aber langsam spürte er, wie er wieder munter wurde, wie der Jagdinstinkt in ihm erwachte, diese Leidenschaft, die er aus seiner Zeit beim BKA so gut kannte.

Er durchsuchte die Asservatenliste[56] und fand schließlich, was die Kollegen auf dem Tisch entdeckt hatten:

```
Typ: Verschmolzene  Reste  von  elektronischen
Bauteilen  -  mit  zum  Teil  sehr  deutlichen
Brandspuren.
Gesichert am 05.11.2011
Gesichert  wo:  …  vom  Tisch  des  Wohnmobils.
```

Und dann erinnerte er sich an den Einsatzbericht der Eisenacher Polizei. Die hatte doch geschrieben:

```
Unter  dem  Tisch  befand  sich  ein  nicht  näher
erkennbares  Gerät,  an  dem  ein  rotes  Licht
leuchtete,  wie  eine  Leuchtdiode.  Es  war  zu
```

erkennen, dass dort Kabel angeschlossen waren. Inwieweit es sich um einen Sprengsatz oder ein harmloses Gerät handelt, konnte so zunächst nicht geklärt werden.

Dengler schloss die Augen und versuchte sich in Stenzel hineinzuversetzen. In Gedanken öffnete er wie Stenzel die Außentür des Wohnmobils und betrat den Camper. Links vor sich sah er eine Gestalt liegen, links am Ende des Wohnwagens saß ein Mann mit halb weggeschossenem Kopf am Boden. Eindeutig tot. Aber konnte Stenzel das von der vorn liegenden Person auch sagen? Dengler sah sich das Auffindefoto von Böhnhardt an. Seine Leiche lag unter Brandschutt, das Gesicht war nicht zu sehen. Stenzel kümmerte sich nicht darum, ob dieser Mensch möglicherweise noch lebte. Er schaute sich um und zog den Stecker der Starterhilfe aus der Steckdose.

Ergab das einen Sinn? Wie wäre ich vorgegangen? So sicher nicht. Würde ein normaler Polizist sich so verhalten? Sich nicht um einen möglicherweise toten, vielleicht aber nur verletzten Menschen kümmern, selbst wenn er in ihm einen Bankräuber sah? Mit bloßen Händen einen Stecker ziehen? Von einem elektrischen Gerät, an dem sichtbar Kabel angeschlossen sind? Dadurch möglicherweise Spuren verwischen oder schlimmer noch: einen weiteren Brand oder gar eine Explosion auslösen?

Wozu?

Er rief die Seite des Herstellers der Starterhilfe im Internet auf.

```
Die Power Station Super Plus lässt sich
ortsungebunden betreiben als
— Starthilfegerät für 12 V Bordnetz - Sys-
  teme, als
— mobile 12 V Stromquelle, als
— mobiler Klein-Kompressor.[57]
```

Mit dieser Starterhilfe konnte man Autos starten. Diese Starterhilfe enthielt also eine starke, wiederaufladbare Batterie, mit der man 12-Volt-Geräte betreiben und bei Bedarf auch laden konnte. Es war also auch ein Ladegerät – zwar nicht für Autobatterien –, aber zum Beispiel für Handys und andere elektronische Kleingeräte. Dengler lehnte sich in seinem Stuhl zurück. Jetzt noch mal eins nach dem anderen! Wie war dieser Stenzel eigentlich vorgegangen?

Abgesehen von den »seltsamen« Fehlern kurz nach seinem Eintreffen kam entscheidend dazu: Stenzel ließ den Camper mit einer Seilwinde über eine 40 Grad schräge Rampe auf die Ladefläche eines Abschleppwagens ziehen, wodurch im Inneren des Campers Leichen, Löschwasser, Brandschutt, Waffen – praktisch sämtliche Beweismittel – durcheinandergeworfen wurden.

Reguläre Vorgehensweise: Tatort absperren, Zelt aufbauen, die Spurensicherung und Techniker ihre Arbeit machen lassen.

Stattdessen zerstörte Stenzel den Tatort. Bewusst.

Vielleicht sogar: Er räumte hinter der Exekution der beiden Neonazis auf und verwischte die Spuren der Täter.

Er ließ die Fotos der Feuerwehr verschwinden.

Er zog zielsicher den Stecker aus einem elektrischen Gerät. Er zog wenig später ebenso zielsicher eine Pistole aus dem Schutt – eine Waffe, die in den weiteren Ermittlungen eine wichtige Rolle spielen sollte. Als hätte er es gewusst … Das Ganze – eine große Inszenierung.

Dann muss auch das Ziehen des Steckers mit der Vertuschung eines Verbrechens zu tun haben, dachte Dengler. Stenzel zieht den Stecker eines Ladegerätes, an dem elektronische Teile hängen, die offensichtlich noch unter Strom stehen. – Das ist abenteuerlich, ja lebensgefährlich!

Plötzlich hatte Dengler das Gefühl, der Lösung sehr nahe zu sein.

## 68. Auspuff

Vielleicht sollte er doch endlich den Kurs belegen und das Zehn-finger-Blindschreiben auf der Tastatur erlernen. Marius Brauer tippte mithilfe des Zweifinger-Adlersuchsystems das Verneh-mungsprotokoll eines Mannes in den Computer, dem die Staats-anwaltschaft Konkursverschleppung vorwarf.

Seine Gedanken glitten wieder zurück in die Jahre nach der Wende, dann in die Zeit nach dem Tod von Mundlos und Böhn-hardt, er dachte an die Aufregung im Polizeiapparat, den ersten Untersuchungsausschuss des Thüringer Landtages, die Aussa-gen von Kollegen, ihre Nervosität vor der Vernehmung, ihre Unruhe und die Bemühungen der Chefs, nichts nach außen dringen zu lassen.

Meine Güte, was war mit ihm los? Kam er denn von diesen alten Geschichten niemals weg?

Er wusste: Sie waren noch nicht vorbei.

Er erinnerte sich, wie der damals mit Haftbefehl gesuchte Böhn-hardt in Jena gesichtet worden war – und ein Kollege beauftragt wurde, dies zu überprüfen und ihn festzunehmen. Der dama-lige Vizepräsident des LKA, dessen herrisches Auftreten Tages-gespräch im Amt war, legte dem Kollegen dann jedoch nahe, diesen Einsatz möglichst im Sande verlaufen zu lassen. Dies be-richtete der Kollege wahrheitsgemäß im Untersuchungsausschuss des Thüringer Landtags, der ihn als Zeugen vorgeladen hatte.

Danach fand eine Personalversammlung im LKA statt, zu der auch der damalige thüringische Innenminister erschien. Brauer saß inmitten seiner Kollegen, und er würde die Worte des Innen-ministers nie vergessen, die dieser auf die Aussage des Kollegen münzte: *Dieser Denunziant – ihm müsste die Schamesröte zu Kopfe steigen und ihn aus dem Saale treiben.* Ganz still war es plötzlich im Raum, und jeder wusste nun, was von einem Polizisten erwar-tet wurde, falls er als Zeuge vor die Abgeordneten treten musste.

Brauer schämte sich bis heute, dass er damals nicht den Mut aufgebracht hatte, aufzustehen und dem Innenminister zu widersprechen.

Keiner der Kollegen hatte den Mut dazu gehabt.

Alle waren sie Beamte. Unkündbar. Keiner brauchte Angst vor einer Entlassung zu haben. Trotzdem war niemand aufgestanden.

Er erinnerte sich auch, wie anlässlich eines »Weihnachtsfriedens« die meisten Haftbefehle über die Feiertage außer Kraft gesetzt wurden. Im Januar wurden sie dann wieder aktiviert, nur die von Mundlos und Böhnhardt wurden dabei »übersehen«. Wie viele solcher Geschichten hatte er erlebt ... Dieses Trio hatte immer eine Sonderrolle gespielt.

Das Telefon klingelte.

Dankbar für die Ablenkung nahm Brauer den Hörer ab. Am anderen Ende meldete sich die Mitarbeiterin eines der Autohäuser, das ihm ein Angebot für die Auspuffanlage geschickt hatte. In der nächsten Woche gäbe es bei ihnen eine Terminlücke für eine Reparatur. Sie könnte ihm sogar ein Sonderangebot machen: 550 Euro für die Auspuffanlage inklusive Einbau. Brauer war überrascht. Die Frau vom Autohaus machte ihm klar, dieses Angebot sei eine Ausnahme – wegen der kurzfristigen Terminlücke.

Brauer ging auf das Angebot ein und bestätigte den Termin. Froh über den Preis legte er den Hörer auf. Doch sofort blitzte der Schrauber in ihm auf: *Das kannst du nicht machen, Brauer! Kauf die Teile und reparier den Boxster selbst!* Doch Marius Brauer ignorierte die innere Stimme und hackte mit neuer Energie auf die Tastatur ein.

## 69. Der Händler

»Das Tolle an diesem Gerät ist: Wenn Sie mal Starthilfe brauchen, brauchen Sie niemanden bitten, Ihnen zu helfen – also etwa einen anderen Autofahrer anhalten und so weiter. Sie können sich mit der Power Station Super Plus selbst Starthilfe geben. Sie haben außerdem immer eine tragbare 12-Volt-Stromquelle dabei. Sie können nahezu überall und zu jeder Zeit geeignete 12-Volt-Geräte betreiben. Hierzu steht die 12-Volt-Steckdose, belastbar bis 15 Ampere, zur Verfügung. Und – jetzt kommt der Hit: Zudem haben Sie ebenfalls jederzeit unabhängig einen tragbaren Kleinkompressor zur Hand. Er ermöglicht völlig ortsunabhängig das Aufpumpen von Autoreifen, Fahrradreifen, Bällen, Luftmatratzen. Entsprechende Adapter sind im Lieferumfang enthalten.«

Der Verkäufer strahlte Dengler und Olga an. »Etwas Besseres kann ich Ihnen nicht anbieten.«

Olga strahlte zurück. »Aber das Gerät ist sicher sehr laut. Wenn mein Mann und ich ...«, sie legte ihren Arm um Dengler, »draußen auf dem Zeltplatz sind, da wollen wir doch die Natur genießen, die Stille und die Nachtigall.«

»Aber nein! Dieses Gerät macht weder als Starterhilfe noch als Ladegerät irgendwelche Geräusche.«

»Tja, Pech gehabt«, sagte Dengler enttäuscht.

Der Verkäufer war erst irritiert. Dann lachte er: »Wenn Sie ab und zu ein bisschen Krach von dem Gerät brauchen, dann schalten Sie doch einfach den Kompressor ein.«

Denglers Augen blitzten auf: »Können Sie diesen Kompressor hier mal anwerfen?«

»Der Kompressor arbeitet natürlich um einiges lauter – wie jeder Kompressor. Aber diese Zusatzfunktion braucht man ja auch viel seltener, und wenn, dann nur relativ kurzzeitig, nicht im Dauerbetrieb. Wenn Sie zum Beispiel irgendwas aufpumpen wollen ...«

»Können wir trotzdem mal hören, wie er klingt?«, fragte Olga.

»Natürlich.«

Er betätigte einen Schalter, und plötzlich ertönte ein anderer Laut, stärker und tiefer, der das ganze Gerät vibrieren ließ.

Olga fasste das Gerät am Griff und stellte es auf eine leere Holzpalette. Das Geräusch veränderte sich sofort. Dengler zog sein Handy aus der Tasche und nahm damit den dröhnenden Vibrationston auf. Der Verkäufer verfolgte verwirrt das Geschehen.

»Wie hört sich das an?«, fragte Olga den Mann.

»Na ja«, sagte er, »irgendwie, als würde man Möbel rücken, nicht wahr?«[58]

»Allerdings«, sagte Dengler, »genauso klingt es. Sagen Sie: Kann dieses Wundergerät auch Knallgeräusche erzeugen, etwas, das wie Schüsse klingt oder wie zuschlagende Autotüren?«

Der Mann war jetzt völlig perplex. Er bückte sich und schaltete den Kompressor ab. »Nein, das kann das Gerät wirklich nicht.«

Rückblende

## 70. Der Auftrag

Iris versuchte, mit ihrem Mann zu reden.

»Klaus-Dieter«, sagte sie einige Tage, nachdem sie in seinem Kellerbüro gewesen war, »ist dort unten in deinem Bunker irgendetwas, was ... was nicht in Ordnung ist – etwas, was uns vielleicht eines Tages in Schwierigkeiten bringen könnte?«

Er sah sie überrascht an. »Nein, natürlich nicht. Warum? Wie kommst du darauf?«

»Was tust du dort? Was befindet sich da unten?«

Er legte die Zeitung beiseite und sah sie an. »Du weißt doch, was ich tue. Und du weißt, dass ich nicht darüber reden darf. Nicht

einmal mit dem Ehepartner dürfen wir über unsere Arbeit sprechen. Dort unten arbeite ich am Wochenende, genauso wie du
manchmal auch Akten am Wochenende aus der Kanzlei nach
Hause bringst.«

»Ja, aber meine Akten kannst du im Grunde auch lesen. Es steht
nichts Verbotenes in diesen Akten.«

Er sah sie misstrauisch an. »Ich tue nichts Verbotenes. Weder im
Büro noch hier.« Verärgert nahm er die Zeitung wieder auf und las.

Sie nahm sich erneut vor, die Sache zu vergessen. Aber etwas war
zerbrochen.

Sie ging nicht mehr mit ihm am Rhein spazieren. Sie schob Kopfschmerzen vor.

Sie ertrug ihren Mann nicht mehr im selben Raum.

Sie ertrug ihn nicht mehr im selben Bett.

Sie hatte eine »Lageeinschätzung« gelesen. Sie hatte von »Exekutionen« gelesen, auch in dem Ordner mit den Mundlos-Böhn-
hardt-Bildern. Was bedeutete das? Und warum lagerten all diese
Unterlagen hier in ihrem Haus, in ihrem Keller?

Bewiesen sie die Schuld oder die Verwicklung ihres Mannes?

Nein.

Aber bedeutete dieses »Nein« auch, dass das Bundesamt nichts
mit der Sache zu tun hatte?

Dass das Bundesamt mit diesen Exekutionen nichts zu tun
hatte?

Nein.

Es war zum Verrücktwerden.

Sie fasste einen Entschluss. Sie *musste* sich Klarheit verschaffen.

Aber wie?

Sollte sie zur Polizei gehen? Das brächte gar nichts, dachte sie.
Klaus-Dieter würde bestimmt sofort informiert werden.

Sie las alles, was sie zum Thema NSU finden konnte, das dicke Buch
von *Stefan Aust* und *Dirk Laabs* zum NSU-Komplex, die Recherchen
des *Stern*, die Internetseite des »*Fatalisten*«, eines ominösen Mannes, der Insiderwissen unter die Leute brachte. Doch je mehr sie

las, desto weniger konnte sie einschätzen, was die Dokumente und das viele Geld in ihrem Keller zu bedeuten hatten.

Sie brauchte Hilfe.

Sie erkundigte sich in der Kanzlei und bei einigen befreundeten Kollegen nach einer vertrauenswürdigen Detektei. Einige Namen wurden ihr genannt, doch dann bekam sie Zweifel: Würde eine größere und bekannte Detektei es wagen, gegen den Verfassungsschutz und die Polizei zu ermitteln? Klaus-Dieters Einfluss reichte weit.

Da erzählte ihr ein Mandant, ein Manager eines großen Versicherungskonzerns, von einem Privatermittler in Stuttgart: Dieser hatte einen lukrativen Auftrag grob abgewiesen – einfach so, ohne ihm Gründe zu nennen.[59] Der Mann sei sehr gut, aber auch ziemlich exzentrisch, ein ehemaliger BKA-Mann mit hervorragender Reputation. Ein Einzelgänger, der nicht jeden Auftrag annehme.

Sie erkundigte sich nach dem Namen und der Adresse, und der Mandant schickte sie ihr per Mail.

Über den Verein Creditreform holte sie Auskunft über die Bonität dieses Georg Dengler ein. Er besaß praktisch keine.

Das war ihr Mann.

Noch einmal ging sie in das Kellerbüro ihres Mannes und nahm drei Geldbündel aus dem Holzschrank: 15 000 Euro. Sie kaufte im Supermarkt ein Prepaid-Handy, weil sie gehört hatte, dass ein solches Telefon die Identität des Besitzers verbirgt. Sie besorgte sich einen DHL-Karton, postgelb, wie er auf jedem Postamt verkauft wird, nicht groß. Die Anschrift auf dem Etikett schrieb sie in ihrem Büro in Times New Roman, Computerschrift, die jeder Rechner lieferte: Georg Dengler, Privatermittler, Wagnerstraße 39, 70182 Stuttgart. Das Geld steckte sie einen Tag später in einen Umschlag, druckte ein weiteres Etikett und schickte es ab.

Ein paar Tage später rief sie den Privatermittler über den Zerhacker im Keller an. Der Mann nahm den Auftrag an. Sie hoffte, dass er ihr verschaffte, was sie dringender als alles andere brauchte: Klarheit.

# 71. Brandgutachten

```
MUNDLOS entfacht mit Papier ein Feuer im
Wohnwagen.
```

So hatte es Dengler in einem frühen BKA-LKA-Vermerk gelesen.[60] Olga und er lasen die Berichte und Vermerke. Längst hatte sich die Recherche verselbstständigt. Dengler wusste selbst nicht mehr so genau, was ihn antrieb. Sie fanden immer mehr Ungereimtheiten; zum Beispiel gab es keinerlei Hinweise auf abgebranntes Papier. Es wurden keine Überreste dieses Papiers gefunden, oder es wurde nicht danach gesucht.

Es war vielleicht, dachte Dengler, wie so vieles an den Berichten des Kollegen Bernhardt, einfach ausgedacht. Oder mit schlimmerer Absicht in die Akten gebracht worden.

Zwischen Dengler und Olga hatte sich eine gewisse Arbeitsteilung herausgebildet. Olga fand in den unzähligen Dateien, die Marlies auf den Stick gepackt hatte, schneller als Dengler, wonach er suchte oder was wichtig sein könnte. Hatte sie etwas gefunden, was interessant war, dann lasen sie die Akten gemeinsam, analysierten Fotos und Berichte – und besprachen, ob das Dokument ihrer Ermittlung nützte oder nicht. Darunter war auch das Brandgutachten, das das Landeskriminalamt Stuttgart für die Soko Parkplatz und andere Ermittler von der Situation im Camper erstellt hatte,[61] jene Sonderkommission, die den Mord an Michèle Kiesewetter und den Mordversuch an ihrem Kollegen Martin A. aufklären sollte und die wegen der aufgefundenen Waffe von Stenzel informiert worden war.

```
Eine weitere Eingrenzung des Brandausbruch-
bereichs konnte anhand des Brandspurenbilds
des Innenraums erfolgen. Die Brandeinwir-
kungen waren ausgehend von der Fahrzeug-
```

mitte nach vorne und nach hinten jeweils abnehmend, weiterhin konnte der Brandschwerpunkt, wie auch schon von außen zu sehen war, auf die Fahrerseite und somit auf den Bereich einer Sitzgruppe zugeordnet werden.

Die Sitzgruppe bestand aus einem fest eingebautem Tisch und ebenfalls zwei fest eingebauten, jeweils dem Tisch zugewandten gepolsterten Sitzbänken. Auch an der Sitzgruppe war an der hinteren Sitzbank mit Sitzposition in Fahrtrichtung eine weitere Eingrenzung der Brandausbruchstelle zu treffen. Dort waren die Brandschäden in Richtung der Außenwand an der Außenwandverkleidung und den hölzernen Regalaufbauten am stärksten ausgeprägt. Das unsymmetrische Brandspurenbild an dem Kunststofffenster über dem Tisch wies ebenfalls auf diesen Bereich hin.

Auf dem Tisch befanden sich mehrere verbrannte elektrische bzw. elektronische Geräte, die teilweise als Reste eines Fernsehgerätes oder Monitors erkannt werden konnten. Unter dem Tisch befand sich ein sehr gut erhaltener Hochleistungsakkumulator mit Starthilfekabeln. Dieser Akku war offensichtlich zur Spannungsversorgung der oben genannten Geräte bestimmt gewesen. Als brandursächlich können diese Geräte jedoch ausgeschlossen werden, da der eng zu lokalisierende Brandausbruchsbereich diese Teile nicht berührte.

Olga suchte das Foto der Brandausbruchstelle heraus und zeigte es Dengler. In die Fensterscheibe neben der hinteren Sitzbank war ein großes Loch geschmolzen. Die Elektronikreste auf dem Tisch waren im Brandschutt schwer zu erkennen, aber es gab eine Aufnahme, die diese merkwürdigen Bauteile unabhängig von ihrer Auffindesituation zeigten.[62]

Die merkwürdigen, nicht mehr identifizierbaren Elektronikteile, nur wenige Zentimeter von der Brandausbruchstelle entfernt, sollten nichts mit dem Ausbrechen des Feuers zu tun haben?

Das mochte für das Ladegerät gelten, das den Brand offenbar funktionstüchtig überstanden hatte, aber sicher nicht für die zerschmolzenen Elektronikteile. Hinzu kam, dass diese Elektronikteile über Kabel mit dem Ladegerät verbunden waren.[63]

Gegenüber der Sitzgruppe an der beifahrerseitigen Wand befand sich neben dem Ausstieg eine Küchenzeile mit Gasherd und Spüle. An diesem Gasherd befanden sich mindestens zwei der drei Schaltknöpfe nicht in Position »aus«. Im Antreffzustand war das Ventil der zur Versorgung des Herds angeschlossenen Flüssiggasflasche noch geöffnet. Beim Niederdrücken der beiden Schaltknöpfe strömte hörbar Gas aus. Auf dem Herd befand sich allerdings kein Kochgeschirr. Die Kochtöpfe waren soweit erkennbar alle in einem Wandschrank verstaut …
Zum Ausströmen von unverbranntem Gas hätte allerdings auf die Schaltknöpfe Druck ausgeübt werden müssen.[64]

Dengler sah Olga an. Sie nickte.
»So ist es gelaufen«, sagte sie.

»Vielleicht«, sagte Dengler. »An den fehlenden Kochtöpfen kann es nicht gelegen haben. Bitte schau noch einmal, ob Marlies auch Fotos von dem Herd geschickt hat. Ich möchte wissen, ob die Gashähne tatsächlich offen waren. Wenn es so ist, dann ist es mir schleierhaft, warum dieses hingerotzte Gutachten dieser Spur nicht gefolgt ist.«

»Wegen der Kochtöpfe«, sagte Olga mit ironischem Unterton. »Auf einen Herd gehören Kochtöpfe, etwas anderes kann sich dieser offenbar männlich-bornierte Gutachter nicht vorstellen. Wir müssen nach etwas anderem Ausschau halten.«

*

Olga brauchte zwei Stunden, bis sie aus dem Wust der Dateien das richtige Foto gefunden hatte.

»Sieh dir das mal an«, sagte sie. Sie lehnte sich zurück, sodass Dengler besser auf den Bildschirm blicken konnte. Auf der Herdfläche lag Brandschutt, aber in der Großaufnahme war das Bedienfeld gut zu erkennen. Es bestand aus drei runden Knöpfen mit Einbuchtungen zur besseren Greifbarkeit. Der mittlere Knopf stand eindeutig auf »Null«. Doch die Knöpfe rechts und links waren geöffnet. Der eine Knopf war fast ganz und der andere bis zum Anschlag aufgedreht.[65]

## 72. Die Lüge und der Polizeiberuf

Dengler und Olga lasen bis spät in die Nacht hinein in den Dokumenten. Olga suchte, Dengler las ihr vor. Danach diskutierten sie, gewichteten die Bedeutung des Gelesenen.
Spät in der Nacht lagen sie beieinander und konnten nicht ein-

schlafen. Olga hatte das Licht gelöscht, doch Dengler lag mit offenen Augen auf dem Rücken und starrte in die Dunkelheit. Neben sich fühlte er Olgas Körper, der sich im Rhythmus ihrer Atemzüge leicht hob und senkte. Auch sie schlief nicht. Die Wärme ihres Körpers ließ eine eigentümliche Energie zu ihm strömen, eine besondere Energie, für die er keinen Namen hatte, die er trotzdem deutlich spürte, selbst wenn er sich nicht bewegte, sondern einfach nur neben ihr lag. Nur ihrer beiden Füße berührten sich, und seine rechte Hand ruhte neben ihrer Hüfte, sonst gab es keine Berührung, und doch kam es ihm vor, dass sie so eng miteinander verwoben waren, wie er es mit noch keinem anderen Menschen erlebt hatte.

Es geschah etwas mit ihm, doch er wusste noch nicht genau, was es war. Immerhin war er, seit Olga wieder zurückgekommen war und sie gemeinsam diese Ermittlung führten, in der Nacht nicht mehr hochgeschreckt, die Albträume machten einen Bogen um ihn, aber vielleicht auch nur deshalb, weil er am Tag genug Schreckliches in den Akten sah, sodass die Albträume annahmen, dies in der Nacht nicht mehr übertreffen zu können. Möglicherweise sammelten sie nur ihre Kraft, um ihn erneut und noch stärker zu überfallen; vielleicht schon in dieser, vielleicht in der nächsten Nacht.

Etwas geschah mit ihm. Er dachte nach, aber fand den Schlüssel nicht zu der Veränderung, die mit ihm vorging.

Was für eine merkwürdige Ermittlung! Ein unbekannter Auftraggeber, der nichts von sich preisgab. Ein schrecklicher Fall, der ihn immer tiefer in die Dunkelheit zog. Dank Marlies kannte er nun fast den gesamten Aktenbestand um den Tod der beiden Neonazis in Eisenach-Stregda. Er war immer noch geschockt über die mutwillige Zerstörung des Tatortes durch Polizeidirektor Stenzel. War es das, was ihn an diesem Fall beschäftigte?

War es das?

Wenn er ehrlich zu sich selbst war, dann war das nicht der Grund für seine Unruhe. Stenzel beging Dienstvergehen. Sein Auftre-

ten in diesem Fall war eine Aneinanderreihung von Dienstvergehen. Er dürfte nach diesem Fall eigentlich keine Uniform mehr
tragen. Vielleicht hatte er sogar einen Doppelmord vertuscht.
Wahrscheinlich sogar.

Aber das war es nicht, was ihn nicht schlafen ließ.

Was war es dann?

Plötzlich wusste er es.

Niemand hatte Stenzel gestoppt. Keiner der am Tatort anwesenden Polizisten hatte Stenzel auf seine Dienstvergehen aufmerksam gemacht. Keiner war dazwischengegangen.

Und danach?

Es hatten sich Heerscharen von Polizisten und Staatsanwälten
über diese Dokumente gebeugt. Zig Menschen hatten sie gesehen, gelesen, analysiert. Jeder hätte erkennen *können* oder sogar
*müssen,* dass Mundlos und Böhnhardt nicht in der knappen halben Minute, die ihnen nach Aussagen der Streifenpolizisten zur
Verfügung standen, Mord, Brandstiftung und Selbstmord begangen haben *konnten.*

Niemand hatte gegen die Lüge protestiert.

Kein Polizist war am Tatort gegen die Abschleppaktion Stenzels
eingeschritten. Niemand hatte sich gefragt: Warum rufen wir
keinen Notarzt? Es gab keinen Vermerk, der auf die unerklärliche zweite Patronenhülse hinwies.

Niemand hatte auch nur in einem Vermerk Stenzels Verhalten
am Tatort gerügt. Nichts. Die Lüge war durchmarschiert vom
kleinsten Beamten bis zum Präsidenten des Bundeskriminalamtes und dem Generalbundesanwalt, die beide die Abgeordneten
falsch unterrichtet hatten.

Das war es, was ihn nicht schlafen ließ. Der fehlende Mut, der
Opportunismus, das Ducken gegenüber denen, die in der Hierar-
chie oben standen, die Akzeptanz der Lüge, obwohl man es besser wusste.

Er war gerne Polizist gewesen. Er hatte das BKA verlassen, weil
er nicht anders konnte, weil er seine Albträume nicht mehr aus-

hielt. Er dachte immer, es sei seine persönliche Schwäche gewesen, die ihn zur Kündigung trieb. Er hatte immer gedacht, diese Kündigung sei die größte Niederlage seines Lebens gewesen. Insgeheim sah er sich immer noch als Polizisten, und sein größter Wunsch war es immer gewesen, wieder Polizist zu werden.

Bis zu diesem Tag.

Bis zu dieser Stunde, als er schweigend neben seiner Geliebten lag.

Nun wusste er, was sich veränderte. Er nahm nach all den Jahren Abschied von seinem geliebten Beruf. Und er war sich plötzlich nicht mehr darüber im Klaren, ob er all die Jahre beim BKA einer Illusion nachgejagt war.

Der Illusion des aufrechten Polizisten.

In diesen Akten hatte er keine aufrechten Polizisten gefunden.

Sicher, er kannte Dr. Schweikert. Er hatte Marius Brauer kennengelernt. Aber nun wurde ihm klar, dass aufrechte Polizisten eine Minderheit waren. Vielleicht sogar eine verschwindende Minderheit. Während seiner Zeit beim BKA hatte er geglaubt, dass Polizisten wie er, wie Dr. Schweikert und Marius Brauer die Normalität bei der Polizei repräsentierten und dass Ja-Sager, Kopfnicker und Karrieristen die Ausnahme wären.

Doch der Abschied von dieser falschen Vorstellung machte ihn nicht froh. Er spürte, wie Trauer sich seiner bemächtigte. Er drehte sich zu Olga und küsste sie.

In dieser Nacht verschonten ihn die Albträume.

## 73. Gas

»So einfach ist das nicht«, sagte Peter Horst.

Sie standen in der Halle eines großen Autohauses in Stuttgart-Zuffenhausen.

Dengler hatte sich als Privatermittler ausgewiesen und Herrn Horst, dem Verkaufsberater, von einem vermuteten Mordversuch einer Frau an ihrem Ehemann erzählt. Angeblich sei der Mann in einem Fiat-Camper aufgewacht und überall sei Gas gewesen. Und nun habe er ihn beauftragt, festzustellen, ob dies tatsächlich ein Mordversuch gewesen sei.

Herr Horst war offensichtlich hoch erfreut über diese Unterbrechung seiner Alltagsroutine und über die Gelegenheit, mit seinem geballten Fachwissen zur Aufklärung dieses Falles beitragen zu können.

»Folgen Sie mir, ich zeige Ihnen mal, wie das aussieht.« Er nahm einen großen Schlüsselbund aus einem Vitrinenschrank und winkte ihnen. Dengler und Olga folgten Herrn Horst zu einem Fiat-Camper, ein ähnliches Modell wie das Fahrzeug, in dem die Leichen von Mundlos und Böhnhardt gefunden worden waren. Er schloss es auf, und zu dritt betraten sie das Fahrzeug. Es war enger, als Dengler es sich vorgestellt hatte, aber Peter Horst bewegte sich schnell und sicher in dem Wohnmobil.

»Sehen Sie den Herd. Die Bedienknöpfe sind nicht an der Vorderseite angebracht wie beim Küchenherd, sondern hier oben auf dem Kochfeld. Tatsächlich ist es so, dass Gas austritt, wenn man die Knöpfe aufdreht und dann gedrückt hält. Man müsste etwas draufstellen, damit die Knöpfe gedrückt bleiben. Aber so einfach ist es trotzdem nicht.«

»Warum?«

»Es gibt noch einiges zu beachten. Erstens sind da noch zwei weitere Ventile, das Gasabsperrventil am Herd hier unten und das Hauptabsperrventil an der Gasflasche. Jeder, der Gas in einem Camper benutzt, weiß doch, dass er diese beiden Ventile sperren muss, wenn kein Gas gebraucht wird. Zweitens gibt es so eine Art Zwangslüftung im Bodenbereich. Schauen Sie, das zentrale Gasabsperrventil ist hier am Herd – drei Sperrschalter, einer für den Herd, einer für den Kühlschrank, einer für den Warmwasserboiler.«[66]

»Und wo befindet sich das Hauptabsperrventil?«

»An der Gasflasche. Und diese Gasflaschen, es gibt zwei – eine in Betrieb, die andere als Ersatz –, sind unter der vorderen Sitzbank zur Außenseite hin angebracht. An diese Flaschen gelangt man bequem von außen über eine kleine Klappe hinter der Fahrertür.«

Alle drei verließen das Wohnmobil, Herr Horst öffnete die Klappe. Sie sahen dahinter zwei Gasflaschen und das Hauptabsperrventil. Er gab Dengler einen Plan des Wohnwagens. »Da sehen Sie, wo die Gasflaschen stehen.«[67]

Dann fragte Herr Horst: »Wo befand sich denn der Mann, der angeblich umgebracht werden sollte?«

Auf diese Frage war Dengler nicht vorbereitet. »Äh, er saß an dem Tisch, sagte er mir.«

Peter Horst lachte: »Dann sagen Sie ihm, dass er sich bei seiner Frau entschuldigen soll. Er war nie in Gefahr.«

Dengler sah ihn fragend an.

Herr Horst schüttelte den Kopf. »Aus einer ganzen Reihe von Gründen. Erstens: Das Gas ist ein Gemisch aus Propan- und Butangas. Normalerweise riecht es nicht. Deshalb ist dem Gas etwas beigemischt, was unangenehm stinkt. Wie Gas eben stinkt. Das hätte der Mann gemerkt. Zweitens ist dieses Gas schwerer als Luft, es wäre zu Boden gesunken. Aber wenn Ihr Mann am Tisch saß, den Kopf in der Höhe, hätte ihn das Gas nicht erreicht. Jedenfalls nicht so schnell.«

Olga fragte: »Wenn Gas durch den Herd ausgetreten ist, würde man das außerhalb des Wohnwagens riechen?«

»Außerhalb? Nein, ich glaube nicht.«

»Könnte das Gas im Wohnwagen Feuer fangen?«

»Sie fragen mich wirklich seltsame Dinge. Dazu müsste es lange genug ausgetreten sein. Das Gas, das auf den Boden absinkt, ist zu fett für eine Zündung. Aber nach einer gewissen Weile entsteht weiter oben sicher ein zündbares Gasgemisch.«
»Würde ein Funken genügen? Sagen wir, etwa beim Einschalten eines Ladegerätes?«

Herr Horst lachte, etwas verunsichert, und sagte dann: »Ja, das könnte passieren, das gäbe dann einen schönen Rumms.«

*

Dengler und Olga fuhren mit der Straßenbahn zurück. Sie stiegen am Charlottenplatz aus, liefen die Esslinger Straße entlang bis zur Wagnerstraße.

»Was glaubst du«, fragte Olga und blieb unvermittelt stehen.

»Wenn ich jetzt den Datenbestand deiner Freundin Marlies durchsuche nach Spurenfotos von den beiden Gasabsperrventilen, was glaubst du, was werde ich finden? Sind sie offen oder geschlossen?«

»Was denkst du?«

»Ich bin mir ziemlich sicher, dass sie offen sind.«

»Dann fehlt aber immer noch ein Gewicht, das auf den Knöpfen am Herd gelegen haben muss. Kochtöpfe standen da ja nicht drauf, wie wir aus dem tollen Brandgutachten wissen.«

Sie stellte sich auf die Zehenspitzen und küsste ihn auf den Mund.

»Du bist ein guter Polizist. Du wirst etwas finden.«

»Glaubst du wirklich, dass es so gewesen ist?«

»Allerdings. Der Camper steht schon früh am Morgen an dem Platz. Die beiden Arschlöcher sind schon tot. Wer immer es war, er öffnet die Gashähne, legt etwas Schweres auf die Bedienknöpfe am Herd. Als die Polizeistreife kommt und die Beamten sich dem Camper nähern, startet er von außen ...«

»... über die Elektronik, die auf dem Tisch liegt ...«

»... das Ladegerät und den Kompressor.«

Dengler: »Die beiden Beamten interpretieren das Geräusch als ein Stühlerücken. Allerdings gab es keine Stühle im Camper.«

»Der Zündfunken ...«

»... eines der Geräte ...«

»... zündet das Gasgemisch. Es gibt eine Zündung ...«

Dengler: »... die die Polizisten als den ersten Schuss interpretieren.«

»Genau. Dann gibt es direkt hintereinander zwei erfolgreiche Zündungen des Gasgemischs. Die Polizisten hören angeblich zwei Schüsse, andere Zeugen interpretieren das Geräusch als zuschlagende Wagentür. Aber sofort brennt der Camper. Die Flammen schlagen aus dem Dach, wo sich das entzündbare Gas gesammelt hat.«[68]

Dengler sagte: »Diese Theorie funktioniert aber nur, wenn alle Gashähne offen waren und wir das Gewicht finden, mit dem die Schalter am Herd belastet wurden.«

»Ja.«

»Und selbst dann ist es nur eine Theorie. Olga, wir arbeiten nur an einer Theorie.«

»Komm, wir schauen nach. Jetzt gleich.«

Dengler blieb stehen.

»Olga, warte. Lass uns das morgen überprüfen.«

»Morgen? Warum?«

Dengler zuckte mit den Achseln.

»Ich weigere mich ... innerlich ... ich meine, Olga, in welchem Land lebe ich, wenn *das* möglich ist.«

»In Deutschland, Georg. Du lebst in Deutschland.«

»Lass uns für heute Feierabend machen. Wir gehen zur Mozartstraße ins Vetter. Wir machen uns einen schönen Abend. Essen gut. Trinken was. Und morgen ... Morgen sehen wir der Wahrheit ins Gesicht, wie immer sie aussieht.«

»Vergiss nicht, Georg. Wir arbeiten nur an einer Theorie.«

Sie nahmen sich an der Hand und gingen die Straße hinauf.

## 74. Boxster

»Ich habe einen Sonderpreis vereinbart«, sagte Marius Brauer zu der Frau am Empfangstresen des Autohauses. »550 Euro.«
Die Frau beachtete ihn nicht, sondern tippte mit gelangweiltem Gesicht unentwegt in den Computer.
»Sie sind Marius Brauer?«, fragte sie dann.
»Ja, genau. Ist heute nicht ein schöner Morgen? Hoffentlich ist die Regenphase jetzt vorbei.«
Die Frau sah ihn mit einem Blick an, der ihn in die Hölle wünschte.
»Hier unterschreiben«, sagte sie und schob ihm ein Formular zu.
»Aber gerne«, sagte Brauer. Er war fest entschlossen, sich von dieser Tusse nicht den Tag verderben zu lassen. »Wann kann ich ihn wieder abholen?«
Ein gelangweilter Blick musterte ihn.
»In zwei Tagen ist er fertig.«
»Wunderbar. Haben Sie einen schönen Tag!«
Für einen Moment, vielleicht eine hundertstel Sekunde, schien es Brauer, als huschte ein Lächeln über das Gesicht der Frau.
Es würde ein guter Tag werden, heute.

## 75. Das Gewicht

Dengler wurde von einem fernen Klingeln geweckt. Es dauerte einen Moment, bis er begriff, dass er in Olgas Bett lag. Er sah sich um, doch sie war schon aufgestanden.
Das Klingeln wiederholte sich. Er hörte die Wohnungstür zuschlagen, dann drehte er sich noch mal um und schlief wieder ein. Das nächste Mal wurde er von Kaffeegeruch wach. Olga

stand an seinem Bett, in der Hand hielt sie seinen Lieblingskaffee-
pott, der groß war, innen orange, außen weiß, mit einem Landes-
wappen und einer unleserlichen Aufschrift versehen.

»Du hast Post bekommen«, sagte sie. Mit der freien Hand warf
sie einen Umschlag aufs Bett. Dengler nahm ihn. DIN A4. Weiß.
Die Anschrift auf dem Etikett in Times New Roman, Computerschrift, die jeder Rechner liefert: Georg Dengler, Privatermittler,
Wagnerstraße 39, 70182 Stuttgart. Kein Absender.

Er riss den Umschlag auf, griff hinein, fühlte drei Bündel und zog
sie heraus. Wie beim ersten Mal: Drei Bündel mit Fünfzig-Euro-
Scheinen. Neu, nicht gebraucht, kein Drogengeld.

»Unser Honorar«, sagte er.

Sie küsste ihn. »Machen wir also weiter. Steh auf, komm zu mir
an den Computer.«

Er sah auf ihren schönen Hintern, als sie sich umdrehte und in
den Nebenraum ging, in dem sie ihre Computer stehen hatte.
Dengler streckte sich, trank einen Schluck Kaffee und zögerte für
einen Moment.

Wollte er wissen, was Olga herausgefunden hatte?

Sein Polizeiinstinkt reagierte auf diese Frage sofort. Er sprang
aus dem Bett, nahm den Pott mit dem Kaffee und ging in den
Nebenraum.

»Hu, ein nackter Mann«, sagte Olga, sah ihn aber nicht an. Sie
beugte sich über den Bildschirm, klickte auf irgendetwas, und
auf ihrem Monitor öffnete sich ein Bild.

»Das ist der Herd in dem Camper«[69], sagte sie. »Die Vorder-
türen sind ein wenig angekokelt. An der Wand gibt es auch einen Brandfleck. Aber das Entscheidende ist: Siehst du die drei
Schalter?«

»Ja«, sagte Dengler.

»Das sind die Absperrventile. Sie standen senkrecht.«

»Sie waren also offen?«

»Allerdings.«

»Und was war mit dem Hauptabsperrventil an der Gasflasche?«

»Das kann man nicht erkennen, ist ein Schraubverschluss. Aber: Es war ebenso offen. Denn hier im Brandgutachten steht ja: ›Im Antreffzustand war das Ventil der zur Versorgung des Herds angeschlossenen Flüssiggasflasche noch geöffnet.‹«

»Demnach stand es sogar noch am 5. November 2011 offen, als die Branduntersuchung in Eisenach stattfand«, meinte Dengler.

»Genau, aber das Beste kommt noch.«

»Olga, mach es nicht so spannend.«

»Schau dir dieses Foto an.«

Olga klickte mit der Maus, und der Bildschirm füllte sich mit einem neuen Foto. Das Bild zeigte den Herd, schräg von links oben aufgenommen. Auf den Kochplatten lag Schutt, kleinere Brocken, vielleicht von der Dachverkleidung, die beim Brand auf den Herd gefallen waren, an der Wand dahinter blähten sich dunkle Brandblasen, auf dem Herd lag deutlich zu erkennen der Knauf eines Revolvers, und das Holster lag am Bildrand, nur wenige Zentimeter von der Waffe entfernt.[70]

»Hier hast du dein Gewicht.«

»Die Feuerwehrleute haben eigentlich keine Waffen in dem Camper gesehen. Aber einer, den wir lange kennen, hat gegenüber dem Untersuchungsausschuss in Erfurt gesagt, dass ein Revolver auf der Gasstelle des Campingkochers – also auf dem Herd – gelegen habe. Und weiter sagt dieser Zeuge, dass diese Waffe offensichtlich nicht durch Zufall da draufgelegt worden sei.«

»Und wer ist dieser Zeuge?«

»Rate mal, Georg.«

»Komm, sag schon!«

»Der Zeuge ist Gerhard Stenzel!«

Olga triumphierte. »Und die Tatortgruppe hat tatsächlich einen Trommelrevolver auf dem Herd gefunden. Diese Waffe hier.«

Dengler schaute gebannt auf das Foto des Revolvers.

»Unglaublich!«

»Der Revolver wiegt 900 Gramm ohne Munition«, sagte Olga. »Ich habs auf der Website des Herstellers gefunden, ALFA-PROJ.

Die Waffe war geladen, hatte also rund ein Kilo Gewicht. Das ist genug, um die Gasknöpfe gedrückt zu halten.«
Dengler blickte hoch.
»So ist es gelaufen«, sagte Olga. »Und das Brandgutachten des LKA Baden-Württemberg stützt unsere Überlegungen mit der Erkenntnis:

Zum Ausströmen von unverbranntem Gas hätte allerdings auf die Schaltknöpfe Druck ausgeübt werden müssen. Dies wäre durch Auflegen eines schwereren Gegenstandes möglich gewesen. Im Antreffzustand durch den Unterzeichner war ein solcher jedoch nicht vorhanden.

Das liegt daran, Georg, dass dieser Revolver bereits am Abend vor der Branduntersuchung aus dem Wohnmobil geborgen wurde, wie ich in einem Vermerk der Kripo Eisenach gelesen habe. Aber es geht im Brandgutachten noch weiter:

Durch längeres Ausströmen von unverbranntem Gas hätte sich bei der Vermischung mit Luft ein explosionsfähiges Gasgemisch bilden und beim Erreichen der Brandstelle explosionsartig umsetzen können.«

Dengler starrte Olga fassungslos an.
»Wir haben eine Theorie, Olga. Eine geschlossene Theorie, das schon. Aber wir haben keinen eindeutigen Beweis.«
»Und was wäre ein solcher Beweis?«
»Das Geständnis von Nopper.«

## 76. Harry Nopper

Am Mittag setzte sich Dengler in seinem Büro an den Schreibtisch und schrieb den Bericht für den unbekannten Auftraggeber.

Er schrieb, dass Mundlos und Böhnhardt außerhalb des Wohnmobils, in dem man die Leichen gefunden hatte, vermutlich am Morgen des 4. November 2011, oder am Tag davor, erschossen worden waren. Aller Wahrscheinlichkeit nach waren die beiden Körper, nachdem man sie an anderer Stelle erschossen hatte, in den Camper gelegt worden. Der oder die Täter oder deren Verbündete parkten den Camper in Stregda.

Klar ist, dass das Wohnmobil von Dritten angezündet worden sein muss. Die Indizien weisen darauf hin, dass die Auslösung des Brandes etwa so verlief:

– Der oder die Täter öffneten Gashähne in dem Camper und legten einen Revolver auf diese geöffneten Gashähne des Herds. Das Camping-Gas trat aus und füllte allmählich von unten nach oben den Innenraum des Wohnmobils. Nach einiger Zeit befand sich dann in Höhe des Herdes in der Mitte des Campers ein zündfähiges Luft-Gas-Gemisch, das mindestens vom Tisch bis unter die Decke reichte.

– Als die Streifenwagenbesatzung das Wohnmobil entdeckte, setzten der oder die Täter den Camper durch Fernzündung des Gases von außen in Brand. Um die Zündung des Gases rechtzeitig auslösen zu können, müssen sie in der Nähe gewartet und dann beobachtet haben, wie die beiden Streifenpolizisten sich dem Wohnwagen näherten.

– In dem Wohnmobil, auf dem Boden unter dem Tisch, befand sich ein Ladegerät, das einen funktionsfähigen Kompressor enthielt. An dem Ladegerät waren diverse elektronische Bauteile und Geräte angeschlossen, die auf dem Camper-Tisch lagen. Unter diesen Geräten befand sich auch ein altmodischer monochromer Röhrenmonitor. Über eine einfache Fernsteuerung und mehrere kleine Empfänger, wie es sie in vielen Elektronikmärkten zu kaufen gibt, konnten diese Geräte im Camper von außen in Betrieb genommen werden.

– Die plötzlich freigesetzte Energie beim Anspringen des Kompressors, beim Anschalten des Röhrenmonitors oder eines anderen dieser elektrischen Geräte reichte durchaus aus, ein zündfähiges Gas-Luft-Gemisch aus Campinggas zu entzünden. Zur Optimierung hatte man möglicherweise noch zwei, drei mit Gas gefüllte, vorher präparierte Luftballons an den gewünschten Zündstellen nahe der geplanten elektronischen Zünder platziert. Die Luftballons platzten nach den Zündungen mit lauten Knallen, und das frei werdende Gas brannte äußerst schnell ab. Weiteres Gas im Wohnmobil entzündete sich ebenfalls sofort. Das Wohnmobil enthielt viele leicht brennbare Stoffe. Ein rasches Abbrennen des Campers war somit garantiert.

Die eintreffende Polizei zerstörte den Tatort und erfand die im Grunde leicht zu widerlegende Geschichte von Schüssen auf die Polizisten, Mord, Brandstiftung und Selbstmord. Den Tatzeitpunkt, die beiden aufgefundenen Patronenhülsen, das Fehlen von Blut und Gehirnmasse im Camper, keine Rauchgase in der Lunge und kein CO-Hb im Blut von Mundlos führte er als Beweise an. Dengler beschrieb die Szene, als Stenzel den Camper betrat, und führte aus, dass Stenzel die Waffe der in Heilbronn erschossenen bzw. angeschossenen Polizisten Michèle Kiesewetter und Martin A. möglicherweise nach Betreten des Campers selbst dort deponiert hatte. Dass Stenzel kurze Zeit später in einem Camper voller Waffen sofort und zielgerichtet gerade *diese* griff, schien zu zufällig. Dies könnte man aber erst beweisen, wenn man die Fotos der Feuerwehr finden würde, die gemacht worden waren, bevor Stenzel auf der Bildfläche erschienen war, die dieser zudem beschlagnahmt hatte und die seither verschwunden waren. Was Dengler vorlag, waren Fotos, die Stunden später aufgenommen worden waren.

Die falschen Ermittlungsergebnisse seien durch hohe Beamte des BKA in den Bundestag und durch die Presse in die Öffentlichkeit transportiert worden und hielten sich mit einer so außerordentlichen Hartnäckigkeit, dass sie kaum noch durch Tatsachen aus der Welt zu bringen seien. Grund dafür sei nicht zuletzt, dass durch den angeblichen Selbstmord der beiden Neonazis die Polizei behaupten könne, die Mordserie an neun migrantischen Mitbürgern, der Anschlag in der Kölner Keupstraße sowie der Mord und Mordversuch an den Polizisten in Heilbronn seien nun aufgeklärt. Davon könne man jedoch auf keinen Fall ausgehen.

Dengler wies darauf hin, dass im Fall Keupstraße beispielsweise die von Tufan Basher gemachten Beobachtungen, dass zwei bewaffnete Zivilisten am Tatort in Köln gewesen seien (die übrigens in der Notsituation ebenfalls weder Erste Hilfe geleistet noch den Notarzt gerufen hätten) nie von den Ermittlungsbehörden verfolgt worden seien. Gleiches gelte im Mordfall in Kassel für die erwiesene Anwesenheit des Mitarbeiters des hessischen Verfassungsschutzes Andreas Temme zum Zeitpunkt der Ermordung des Internetcafé-Besitzers.

Punkt.

Und jetzt?

Er würde den Bericht vorläufig noch nicht abschicken. Eine Frage musste er noch klären.

Was war mit Nopper?

Den Nopper werd ich einbuchten wegen dieser Sauerei, so hatte der Feuerwehrmann Stenzel sagen hören.

Wenn er noch Polizist wäre, würde er Nopper vorladen und vernehmen.

Als Privatermittler konnte er niemanden vorladen. Doch vernehmen konnte er ihn schon. Dengler buchte im Internet für den nächsten Tag eine Fahrkarte nach Erfurt. Dann nahm er den Schlüssel für den Panzerschrank aus der Schublade seines Schreibtisches. Er öffnete ihn und nahm die Smith & Wesson heraus.

Sie funktionierte einwandfrei.

*

Olga hatte er erzählt, er habe einen kleineren Überwachungsauftrag und werde ein oder zwei Tage unterwegs sein. Eine Notlüge, die er damit rechtfertigte, dass er sie nicht beunruhigen wollte. Sie hatte ihn geküsst und ihm Erfolg gewünscht.

Dengler war immer ein guter Vernehmer gewesen. Er hatte das »Verhaltens-Analyse-Interview« gut beherrscht, angefangen mit etwas Small Talk, den man nutzte, um das Verhaltensmuster des Gegenübers kennenzulernen. Ist die Person sicher oder unsicher, spricht sie laut oder leise? Hochdeutsch oder Dialekt? Lange oder kurze Sätze? Wippt er oder sie mit dem Fuß, wenn es schwierig wird? Oder kratzt er sich am Kopf? Reibt er sich die Nase? Dann, wenn er ein sicheres Gefühl für sein Gegenüber hatte, schaltete er um, setzte den Verdächtigen unter Stress: Die Beweise sind eindeutig usw.

Bei Nopper würde er keine Zeit für Small Talk haben. Er würde ihn sofort mit den Ergebnissen seiner Ermittlungen konfrontieren, direkt und hart. Er würde sehen, wie Nopper reagierte. Er würde mit seinem Smartphone das Gespräch mitschneiden. Wenn es lief, wie er sich das vorstellte, würde er die Datei dem BKA geben. Oder der Presse. Man würde sehen.

Das Überrumplungsmoment war entscheidend.

Möglicherweise die wichtigste Vernehmung seines Lebens.

Als er mit dem ICE in Erfurt ankam, kaufte er sich am Bahnhof einen Stadtplan und ließ sich dann mit einem Taxi in die Nähe von Noppers Wohnung fahren. In der Straße gab es kein Café und keinen Park, nicht einmal eine Parkbank, auf die er sich setzen konnte, um die Wohnung zunächst einmal zu beobachten. Er verhielt sich wie ein Tourist, der sich in diese Gegend verirrt hatte, sah ab und zu auf den Stadtplan, betrachtete die Häuser und achtete darauf, dass er nicht zu oft durch Noppers Straße ging. Er wiederholte in Gedanken die Tatsachen, die Beweise, verbesserte die Fragen, die er Nopper stellen würde, er überprüfte, dass das Smartphone aufgeladen war.

Dann war es so weit. Kurz vor 19 Uhr, es wurde bereits dunkel, sah er Licht in Noppers Wohnung. Dengler atmete noch einmal kräftig ein und aus. Er nutzte den kurzen Moment, als eine junge Geschäftsfrau die Haustür aufschloss und eilig im Innern verschwand, um ins Treppenhaus zu gelangen. Er ging die hölzernen Treppen hinauf in den dritten Stock. Ein Namensschild war nicht an der Wohnung. Hinter der Milchglasscheibe der Wohnungstür schimmerte Licht.

Dengler klingelte.

Er hörte Schritte, ein Schlüssel wurde im Schloss gedreht, die Tür ein Stück weit geöffnet. Dann standen sie sich gegenüber.

Noppers Gesicht war dicker geworden, vielleicht lag es auch nur an dem merkwürdigen Vollbart, den er jetzt trug. Aus der Nase wuchsen einige Haarbüschel, und über die Nasenspitze zogen sich einige blau-rote Äderchen.

Ein Trinker.

Die Augen hellblau und wässrig. Nopper starrte ihn an. Dengler wusste, dass Nopper in diesem Augenblick überlegte, woher er den Mann kannte, der vor seiner Tür stand.

»Dengler. Georg Dengler. Früher einmal Bundeskriminalamt«, sagte er.

Auf Noppers Gesicht dämmerte langsames Erkennen.

»Was wollen Sie von mir?«

»Ich möchte mit Ihnen reden. Über Stregda.«

Die wässrig blauen Augen fixierten Dengler etwas fester. »Stregda«, sagte Nopper. Er schien zu überlegen. Dann sah er Dengler noch einmal kurz an, drehte sich zur Seite. »Kommen Sie herein.«

Dengler trat in den Flur. Nopper schloss die Tür hinter ihm und ging vor ihm in ein größeres Zimmer, ein Wohnzimmer. Auf einem großen Flachbildschirm lief ein Nachrichtenkanal, Männer warfen Böller in eine Reihe von Bereitschaftspolizisten, Blaulicht kreiste in der Dunkelheit, eine brennende Fackel flog auf eine Flüchtlingsunterkunft. Nopper nahm die Fernbedienung vom Tisch und schaltete den Fernseher aus. Dengler sah sich um. Ein gemütliches deutsches Wohnzimmer. Eine Couch, ein Sessel, mit dunklem Stoff bezogen, auf dem Couchtisch stand eine Flasche Rotwein, ein Glas stand auf dem Boden neben der Couch, an der langen Seitenwand ein ebenfalls dunkler Holzschrank, dunkelroter Teppichboden. Keine Fotos, weder an den Wänden, noch auf dem Schrank. Keine Anzeichen dafür, dass noch jemand hier wohnte. Keine Spuren von einer Frau. Nopper wohnte offenbar alleine. Merkwürdigerweise gab das Dengler ein beruhigendes Gefühl von Überlegenheit.

»Setzen Sie sich«, sagte Nopper und wies auf den Sessel. »Ein Glas Rotwein?«

Dengler schüttelte den Kopf. Er griff in die Jacketttasche und schaltete mit einem kurzen Griff die Aufnahmefunktion des Smartphones ein.

Nopper ließ sich auf die Couch fallen, griff nach dem Weinglas, trank einen Schluck. »Ich frage jetzt nicht, wie Sie meine Wohnung gefunden haben. Ich frage Sie, was Sie von mir wollen.«

Er streckte die Beine aus, und seine wässerigen Augen sahen aufmerksam zu Dengler hinüber.

Dengler sagte: »Sie haben am Morgen des 4. November 2011 zwei Neonazis in Eisenach-Stregda erschossen oder erschießen lassen. Sie verbrachten die beiden Leichen in ein Fiat-Wohnmobil mit dem Kennzeichen ...«

Dengler redete fast eine Viertelstunde.

Nopper unterbrach ihn nicht. Er starrte ihn nur mit diesen wässerigen Augen an.

Als Dengler zu Ende war, sagte Nopper zunächst nichts. Stattdessen griff er nach dem Rotweinglas, trank einen Schluck, schloss die Augen und stellte das Glas auf den Boden zurück.

»Die Beweise, über die ich verfüge, sind eindeutig. Und letzten Endes weisen sie alle in Ihren Verantwortungsbereich, auch wenn Stenzel versucht hat, hinter Ihnen aufzuräumen. Sie sind verantwortlich. Sie werden belastet«, sagte Dengler.

Nopper stöhnte leicht. Dann beugte er sich vor.

»Dengler«, sagte er. »Du bist immer noch das gleiche Arschloch wie früher. Immer noch auf der Suche nach der Wahrheit. Nach all den Jahren. Wie früher. Du hast nichts gelernt.«

Er stand auf und kam auf ihn zu. Dengler griff in den Hosenbund nach dem Kolben der Smith & Wesson. Doch Nopper blieb weit genug vor ihm stehen.

»Idiot. Du glaubst immer noch, die Wahrheit würde irgendjemanden interessieren.«

»Sie geben also zu …?«

»Selbst wenn du recht haben solltest, hast du nichts begriffen. Geh mit deinen Scheiß-Erkenntnissen zum *Spiegel* oder zum *Stern* oder sonst wohin. Schreib doch ein Buch. Es wird niemanden interessieren. Die Wahrheit ist das Letzte, was hier irgendjemand hören will. Du hast keine Ahnung, in welchem Land du lebst. Das habe ich versucht, dir vor ein paar Jahrzehnten schon einmal klarzumachen. Doch du bist zu bescheuert, um zu kapieren, wie die Dinge wirklich laufen.«

»Wie laufen sie wirklich?«

»Du erzählst mir Geschichten aus 2011. Das ist ewig her. Wir sind jetzt an einem völlig anderen Punkt. Und jetzt raus.«

»Wie war es denn 2011 – nach Ihrer Version?«

»Dengler, verschwinde aus meiner Wohnung. Und pass auf, dass es dir nicht so geht wie deinem Freund Marius Brauer.«

»Marius?«

Plötzlich verschwamm alles vor Georg Dengler. Er sah Nopper unscharf, das Glas auf dem Teppich doppelt, der Raum fing an zu schwanken. Er stand auf, stützte sich mit einer Hand auf der Armlehne des Sessels ab, mit der anderen zog er das Telefon aus der Hosentasche. Er wandte sich um, stützte sich mit der freien Hand auf die Tischplatte, spürte, wie die Knie nachgaben, mit der anderen Hand stoppte er die Aufnahmefunktion des Geräts, wandte sich zur Tür und stürzte hinaus in den Flur. Übelkeit stieg in ihm auf. Und Angst. Wo hatte er Marius' Telefonnummer? Anrufliste! Richtig, auf der Anrufliste musste er Marius' Telefonnummer finden. Er riss die Tür zum Treppenhaus auf, taumelte hinaus, in der linken Hand das Telefon. Mit der rechten Hand hielt er sich am Geländer fest, dann rannte er, zwei Stufen auf einmal nehmend nach unten, riss die Haustür auf, stand endlich im Freien, fand die verfluchte Anrufliste, wischte mit dem Daumen auf dem Bildschirm, bis er Marius' Nummer sah, und drückte sie. Oben am erleuchteten Fenster sah er die wuchtige Gestalt Harry Noppers stehen, der zu ihm hinuntersah, auch er ein Handy am Ohr.

## 77. Brauers Fahrt

Marius Brauer freute sich auf seinen reparierten Boxster. Und nicht zuletzt deshalb hatte er sich entschieden, der unfreundlichen Frau hinter dem Tresen des Autohauses einen Blumenstrauß mitzubringen, dunkelrote und blaue Dahlien, späte Sommerblumen, deutliche Zeichen, dass der Herbst nahte. Und tatsächlich nahm sie ihn, sah Brauer an und sagte: »Ich hab aber schon einen Freund.«

»Ja«, sagte Brauer. »Ein Mann, den die Welt beneidet.«

Ein Lächeln huschte über ihr Gesicht. »Der braune Boxster?« Nachdem Brauer bezahlt hatte, kramte sie in einem Fach und überreichte ihm die Schlüssel. »Er steht draußen. Gute Fahrt. Und: danke für die Blumen.«

Marius Brauer ging lächelnd aus dem Büro in den Innenhof des Autohauses. Am Rand des Hofs stand sein Porsche. Er sah gut aus. Die Werkstatt hatte ihn offenbar durch eine Waschanlage gefahren und den Wagen auch von innen geputzt. Die Fußmatten glänzten, als wären sie neu. Er ging einmal um das Auto herum, klopfte mit Besitzerstolz leicht auf den Kotflügel, streichelte über den Stoff des Daches, schloss auf und setzte sich ans Steuer. Er fuhr nach Hause, duschte und aß noch ein paar Bratkartoffeln vom Vortag. Dann zog er ein paar neue Jeans an, ein frisches Hemd, nahm den Autoschlüssel und ging nach unten. Da stand er, sein Porsche.

Pfeifend setzte er sich ans Steuer und lenkte den Wagen in Richtung Autobahn. Es wurde schon dunkel, doch zum Glück war Ferienzeit, die Straßen waren wenig befahren. Er gab Gas. Der Motor heulte auf und zeigte ihm, wie er beschleunigen konnte. Brauer suchte Musik im Radio und fand einen Sender, der die neue Platte von Eric Burdon vorstellte.

*This world is not for me*
*I'll make a new one, wait and see*
*Hopelessness has seized the land*
*I will not beg, I will demand*

Gitarre, Schlagzeug, schnelle Riffs. Super.
Den Refrain konnte er bald mitsingen:

*Water, water, water*
*To drink, to put down the fire*
*Water, water, water …*
*The truth, to shame the liar*

Die Tachonadel erreichte 200 km/h.
Marius Brauer drückte das Gaspedal weiter durch.
Die Autobahn war frei.

*I will not give up*
*And one day soon*
*The truth will spill*
*Into your sitting room*

Er überholte einen VW Passat.
Einen Honda.

*Water, water, water*
*To drink, to put down the fire*

Er fuhr jetzt 220 km/h.

230 km/h. Er beschloss, dass das schnell genug war.

Er überholte einen Mercedes.

Was er nicht wusste: Er hatte die falschen Ventile auf den Reifen. Normalerweise hatte der Boxster kurze, drahtverstärkte oder metallene Ventile. Sie waren kurz, damit sie während der Fahrt bei höheren Geschwindigkeiten nicht an die Reifen zurückgebogen wurden und sie aufschlitzten oder dabei selbst zerstört wurden.

Jetzt waren die Ventile aus Gummi, und sie waren lang und schmal. Die Fliehkraft drückte bei hohen Drehgeschwindigkeiten der Räder die langen Ventile gegen das Gummi der Reifen, sodass an einer Stelle bereits ein deutlicher Riss entstanden und das betroffene Ventil stark in Mitleidenschaft gezogen worden war.

Eric Burdon sang einen anderen Song.

*Wait ... For me ... Don't ever give up*
*On the heart that beats for you*
*Wait ... Even though your heart is filled with sorrow*

Er raste an einem kleinen Peugeot vorbei.

Marius Brauers Handy klingelte. Er nahm das Gespräch über die Freisprechanlage an.

»Marius! Marius, geht es dir gut?« Überrascht hörte er Denglers aufgeregte Stimme. »Alles in Ordnung bei dir?«

»Bestens, Georg, alles bestens. Bin gerade mit meinem Baby auf der Autobahn. Wann besucht ihr mich wieder einmal?«

»Gott sei Dank, Marius.«

In diesem Augenblick hatte das Ventil des rechten Hinterrades das Gummi so weit aufgeschlitzt, dass das restliche Gummi dem Reifendruck nicht mehr standhielt. Der Reifen platzte.

Der Porsche drehte sich um die eigene Achse, überschlug sich mehrmals, bevor er, sich immer noch überschlagend, von der Autobahn geschleudert wurde, einen Zaun durchbrach und auf einem abgeernteten Weizenfeld zum Liegen kam.

Aus der Freisprechanlage drangen Denglers Rufe. Er schrie Marius' Namen, doch der hörte ihn nicht mehr.

## 78. Wut

Die Nacht verbrachte Dengler im Zentralklinikum in Suhl.

Alexandra, Marius' Exfrau, saß neben ihm bis um zwei Uhr in der Nacht. Sie war eine kräftige Frau mit schwarzen Haaren, die sie zu einem Pferdeschwanz gebunden hatte. Sie trug schwarze Jeans, Sandalen mit Absätzen und eine grüne Bluse. Sie redete nicht mit Dengler, sondern saß nur neben ihm, manchmal bettete sie den Kopf in ihre Hände. Einmal dachte Dengler, sie würde weinen, aber das tat sie nicht. Ein Kollege von Brauer erschien und setzte sich eine Weile neben sie, bevor er wieder ging. Ein anderer Mann erschien und hielt eine Weile Alexandras Hand, und Dengler hörte, wie sie zu dem Mann sagte:»Ich hab das kommen sehen. Dieser Scheiß-Boxster ... Marius fuhr immer zu schnell.« Zwischendurch erschienen weitere Kollegen von Brauer, manche hatten Blumen mitgebracht, manche setzten sich zu Alexandra, einer legte einen Arm um ihre Schultern.

Ein Arzt erschien. Es sagte, dass es ernst sei. Man könnte im Moment noch nicht sicher sagen, ob Marius es schaffen würde. Schädelbasisbruch. Komplizierter Rippenbruch. Die Beine mehrfach gebrochen.»Wir tun, was wir können. Wichtig ist, dass er diese Nacht überlebt. Ob er das schafft, liegt in Gottes Hand.«

Dengler hatte die Smith & Wesson aus dem Gürtel genommen

und in die Innentasche seiner Jacke gesteckt. Der Knauf drückte gegen sein Herz.

Die Sorge um Marius Brauer erfüllte ihn und nahm ihm fast den Atem – er spürte Hilflosigkeit und eine unbändige Wut auf Nopper. Der Geheimdienstmann hatte ihm zum zweiten Mal in seinem Leben seine Macht demonstriert.

Oder ihm seine Ohnmacht vor Augen geführt.

Der Knauf der Waffe an seinem Herz legte ihm einen einfachen Gedanken nahe.

Er atmete durch. Nur nichts Unüberlegtes tun.

Er stand auf, nickte Marius' Exfrau zu, und fuhr mit dem Aufzug hinunter in die Kantine. Er kaufte sich den *Berliner Tagesspiegel,* die *Süddeutsche* und die *FAZ.* Lesen würde seine Wut mildern und den Verstand wieder das Kommando übernehmen lassen. Im *Tagesspiegel* las er, dass Neonazis in der S-Bahn »Heil Hitler« rufend auf ein fünfjähriges Kind uriniert hatten, das ihnen fremdländisch vorkam. Dengler las den Artikel zweimal. Deutschland. August 2015.

Er las, dass die SPD-Zentrale in Berlin nach einer Bombendrohung geräumt werden musste, nachdem der Vorsitzende dieser Partei gegen den rassistischen Mob, der vor einer Flüchtlingsunterkunft in Heidenau bei Dresden randaliert hatte, klare Worte gefunden hatte.

Er las, dass zwei mit Messern bewaffnete Männer in Parchim in ein Flüchtlingsheim eingedrungen waren. Die Bewohner konnten sich retten und den Sicherheitsdienst verständigen. Menschen, die aus Kriegsgebieten geflohen waren und oft nur das nackte Leben retten konnten, wurden nun in Deutschland erneut lebensgefährlich bedroht.

Er las und lernte Orte wie Heidenau und Freital kennen, Orte, deren Namen er vorher noch nie gehört hatte, er sah die Bilder, wie junge Männer Böller auf Polizisten warfen. Aber er las auch, wie der Staat vor rechter Gewalt zurückwich: Der Erfurter Oberbürgermeister, ein SPD-Mitglied, forderte, dass die Schulpflicht für Flüchtlingskinder ausgesetzt werden sollte, weil er kein zweites »Heidenau« haben wollte.

Er las, dass Polizeisprecher die rechten Gewalttäter und den Protest dagegen in einen Topf warfen und von linken und rechten Chaoten sprachen.

Er las, dass in diesem Jahr bis zum August 340 Flüchtlingsunterkünfte gebrannt hatten. Und er las, dass es dazu kaum Fahndungserfolge gab.

Und dann erinnerte er sich an Nopper: »Du erzählst mir Geschichten von 2011. Das ist ewig her. Wir sind jetzt an einem völlig anderen Punkt.«

Die Smith & Wesson pochte gegen seine Brust. Vielleicht würde er der Menschheit einen Dienst erweisen, wenn er zu Nopper zurückfahren würde. Er stand auf, ging den Flur entlang zum Aufzug und fuhr zurück auf die Krankenstation. Alexandra saß dort noch immer, in der gleichen Haltung, den Kopf in die Hände gestützt.

Als sie um zwei Uhr in der Nacht ging, gab sie ihm ihre Telefonnummer und bat ihn, sie sofort anzurufen, wenn es etwas Neues von Marius gäbe. »Lassen Sie es lange klingeln. Ich bin total müde und muss früh zur Arbeit.« Dengler versprach es.

Die Nachtschwester kam. »Sie können ihm hier nicht helfen. Gehen Sie nach Hause. Im Augenblick können Sie wirklich nichts tun.«

Er stand auf, aufgewühlt und übermüdet, und dachte, dass er doch noch etwas tun könne. Mit einer schnellen Bewegung griff er an den Revolver und fasste einen Entschluss.

Mit einem Taxi ließ er sich durch die Nacht nach Erfurt zurückfahren. Er stellte sich in der Gustav-Adolf-Straße gegenüber von Noppers Haus in den Schatten einer Garage und wartete. Er hatte nur eine unklare Vorstellung, was er tun würde. Er stellte sich vor, Nopper morgens an der Haustüre abzupassen und ihm in den Kopf zu schießen.

Was danach geschehen würde? Es war ihm egal.

Die Waffe steckte mittlerweile wieder im Hosenbund, wo er sie schnell fassen konnte.

Um halb vier flammte eine Lampe in Noppers Wohnung auf. Dengler spannte sich, er entsicherte den Revolver. Doch nach einer Minute erlosch das Licht wieder. Nopper war wohl nur pinkeln gegangen, nächtlicher Harndrang, typisch für Männer in seinem Alter.

Oder hatte er ihn bemerkt?

Dengler drückte sich tiefer in den Schatten der Garage. Er sicherte die Waffe.

Er wartete. Er war nicht mehr er selbst. Er war entschlossen.

Um halb fünf Uhr summte sein Telefon. ›Olga‹ las er auf dem Display. Er nahm ab. Sagte nichts.

»Bist du in Erfurt, Georg?« Ihre Stimme war verschlafen und klang süß und voller Sehnsucht.

»Ich stehe mit einer durchgeladenen Waffe vor Noppers Haus.«

»Ich hatte so ein blödes Gefühl«, sagte sie. »Georg! Lass das! Komm zurück! Ich brauche dich!«

Dengler beendete das Gespräch.

In Noppers Wohnung flammte erneut Licht auf.

Dengler stand zwei Minuten regungslos und starrte nach oben in die erleuchteten Fenster. Er zog die Smith & Wesson aus dem Hosenbund und betrachtete sie.

Dann entriegelte er die Trommel und entlud den Revolver.

Dengler ging zurück Richtung Gera-Flutgraben, unterwegs bestellte er ein Taxi, das ihn zurück nach Suhl ins Krankenhaus brachte.

## 79. Waffe Kiesewetter

Um sechs Uhr erschien ein übernächtigter Arzt und sagte, dass Marius überleben werde. Mehr könne man noch nicht sagen, aber sicher sei, er werde nicht sterben. Der Patient verfüge über ein starkes Herz. Vielleicht würde er nicht mehr unbeschwert gehen können, vielleicht als Polizist berufsunfähig sein, es sei noch zu früh, man könne Genaueres frühestens in zwei Wochen sagen, aber er sei außer Lebensgefahr.

Dengler rief Alexandra an. Sie versprach, sofort zum Krankenhaus zu kommen.

Um 9.18 Uhr stieg Dengler in Erfurt in den ICE. Er schlief sofort ein. Er wachte auf, als der Zug bereits in Fulda einfuhr. Eilig sprang er auf und rannte an den Abteilen vorbei zur Ausgangstür. Der Anschlusszug kam wenige Minuten später. In Stuttgart erwartete ihn Olga am Bahnsteig. »Du hast mich vor einem schweren Fehler bewahrt«, sagte er nach einem langen Kuss.

In seiner Wohnung legte er sich auf die Couch. Er hörte noch, wie Olga ihn fragte, ob er einen Tee wolle. Am nächsten Morgen erwachte er in seinem Bett, aber er konnte sich nicht erinnern, wie er dorthingekommen war. Er duschte, zog neue Jeans und ein sauberes T-Shirt an.

Die Wut auf Nopper stieg in ihm auf, sobald er an ihn dachte. Er malte sich aus, wie es gewesen wäre, wenn er doch geschossen hätte. Inmitten einer solchen Wut-und-Rache-Fantasie klingelte sein Telefon.

Es war eine unbekannte Rufnummer. Aber es meldete sich Marlies.

»Georg, du machst mich verrückt. Aber das weißt du ja. Ich habe mich jetzt selbst zu dieser NSU-Sache hier umgeschaut. Ich lese ja immer ein bisschen mit bei den Sachen, die ich dir schicke. Und mir ist etwas aufgefallen. Ich maile dir eine verschlüsselte Datei von einem sicheren Account aus. Kennwort ist der Ort, an dem wir uns zum ersten Mal geliebt haben. Bitte lösch diese Mail sofort. Der Inhalt wird dich interessieren.«

Ihre Stimme klang gehetzt.

»Ich danke dir.«

Aber sie hatte schon aufgelegt.

*

Dengler ging in sein Büro und fuhr den Computer hoch. Ein Hans Berger hatte ihm eine verschlüsselte Datei geschickt. Dengler kopierte sie auf einen Stick und löschte die E-Mail. Dann fuhr er den Rechner hoch, den er nicht mit dem Internet verband. Über *Encrypto* entschlüsselte er die Datei. Als Kennwort gab er: »Mombacher Rheinufer« ein. Es funktionierte; die Entschlüsselungssoftware gab einen Ordner frei, den Marlies »Waffe Kiesewetter« genannt hatte. Sie enthielt mehr als zehn Dokumente. Dengler öffnete das erste. Es enthielt die Vernehmung von Stenzel vor dem Untersuchungsausschuss des Thüringer Landtages. Marlies hatte einige Passagen grün eingefärbt. Dengler las:

**Vorsitzende D. M. (SPD):** Meine nächste Frage richtet sich auf die Heckler & Koch-Polizeiwaffen im Wohnmobil. Das waren ja zwei. Die Waffe der Michèle Kiesewetter lag auf dem Tisch und dann ist ja eine zweite Polizeiwaffe im Wohnmobil gelegen und zwar die ihres Kollegen, des Herrn Martin A. und die lag ja nahezu unbeschädigt in der Nasszelle. Wann haben Sie diese Waffe gesehen? Diese hätte man doch leicht identifizieren können, denn die war nicht angeschmort.
**Gerhard Stenzel:** Ich war nicht in der Nasszelle.

**Vorsitzende D.M. (SPD):** Diese Waffe ist dann erst in der Lagerhalle festgestellt worden?

**Gerhard Stenzel:** Nochmal, es verbietet sich in der Nasszelle rumzukriechen. Und deswegen bin ich nicht in diesen Tatort hineingegangen.

**Vorsitzende D.M. (SPD):** Sie sollten ja nicht durchrobben, Sie haben ja wie gesagt für mich den Röntgenblick auf diesen Tisch diese verschmorte Heckler & Koch als solche sozusagen wahrgenommen, die offen auf dem Boden der Nasszelle lag, die haben sie da nicht gesehen und das dann eventuell anderen Leuten überlassen – das ist der langen Antwort kurzer Sinn.

**Gerhard Stenzel:** Nein, das ist verkehrt, wie Sie es darstellen. Die Nasszelle befindet sich nicht vorne im Eingangsbereich, sondern die Nasszelle ist ein Stückchen weiter hinten und wenn ich mich da hin begeben will, muss ich durch den ganzen Wohnwagen durch.

**Vorsitzende D.M. (SPD):** Muss man über die Toten hinwegsteigen ...

**Gerhard Stenzel:** Nicht nur das, ähm, man muss sie umbewegen, um die Tür öffnen zu können. Wenn ich mich richtig erinnere, hat die Leiche vor dem Öffnungsbereich der Türe gelegen. Es hätte einer Veränderung der Leiche bedurft, um da hineinzukommen.[71]

Dengler fragte sich, warum Marlies diese Passage für ihn markiert hatte. Es gab aber noch eine weitere Hervorhebung. Zur Frage, wann Stenzel die Waffe der in Heilbronn ermordeten Polizistin Kiesewetter gefunden hatte, sagte dieser:

In der weiteren Untersuchung wurde gegen 16 Uhr festgestellt: bei einer Waffe, die sich im Wohnmobil befand, die auf dem Tisch in dieser Sitzecke lag, handelt es sich um die Waffe der Polizeibeamtin Kiesewetter. Die Beamtin vor Ort hat die Nummer der Waffe aufgeschrieben und mit dem Fahndungsbestand der Polizei abgeglichen.

Dengler notierte:

Waffe Kiesewetter wurde gegen 16 Uhr auf dem Tisch liegend sichergestellt, offenbar verschmort; Waffe ihres Kollegen Martin A. lag in der Nasszelle, konnte erst sichergestellt werden, nachdem die davorliegende Leiche (Mundlos) aus dem Camper geborgen worden war.

Liebe Marlies, dachte Dengler, was willst du mir eigentlich sagen? Er öffnete das zweite Dokument. Es war ein Einsatzverlaufsbericht der Kriminalpolizei Eisenach.[72]

04.11.2011, 14:45 Uhr;
Frau M. von der TOG übergibt an KHM K. eine aus dem Wohnmobil geborgene Pistole Heckler & Koch, Mod. P 2000, Waff.-Nr. 116-010514. Durch KHM K. wird die durchgeladene Waffe entladen und eine Patrone aus dem Lauf entfernt. Diese trägt auf dem Patronenboden die Bezeichnung MEN06B0603. Auf Grund des Bodenstempels ist davon auszugehen, dass es sich bei dieser Patrone um Behördenmunition handelt. Das Magazin ist augenscheinlich voll. Bei der erkennbaren oberen Patrone handelt es sich um Vollmantelmunition des Herstel-

lers S & B. Aus Gründen der Spurensicherung
wurde das Magazin nicht geleert.

Das musste die Pistole von Frau Kiesewetter sein, dachte Dengler. Denn die Waffe ihres Kollegen Martin A. lag noch unentdeckt in der Nasszelle, mit der Leiche Mundlos davor.
Gegen 15 Uhr, so fuhr der Bericht fort, wurde der Camper zur Halle des Abschleppdienstes gebracht.
Die Überraschung folgte in der nächsten Zeile:

04.11.2011, 16:20 Uhr
Es erfolgt die INPOL-Abfrage zu der o.a.
Waffennummer über den PvD der Polizeidirektion Gotha. Ergebnis: Dienstpistole Baden-Württemberg 9 mm P2000, Abhandenkom-
men durch Diebstahl/Mord, eingestellt am
25.4.2007, GE: A., Martin, KPI Heilbronn/
SOKO Parkplatz.
Aufgrund der Erkenntnis wird PD Stenzel informiert.

Dengler stieß einen Pfiff aus: Also wurde doch nicht Kiesewetters Waffe gefunden, sondern die ihres Kollegen Martin A. War Stenzel also doch über die Leiche gestiegen, um die Pistole aus der Nasszelle zu holen? Warum hatte er das im Untersuchungsausschuss abgestritten? Und warum hatte er vor den Abgeordneten behauptet, es handele sich um die Waffe von Michèle Kiesewetter?
Eine Falschaussage.
Um 18.00 Uhr der nächste Eintrag:

Die erste Leiche wird aus dem Wohnmobil geborgen.

Die Akten erzählten Dengler eine andere Geschichte.

Tatsächlich wurde die Kiesewetter-Waffe erst gegen 23.00 Uhr aufgefunden und geborgen. Sie lag im Brandschutt versteckt auf dem Tisch, nahezu unsichtbar.[73]

```
04.11.2014, 23:11 Uhr
Aus dem Wohnmobil wird … eine Pistole Heck-
ler & Koch P 2000 mit der Waffnr. 116-021769
im durchgeladenen Zustand geborgen. INPOL-
Abfrage ergab: Dienstpistole 9 mm, GE: Kiese-
wetter, Michèle, KPI Heilbronn, SOKO Park-
platz. Auf Grund thermischer Beeinflussung
konnte die Waffe nicht entladen werden. Es
ist erkennbar, dass sich im Patronenlager
eine Patrone/Hülse befindet (abstehender Aus-
zieher).
```

Warum wusste Stenzel von der Waffe Kiesewetters – etliche Stunden, bevor die Waffe tatsächlich geborgen wurde?
Vorwissen?
Täterwissen?
Wo wurde die Waffe des Polizeibeamten Martin A. tatsächlich gefunden? Lag sie in der Nasszelle? Wer hat dann die Leiche von Mundlos verändert, um dorthin zu kommen?
Oder hat Stenzel die Pistole einfach im Camper abgelegt, als er ihn betrat?

★

Am nächsten Tag kam von Marlies eine weitere Mail mit einem verschlüsselten Anhang. Der Ordner hieß: ›Teile des tödlichen Geschosses (Kopf Böhnhardt) gefunden‹. Die Datei darin enthielt einen kurzen BKA-Vermerk von Anfang Februar 2012. Dengler las das Papier, das drei Monate nach dem Auffinden der beiden Leichen im Wohnmobil in Eisenach-Stregda verfasst wurde. Da stand:

358

```
Es handelt sich um Projektilteile aus dem
Körper des BÖHNHARDT, die in der Rechtsme-
dizin gesichert wurden.

Fazit:
Es besteht keine Verfahrensrelevanz.
```

Eine tödliche Kugel ist für das Ermittlungsverfahren nicht von
Bedeutung.

Dengler hatte es immer geahnt, jetzt *wusste* er es: Wahrhaftige Ermittlungen im Fall der beiden Toten von Eisenach waren schon
eingestellt, bevor sie überhaupt richtig losgingen.

Sie *wollen* diesen Fall einfach nicht aufklären.

Was hatte Nopper zu ihm gesagt: Die Wahrheit ist das Letzte,
was hier irgendjemand hören will. Du hast keine Ahnung, in welchem Land du lebst.

Wir werden sehen, dachte Dengler.

★

Er setzte sich an den Schreibtisch und überarbeitete seinen Ermittlungsbericht. Dann druckte er ihn fünfmal aus. Zwei Exem-
plare schickte er an den NSU-Untersuchungsausschuss in Thüringen und an den in Baden-Württemberg, ein Exemplar an den
neuen Präsidenten des Bundeskriminalamtes. Das vierte Exemplar würde er am Abend Leo Harder geben. Das fünfte Exemplar
schickte er an Dr. Schweikert.

Wir werden sehen, was passiert. Danach werde ich wissen, in
welchem Land ich lebe.

★

Am Abend saßen die Freunde im Basta. Dengler erzählte, und als er geendet hatte, schwiegen seine Freunde lang. Jeder von ihnen zog in den nächsten Tagen unterschiedliche Konsequenzen. Martin Klein meldete sich bei einer Initiative und bot an, Flüchtlingskindern Deutsch beizubringen. Leopold Harder schrieb in der Zeitung eine mehrteilige Serie unter der Überschrift »Sehenden Auges«. Er schrieb, dass sich in Deutschland eine rechtsterroristische Massenbewegung etabliere, die er NSU 2.0 nannte. Er schrieb, dass man, wie schon bei der NSU, auch hier nicht wisse, welche dubiose Rolle die Inlandsgeheimdienste spielten. In der Redaktionskonferenz lösten seine Artikel heftige Diskussionen aus; einige Kollegen nannten ihn »unseren neusten Verschwörungstheoretiker«.

Mario fuhr einmal in der Woche zu einem Flüchtlingsheim in der Olgastraße und kochte dort gratis.

Marius Brauer wurde aus dem Krankenhaus entlassen. Er musste wieder neu laufen lernen, und das tat er mit großer Energie. Im nächsten Frühjahr will er wieder seinen Dienst im LKA antreten.

Iris Welker suchte sich eine kleine Wohnung in Bonn und zog aus dem Haus in Bad Honnef aus. Kurz danach reichte sie die Scheidung ein. Klaus-Dieter Welker machte einen Karrieresprung und wurde Koordinator der Geheimdienste im Bundeskanzleramt.

Gerhard Stenzel wurde noch mehrmals vor den Untersuchungsausschuss des Thüringer Landtages geladen. Er wurde ins Innenministerium versetzt und bekam dort einen Schreibtischjob.

An einem Wochenende im Spätsommer fuhr Dengler mit Olga nach Köln. Tufan holte sie am Bahnhof ab. In der Keupstraße gab es ein großes Fest. Türkische Frauen buken an großen Ständen Brot, gegrillter Mais wurde angeboten, die Menschen drängten sich um Tische, an denen die Süßigkeiten verkauft wurden, Lammspieße wurden gebraten, Erfrischungen angeboten. Türkische und deutsche Musiker spielten auf kleinen Bühnen mitten auf der Straße. Tufan führte sie herum, begrüßte Nachbarn und Bekannte. Dengler freute sich, und gleichzeitig schämte er sich, dass er seinem Freund damals nicht hatte helfen können. Er erkundigte sich, ob die Polizei mittlerweile die beiden bewaffneten Männer ermittelt habe, die während des Anschlags vor seinem Buchladen gestanden hatten und was diese mit dem NSU zu tun hatten. Tufan wurde für einen Moment nachdenklich. »Das interessiert die Polizei bis heute nicht«, sagte er. »Das weißt du doch.«

Sie verfolgten eine Podiumsdiskussion mit Anwälten der Nebenklage im Prozess gegen Beate Zschäpe und andere. Überall drängten sich die Menschen, Deutsche und Türken, Junge und Alte, Menschen mit allen möglichen Hautfarben und Sprachen. Sie alle machten das Motto des Festes lebendig und erinnerten an den Anschlag elf Jahre zuvor: Keupstraße ist überall.

Am Nachmittag führte Tufan sie in den Friseurladen, vor dem die Bombe damals explodiert war. Im Hinterhof hörten sie einer Lesung von Günter Wallraff zu, bevor sie dann eine Straße weiter in eine Aufführung des Kölner Schauspiels gingen.

Die Welt schien für einen Tag in Ordnung. Doch als Dengler und Olga am nächsten Tag wieder in Stuttgart waren, sahen sie in den Spätnachrichten, wie erneut rassistischer Mob in Heidenau randalierte. Die Kamera strich an den jubelnden Umstehenden vorbei, und da sahen sie für ein oder zwei Sekunden Harry Nopper am Rand der Menge stehen. Er hatte den Kragen hochgestellt und besah sich mit einem leichten Lächeln die Szene, so wie ein Schreiner einen fertigen Tisch betrachtet, mit dem er zufrieden ist.

»Sie geben nicht auf. Sie machen immer weiter«, sagte er zu Olga.

# Finden und Erfinden – ein Nachwort

Dieses Buch ist eine literarische Ermittlung in einem realen Kriminalfall. Und ich fürchte, es ist die Ermittlung eines Staatsverbrechens. Ich kenne die vollständige Wahrheit über die rechtsterroristischen Verbrechen des NSU und die Verwicklungen der Staatsschutzbehörden darin ebenso wenig wie andere. Allerdings bin ich mir mittlerweile sicher, dass die offizielle Erzählung über die NSU, die Geschichte eines isolierten verbrecherischen Trios, von dem zwei Personen tot sind und die dritte ihrer Verurteilung entgegensieht, haltlos ist. Ich lege mehr oder weniger bekannte Fakten – die meisten sind nur internen Kreisen bekannt – auf eine andere Art zusammen und gelange zu einem anderen Bild.

Die Recherchen zum Tod von Uwe Mundlos und Uwe Böhnhardt habe ich, wie der Leser leicht sehen wird, sehr eng anhand der offiziellen Ermittlungsliteratur geführt. Aus ihnen geht bereits eindeutig hervor, dass der von den Behörden erzählte Ablauf (Mundlos erschießt Böhnhardt, legt Feuer und richtet sich dann selbst) sich so nicht zugetragen haben kann. Ansatzpunkt der Recherche war für mich – wie für Georg Dengler – die atemraubende Vertuschung und Verschleierung rund um die Geschehnisse, die sich in Eisenach-Stregda zugetragen haben. Was tatsächlich geschah und was inszeniert, erfunden, zerstört wurde, versuche ich detailliert zu rekonstruieren.

Dengler entwickelt in diesem Buch eine eigene Auffassung, ein eigenes Bild davon, was sich in dem Camper zugetragen haben mag. Es ist nur *eine* Erzählung, aber ich halte sie nach allem, was ich heute weiß, für deutlich realitätstüchtiger als die offiziellen Bekundungen.

*

Ich hoffe und wünsche mir, dass Sie, die Leserinnen und Leser, sich einlassen auf die Art detektivischer Wahrheitsfindung, die Georg Dengler in diesem Fall anwendet. In diesem Roman habe ich, mehr als in den vorhergehenden Büchern, mit tatsächlichen Dokumenten und Unterlagen gearbeitet. Und weil der Fall so brisant und real ist, sind diese Dokumente Teil des Romans geworden. Es ist mir vollkommen bewusst, dass ich den Lesern damit eine nicht immer einfache Lektüre zumute, aber ich meine, sie lohnt sich. Denn es geht in diesem Fall um mehr als eine gute Geschichte: Es geht um die Suche nach Wahrheit.

*

Sosehr ich mich bemüht habe, die Entstehung des Rechtsterrorismus in Thüringen und die Geschehnisse in Stregda realistisch nachzuvollziehen und zu beschreiben, bleiben große Lücken, und diese Lücken fülle ich mit Fiktion. Dieses Buch ist eine Erzählung. Es bietet *eine* Möglichkeit der Deutung tatsächlicher Ereignisse. Wie gesagt, ich stütze mich bei diesem Buch auf umfangreiches Material erforschter und unerforschter Begebenheiten, auf Fragmente der Wirklichkeit.

Vor besondere Schwierigkeiten stellte mich bei dem Mord an Michèle Kiesewetter und dem Mordversuch an ihrem Kollegen Martin A. in Heilbronn die an Sicherheit grenzende Wahrscheinlichkeit, dass amerikanische Sicherheitsdienste am Tatort waren. Dies herausgefunden zu haben, ist das Verdienst der Journalisten *Rainer Nübel* und *Andreas Förster*. Es ging mir jedoch darum, die Hintergründe zu verstehen. Dies zwang mich dazu, in die komplexe Geschichte der amerikanischen Deutschlandpolitik einzutauchen. Ein Ergebnis dieser Recherchen ist auch die für mich überraschende Erkenntnis, wie wenig souverän und wie sehr fremdbestimmt das Land ist, in dem ich lebe.

*

Wenn ich hier über all die realen Unterlagen, Dokumente und Hintergründe schreibe, die dieses Buch ausmachen, dann heißt dies auch, dass ich mehr als bei anderen Büchern einen Partner brauchte, der mich in der Recherche unterstützte und die Interpretation des Materials mit mir diskutierte. *Ekkehard Sieker* war dieser Partner. Ohne seine Hilfe wäre dieses Buch nicht nur nicht zustande gekommen, sondern gar nicht denkbar gewesen. Dabei ging es nicht nur darum, Material zu finden. Die Basis für unsere gemeinsame Arbeit war absolutes Vertrauen. Dafür kann ich nicht genug danken. Lieber Eki, die Zusammenarbeit mit dir war eine große Freude und wunderbare Erfahrung. Ich hoffe, dass wir sie bald wiederholen.

*

Ich danke allen Polizeibeamten, die mit mir gesprochen haben, insbesondere jenen aus Thüringen und dort insbesondere *Mario Melzer*, von dem ich viel gelernt habe. Ein besonders herzlicher Dank gilt *Ali Demir* aus Köln, der seine unglaublichen Erlebnisse rund um den Anschlag in der Keupstraße mit mir geteilt hat. Ich bedanke mich für Unterstützung, Rat und Zeit bei *Edith Lunnebach* und *Bodo Ramelow*. Für die Beantwortung vieler neugieriger Fragen danke ich *Winfried Ridder*. Auch wenn ich sie namentlich nicht nennen kann, danke ich zwei Mitarbeitern vom Bundesamt für Verfassungsschutz für den interessanten Blick *inside out*.

*

Nicht zuletzt danke ich einer Reihe herausragender Journalistinnen und Journalisten nicht nur für ihre Texte und die wichtige offene Berichterstattung über Jahre hinweg. Ich danke ihnen darüber hinaus für manchmal lange Gespräche, die ich mit ihnen führen konnte. *Gerd Elendt, Kerstin Herrnkind, Nicolas Büchse* und *Holger Witzel* sowie der *Stern* erlaubten großzügigerweise Abdrucke von Artikeln. Ich danke *G.*, der mir die Studien amerikanischer *Think Tanks* zur »Deutschlandfrage« beschaffte und sie teilweise auch übersetzte. Mein Dank gilt auch *Markus Grill*, neuerdings Chefredakteur von CORRECT!V, für die freundliche Erlaubnis, den Artikel über Putin in Dresden verwenden zu dürfen. *Rainer Nübel* danke ich für spannende, intensive Gespräche.

Einige Personen, die wichtig für dieses Buch waren, wollen oder können an dieser Stelle nicht namentlich genannt werden. Ich danke ihnen besonders herzlich für ihre Hilfe.

*

In Einzelfragen unterstützten mich *Frank Rauter, Agnes Schreieder* und *Bianca Wendt*. Dank auch an *Moni Plach, Heike Schiller, David Streit* und *L.* Mein herzlicher Dank geht ebenso an *Petra von Olschowski*, an *Lutz Dursthoff* und an das gesamte Team des Verlags Kiepenheuer & Witsch.

Seit vielen Jahren sind wir nun ein gutes Team – und ohne diese gemeinsame Erfahrung hätten wir es diesmal wohl nicht geschafft, irgendwann endlich dieses Buch abzuschließen. Lieber *Nikolaus Wolters*, ich weiß, was ich Dir, meinem Lektor, alles verdanke.

# Anmerkungen

1. Die dem fiktiven Tufan Basher zugeschriebenen Erlebnisse sind dem Steuerberater Ali Demir im Wesentlichen widerfahren. Ali Demir, der sein Steuerberatungsbüro 2004 an derselben Stelle in der Keupstraße hatte, an der ich Tufans Buchhandlung ansiedele, schrieb am 14. November 2012 in einer eidesstattlichen Erklärung an den NSU-Untersuchungsausschuss des Deutschen Bundestages:

   »Am 9. Juni 2004, dem Tag der Explosion einer Nagelbombe in der Kölner Keupstraße, befand ich mich in meinem Büro, einem Ladenlokal im Erdgeschoss in der Keupstraße Nr. 37, also nur wenige Meter entfernt von dem Friseursalon, vor dem später die Bombe explodierte.

   Gegen 16 Uhr vernahm ich einen lauten Knall. Vor dem Schaufenster meines Büros flogen Splitter herum. Das Oberlicht der Eingangstür zu meinem Büro platzte. Ich warf mich auf den Boden, um mich vor weiteren Explosionen in Sicherheit zu bringen. (...)

   Als keine zweite Explosion folgte, hob ich den Kopf und sah durch die Schaufensterscheibe auf die Straße. Vor meinem Büro stand ein Mann, der deutlich sichtbar einen Schulterholster trug und darin eine Waffe. Ich dachte sofort, dass dieser Mann ein Polizist sein muss. Ich lief raus zu ihm auf die Straße und fragte ihn, was passiert sei. Er wollte diese Frage nicht beantworten und zeigte nur auf die Metallsplitter am Boden. Gleichzeitig roch ich starken Geruch von Sprengstoff in der Luft. Auf der gegenüberliegenden Straßenseite sah ich einen zweiten Mann, der eine Pistole trug. Er kommunizierte mit dem Mann neben mir. Ich ging davon aus, dass es sich um zwei Zivilpolizisten handeln muss.« (...)

   Die Ermittlungsbehörden machten bisher kaum Anstrengungen, nach den beiden von Ali Demir gesehenen bewaffneten »Zivilpolizisten« zu fahnden. Die beiden später vom Land NRW präsentierten Polizeibeamten B. und V. können aber mit den beiden von Ali Demir gesehenen Zivilpolizisten nicht identisch sein. Denn: Zivilpolizisten tragen keine Uniformen. Und: Der Polizeibeamte V. sagte am 25. April 2013 vor dem NSU-Untersuchungsausschuss des Deutschen Bundestages Folgendes aus: »Der Kollege B. und ich, wir waren uniformiert.« Dies legt die Vermutung nahe, dass die beiden von Demir gesehenen »Zivilpolizisten« *geschützt* werden sollen.

2. Das München-Komplott. Denglers fünfter Fall. Köln 2009

3. Verfassungsschutzbericht 2003, Seite 39

4. Ebenda, Seite 25

5. Vergleiche: Nicolas Büchse, Endlos viele Fragen – seit Jahren keine Antwort, *Stern*-Serie zum NSU-Terror, Teil 1, 26. November 2014; http://www.stern.de/politik/deutschland/stern-serie-zum-nsu-terror-3243284.html

6. Alle Zitate aus polizeilichem »Einsatzverlaufsbericht KPS Eisenach vom 23.02.2012«

7. Befragung der Funkwagenbesatzung, Bundeskriminalamt/LKA Thüringen, 23.11.2011

8. Siehe: Landesmedienstelle Niedersachsen (Hrsg.), Klaus Schönbach, Wolf-Rüdiger Wagner u. a., Öffentliche Meinung, Gewaltbereitschaft und Massenmedien, 2. erw. Aufl. November 1994; http://www.nibis.de/nibis3/uploads/2medfach/files/Oeffentlichkeit.pdf

9. Am zwölften Tag. Denglers siebter Fall. Köln 2013

10. Antonia Kleikamp, Warum ist das Herrhausen-Wrack verschwunden?, *Die Welt*, 15. Januar 2013; http://www.welt.de/geschichte/article112780119/Warum-ist-das-Herrhausen-Wrack-verschwunden.html

11. *Frankfurter Rundschau*, 23. Januar 1992, zitiert nach: Gerhard Wisnewski, Wolfgang Landgraeber, Ekkehard Sieker, Das RAF-Phantom, München 2008 (1. Aufl. 1992)

12. Ebenda

13. ARD Brennpunkt vom 1. Juni 1992, zitiert nach: ebenda, Seite 373

14. Es handelt sich hier nicht um einen Artikel von Leopold Harder, sondern um eine Arbeit von Gerd Elendt und Kerstin Herrnkind, geschrieben für den *Stern,* veröffentlich am 27. November 2014.

Ich danke den beiden Autoren sowie dem *Stern* für die großzügige Erlaubnis, ihre Arbeit hier drucken zu dürfen.

15. Diese Information stammt aus dem Untersuchungsausschuss des Landtages von Thüringen.

16. Manfred Weber-Lamberdière, Der wahre Mitterrand, in: Focus, Nr. 46 2009, Seite 11

17. Zitiert nach: Josef Foschepoth, Überwachungsstaat Bundesrepublik Deutschland? Historische Grundlagen und notwendige Konsequenzen, Vortrag aus Anlass des Whistleblower-Preises an Edward J. Snowden am 30. August 2013 in der Berlin-Brandenburgischen Akademie der Wissenschaften in Berlin

18. Zitiert nach: ebenda

19. Die folgende Rede ist aus verschiedenen Studien unterschiedlicher amerikanischer *think tanks* zusammengesetzt.

20. Woher stammt die zweite Hülse? Dies ist in der Tat eine der größten Ungereimtheiten der Vorgänge in dem Camper.

21. Bundestagsdrucksache 12/890, 12. Wahlperiode, 1. Juli 1991

22. Jan Dirac, *Aufbauhilfe*, in: *der rechte Rand*, Nummer 150, September-Oktober 2014, Seite 6 f.

23. 35 erfolglose Ermittlungsverfahren gegen früheren V-Mann, *Thüringer Allgemeine*, 16. März 2012; http://www.thueringer-allgemeine.de/web/zgt/leben/detail/-/specific/35-erfolglose-Ermittlungsverfahren-gegen-frueheren-V-Mann-270811884

24. Die Aussage des Polizeidirektors Michael M. auf der Pressekonferenz von Anfang November 2011 findet man in der Filmdokumentation »Kampf um die Wahrheit«, gesendet am 6. Juli 2015 auf 3sat; https://www.youtube.com/watch?v=I4viFr6g6-U

25. *Thüringer Allgemeine*, 26. November 2011; http://www.thueringer-allgemeine.de/web/zgt/leben/detail/-/specific/Gothaer-Polizei-Chef-offenbart-Details-zu-Eisenacher-Bankraub-1229938459

26. Siehe: Bundeszentrale für politische Bildung, Foto im Artikel von Johannes Radke, Der »Nationalsozialistische Untergrund« (NSU), 16.10.2013 – Quelle: http://www.bpb.de/politik/extremismus/rechtsextremismus/167684/der-nationalsozialistische-untergrund-nsu

27. Haarbergstr. 61, Sitz des Thüringer Verfassungsschutzes

*Uwe Mundlos tot im Camper. Es ist gut zu erkennen, dass weder Blut noch Hirnreste auf dem Vorhang oder dem Matratzenstoff hinter Mundlos ausgetreten sind. Diese können auch nicht vom Löschwasser weggewaschen worden sein, da die Oberbekleidung des Toten und die Handtücher rechts im Bild des Toten trocken sind, wie auf diesem Bild zu erkennen ist.*

30. Der Krönleinschuss wirke »wie eine Explosion von innen. Die könne man erklären durch das Geschoss, das durchs Gehirn tritt. Es entstehe eine hydrodynamische Welle. Je nach aufgebauter Energie, Masse und Geschwindigkeit könne diese Energie bis zu den knöchernen Strukturen gelangen: ›Wir haben so eine Art hydrodynamische Explosion.‹ In der Literatur werde das ›Krönleinschuss‹ genannt.« Aussage Dr. Reinhard Heiderstädt, Rechtsmediziner, der Uwe Mundlos und Uwe Böhnhardt obduziert hat, im Münchner Prozess, Protokoll 114. Verhandlungstag; http://www.nsu-watch. info/2014/06/protokoll-114-verhandlungstag-21-mai-2014/ Siehe auch Wikipedia:»Der Krönleinschuss ist eine von Rudolf Ulrich Krönlein beschriebene tödliche Schussverletzung des Schädels, die vorwiegend bei Treffern mit hochenergetischen Geschossen aus Militär- und Jagdwaffen auftritt. Hierbei kommt es zum vollständigen Herausschleudern des Großhirns nach dem Zerbersten des knöchernen Schädels.« https://de.wikipedia.org/wiki/Krönleinschuss

31. Siehe Protokoll des zweiten Thüringer NSU-Untersuchungsausschusses; Befragung der Mitarbeiter des Abschleppdienstes Tautz am 27. August 2015

32. Erschienen in KONTEXT, Heft 5 (März), 1989 – http://www.bln. de/k.weiss/tx_gefahr.html

33. Die Geschichte des russischen Neonazi-Agenten Sonntag erzählen Marcus Bensmann und David Crawford, beide Reporter von CORRECT!V, in der Geschichte »Putins frühe Jahre«, nachzulesen unter: https://correctiv.org/recherchen/system-putin/artikel/2015/07/30/putins-fruehe-jahre/

34.

*Tatort. Dieses Foto entstand am 12. August 2014. © Wolfgang Schorlau*

35. Zu dieser Einschätzung kam auch der erste Thüringer Untersuchungsausschuss. Im Abschlussbericht dieses Ausschusses wird auf Seite 1574 unter den Punkten 2409 und 2410 festgestellt:

»**Punkt 2409** Dass beide Toten vor ihrem Tod keinen Ruß und auch kein Rauchgas eingeatmet haben, wirft klassischerweise die Frage auf, ob der Brand nicht erst nach dem Tod der beiden und damit von einem Dritten gelegt wurde, der damit auch als Täter für die Tötungen in Betracht käme. Hierzu haben die Zeugen POK F. Ma. und PHM U. Sel. ausgesagt, eine dritte Person hätte nach den Schüssen und der Brandstiftung das Wohnmobil nicht mehr verlassen können, ohne von ihnen oder später eingetroffenen Einsatzkräften bemerkt zu werden. Die Zeugen Sel. und Ma. hatten jedoch auf der anderen Straßenseite Deckung gesucht und konnten daher die Tür, die auf der rechten Seite hinter der Fahrerkabine in den Wohnbereich des Wohnmobils führt, nicht einsehen. Der Zeuge POK F. Ma. führte aus, dass ein Dritter sich dennoch nicht unbemerkt aus dieser Tür hätte entfernen können, da sich direkt neben dieser Seite des Wohnmobils eine Baugrube befunden habe. Ein Dritter hätte deshalb nur nach vorne oder nach hinten weggehen können und wäre dann für sie sichtbar gewesen. Der Zeuge PD M. M. hat von einer eingezäunten Baugrube gesprochen und behauptet, die Zeugen F. Ma. und Sel. hätten aus ihrer Position auch unter dem Wohnmobil durchschauen können und deshalb jemand Drittes auf jeden Fall gesehen.«

**»Punkt 2410** Die bis heute im Internet auffindbaren Aufnahmen von diesem Tag zeigen ebenso wie der dem Ausschuss vom Zeugen Wi. überlassene Film vom 4. November 2011, dass sich auf der rechten Seite des Wohnmobils ein breiter begehbarer Grünstreifen befunden hat. Die ›Einzäunung‹ der Baugrube besteht aus einem einfachen Holzgatter, das kein wirkliches Hindernis darstellte. Die mit Bewuchs versehene Vertiefung verfügt über gut begehbare, nicht zu steil abfallende Böschungen. Um, wie der Zeuge M. M. meint, unter dem Wohnmobil hindurchschauen zu können, hätten die Streifenbeamten aus der Deckung kommen und sich auf den Boden legen müssen. Das haben beide verständlicherweise nicht getan und auch nicht behauptet. Mithin hätte ein Dritter sich vom Wohnmobil aus durchaus unbemerkt wegducken und durch die Senke wegbewegen können. Schließlich hat es auch einen Zeugenhinweis gegeben, nach dem eine verdächtige männliche Person an der Straße nach Mühlhausen versucht haben soll, ein Auto anzuhalten.«

36. Toxikologisches Gutachten zu Uwe Böhnhardt, Jena, 23.11.2011
37. Obduktionsbericht Uwe Mundlos, Universitätsklinikum Jena, 28.11.2011
38. Ebenda
39. Toxikologisches Gutachten zu Uwe Mundlos, Jena, 23.11.2011
40. In dem folgenden Gespräch mit »Horst Wagner« stütze ich mich auf die Aussagen von vier Feuerwehrleuten vor dem zweiten NSU-Untersuchungsausschuss des Landtages von Thüringen am 4.6.2015. Diese Aussagen sind dokumentiert auf meiner Homepage unter: www.schorlau.com/Hand/Materialien
41. Ein solcher oder ein ähnlicher Satz findet sich nicht in den Aussagen der Feuerwehrleute. Aber er ist auch nicht aus der Luft gegriffen.

42. Thomas Richter alias Corelli starb im Zeugenschutzprogramm des Verfassungsschutzes an »einer nicht erkannten Diabetes«. Vergleiche Wikipedia: Ausgestattet mit einer neuen Identität (Thomas Dellig) lebte er zuletzt in einer Wohnung im Paderborner Stadtteil Schloss Neuhaus. Ende März 2014 starb Richter überraschend im Alter von 39 Jahren an einem Zuckerschock. Kurz vor einer geplanten Vernehmung wurde er am 7. April 2014 von seinem Vermieter tot in seiner Wohnung aufgefunden. Der Vermieter hatte auf Betreiben zweier Verfassungsschützer die Tür aufgebrochen. Laut Staatsanwaltschaft litt Richter an einer unentdeckten Diabetes-Erkrankung. Laut *Frankfurter Rundschau* wurde im Laufe des Aprils 2014 der vom Notarzt ausgestellte Totenschein von der Polizei umgeschrieben und ein neuer, rückdatierter Beerdigungsschein ausgestellt. Der ursprünglich auf den Namen Dellig ausgestellte Totenschein und weitere Dokumente wurden vernichtet. https://de.wikipedia.org/wiki/Corelli_(V-Mann)

43. Hierzu Auszug aus: Stenografisches Protokoll – Endgültige Fassung – der 51. Sitzung des 2. Untersuchungsausschusses am Donnerstag, dem 31. Januar 2013, 10.00 Uhr:
»Zeuge Sven Wunderlich [Anmerkung W. S.: Wunderlich suchte als Zielfahnder nach Mundlos, Böhnhardt und Zschäpe]: *Es war ein längeres Gespräch. Hintergrund war im Prinzip, Hinweise zum Aufenthalt seines Sohnes zu erlangen, und andererseits ihn auch zur Mitarbeit zu gewinnen. Insofern in seinem Interesse, dass sein Sohn wieder auftaucht und eben nicht untertauchen muss. Die Bereitschaft wurde signalisiert, aber der Herr Mundlos hat natürlich einige Dinge gesagt, die wir auch – denke ich – da protokolliert haben und auch zur Kenntnis – –*
Clemens Binninger (CDU/CSU): *Wissen Sie noch, was er zu Frau Zschäpe gesagt hat?*
Zeuge Sven Wunderlich: *Ja, er hat also einerseits gesagt, dass er wüsste, dass die Frau Zschäpe eine Quelle des Verfassungsschutzes wäre. (…)*
Clemens Binninger (CDU/CSU): *Wie haben Sie es denn selber bewertet?*
Zeuge Sven Wunderlich: *Ich habe es als sehr glaubwürdig bewertet.*
Clemens Binninger (CDU/CSU): *Warum?*

Zeuge Sven Wunderlich: *Ja, weil es keinen Anlass dafür gab, dass ein Vater, der seinen Sohn sucht und ja in der weiteren Folge sogar vermisst gemeldet hat – – Warum soll er das erfinden? Also, das ist ja alles – – das ist ja zu viel Details der Erfindung: Briefkasten, weißes Blatt Papier, handgeschrieben. Das waren zu viele Informationen. Die Information alleine, sie würde dafür arbeiten, da kann man noch sagen: Gut, das hat er sich ausgedacht. Aber er hat es ja in Details beschrieben.«*

44. Dieses Kapitel beruht auf den Protokollen der Vernehmungen, die die Polizei am Nachmittag des 4. November 2011 und an den Folgetagen bei Nachbarn in der unmittelbaren Nähe des Tatortes durchführte. Diese Vernehmungen sind deshalb von Bedeutung, weil mehrere Nachbarn unabhängig voneinander aussagen, dass das Wohnmobil bereits am Morgen um acht Uhr vor dem Haus stand. Diese Aussagen wurden bei den Ermittlungen bisher nicht angemessen ausgewertet.

45. *»Die Zeugen POK F. Ma. und PHM U. Sel. berichteten, dass sie sich von vorne vorsichtig dem Wohnmobil annäherten. Sie hätten dann am Wohnmobil ein Geräusch wahrgenommen, das sich wie das Verschieben eines Stuhles angehört habe, wenn jemand aufstehe. Unmittelbar darauf sei ein Schuss gefallen, worauf beide sofort auf der anderen Straßenseite in Deckung gegangen seien und Meldung gemacht hätten.«* Abschlussbericht Untersuchungsausschuss Thüringen, 16.7.2014, Seite 1569

46. *»Auf Nachfrage nach den Schüssen gaben beide Zeugen an, dass es sich definitiv um drei Schüsse und nicht etwa nur um ›Knallgeräusche‹ gehandelt habe. Es sei auszuschließen, dass ein derartiges Geräusch etwa durch berstende Fenster des Wohnmobils entstanden sei, denn Plexiglasfenster würden bei einem Brand allenfalls schmelzen, nicht aber bersten. Die Glasfrontscheibe der Fahrerkabine sei unversehrt gewesen. Der Zeuge PHM U. Sel. gab an, sie hätten beobachtet, dass zeitgleich mit dem dritten Schuss ein Stück Dachisolierung weggeflogen sei. Der Zeuge präzisierte seine Wahrnehmung dahingehend, dass der erste Schuss sich anders als die beiden nachfolgenden angehört habe, er sei kleinkalibriger gewesen. Der Untersuchungsausschuss hat keinen Grund, an der Wahrnehmung der beiden angehörten Zeugen zu zweifeln, welche glaubwürdig von drei Schüssen berichteten.«* Abschlussbericht Untersuchungsausschuss Thüringen, Seite 1569 f.

47. BKA-LKA Vermerk, Erfurt, 21.11.2011
48. BKA-LKA Vermerk, Erfurt, 21.11.2011
49. Protokoll Bundestag Innenausschuss vom 21.11.2011, Seite 6
50. Protokoll Bundestag Innenausschuss vom 21.11.2011, Seite 34
51. Sektionsprotokoll (Uwe Böhnhardt) der Sektion vom 5.11.2011 in der Gerichtsmedizin Jena
52. Sektionsprotokoll (Uwe Mundlos) der Sektion vom 5.11.2011 in der Gerichtsmedizin Jena
53. Protokoll Bundestag Innenausschuss vom 21.11.2011, Seite 34
54. Am 14. Mai 2013 begann im Münchner NSU-Prozess Bundesanwalt Herbert Diemer mit dem Verlesen der Anklageschrift gegen Beate Zschäpe und die mutmaßlichen Helfer der Terrorgruppe »Nationalsozialistischer Untergrund« (NSU), André Eminger, Holger Gerlach, Carsten Schultze und Ralf Wohlleben.
55.

*Spurenfoto: Starterhilfe unter dem Tisch des Campers mit Kabeln zum Tisch*

56. Asservatenliste der Tatortgruppe
57. Siehe: Bedienungsanleitung der *Cartrend*-Starterhilfe *Power Station Super Plus*
58. Wir haben die Geräusche dieses Gerätes in unterschiedlichen Situationen aufgenommen. Der Kompressor liefert tatsächlich einen Ton, den man auf einige Entfernung mit dem Rücken von Stühlen verwechseln kann. Diesen Ton kann der interessierte Leser auf meiner Website unter www.schorlau.com/Hand/Materialien nachhören und überprüfen.
59. Am zwölften Tag. Denglers siebter Fall. Köln 2013
60. BKA-LKA Vermerk vom 21.11.2011
61. Brandgutachten des LKA Baden-Württemberg zum Wohnmobil, Untersuchungsbericht vom 5.12.2011
62.

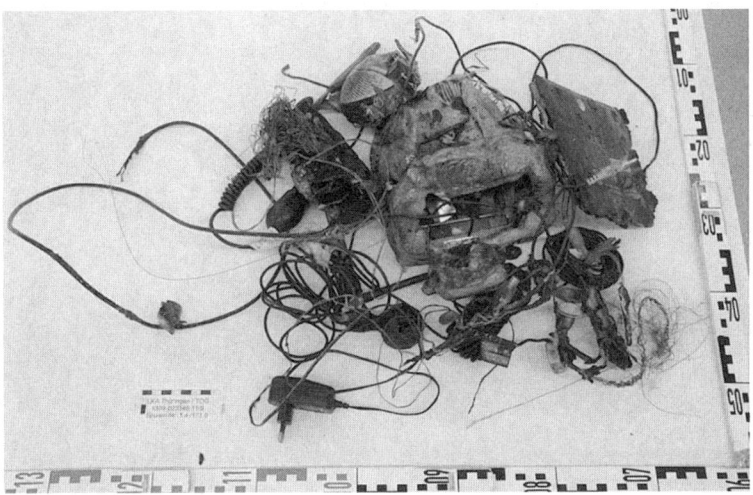

*Spur: verschmorte Reste mit elektronischen Bauteilen*

63. Das Brandgutachten des LKA Baden-Württemberg kommt zu folgendem Ergebnis:
»Im Brandausbruchsbereich auf der hinteren Sitzbank in Fahrtrichtung links befanden sich keine technischen Einrichtungen, die den Brand hätten verursachen können. In Anbetracht der bekannten Situation muss auch nicht davon ausgegangen werden, dass in

Anwesenheit der Personen ein nicht zu löschender Brand aus einem technischen Grund ausgebrochen wäre.

Als Brandursache muss daher von einer absichtlichen Inbrandsetzung eines nicht näher identifizierbaren Gegenstandes, welcher sich auf oder vielleicht über der Sitzfläche an der Wand hängend befand, durch einen der Anwesenden ausgegangen werden.

Die dabei entstehenden Heißgase strömten nach oben ab, sammelten sich unter dem Dach des Wohnmobils als Heißgasschicht und führten zum Abschmelzen der Kunststoffverkleidung bzw. zur Entflammung entzündbarer Materialien in den dachnahen Bereichen.«

64. Brandgutachten des LKA Baden-Württemberg zum Wohnmobil, Untersuchungsbericht vom 5.12.2011

65.

*Gasknöpfe am Herd des Wohnmobils: Es ist gut zu erkennen, dass der obere und der untere Gasknopf auf »geöffnet« gedreht sind. Nur der mittlere Knopf steht auf »Null«. Liegt auf diesen Knöpfen ein Gewicht, tritt Gas aus den Kochstellen aus.*

66.

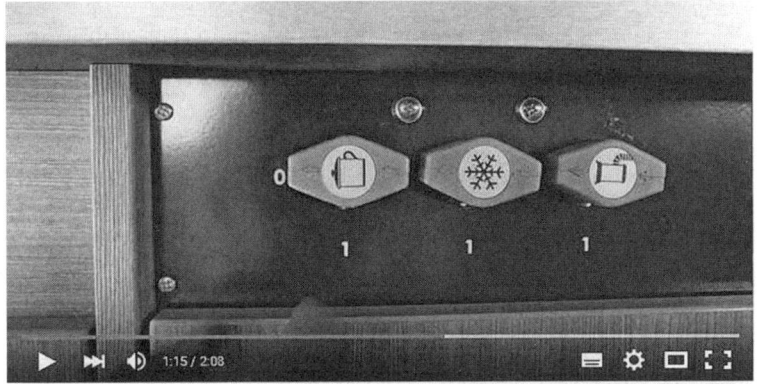

## Sunlight Ratgeberfilme // Reisemobil // Gas & Gasflaschen

Sunlight Ratgeberfilme // Reisemobil // Gas & Gasflaschen

Sunlight GmbH

*So sahen die in dem Fiat-Sunlight-Wohnmobil angebrachten geschlossenen Gas-Absperrventile im Original aus. – Quelle: https://www.youtube.com/watch?v=U0i-TJoMA4w*

67.

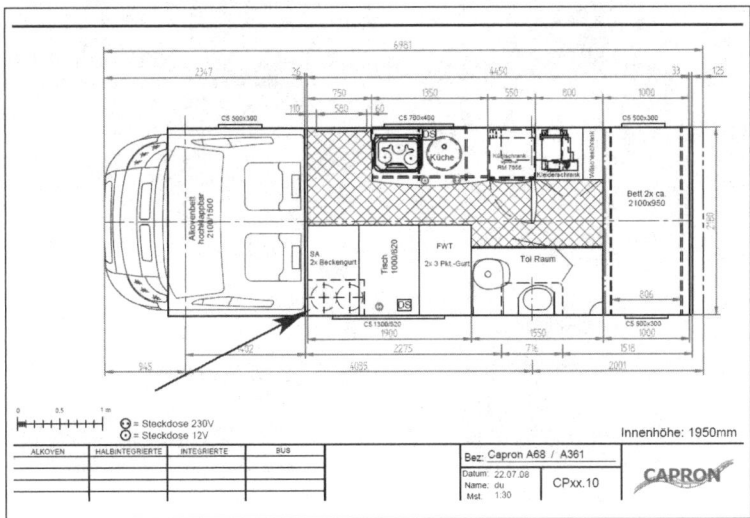

*Positionsplan der Gasflaschen im Camper, rechts neben der Fahrertür*

68.

*Bild des brennenden Wohnmobils*

69.

*Der Herd des Wohnmobils nach dem Brand. Die Hauptabsperrschalter stehen senkrecht; das heißt: Sie sind offen.*

70.

*Der Revolver, der hier auf dem Herd gefunden wurde, kann mit rund einem Kilogramm Gewicht Gasknöpfe gedrückt halten.*

71. Privates Wortprotokoll der Sitzung des Thüringer Untersuchungsausschusses vom 31. März 2014; von mir leicht gekürzt und grammatikalisch korrigiert.

72. Polizeilicher Einsatzverlaufsbericht »Bergung« vom 7.11.2011

73.

*Auffindesituation der Waffe Kiesewetter, Pistole HK P2000 im Brandschutt*

# Weitere Titel von Wolfgang Schorlau bei Kiepenheuer & Witsch

Die blaue Liste.
Denglers erster Fall.
Taschenbuch.
Verfügbar auch als Book

Das dunkle Schweigen.
Denglers zweiter Fall.
Taschenbuch.
Verfügbar auch als Book

Fremde Wasser.
Denglers dritter Fall.
Taschenbuch.
Verfügbar auch als Book

Brennende Kälte.
Denglers vierter Fall.
Taschenbuch.
Verfügbar auch als Book

Das München-Komplott.
Denglers fünfter Fall.
Taschenbuch.
Verfügbar auch als Book

Die letzte Flucht.
Denglers sechster Fall.
Taschenbuch.
Verfügbar auch als Book

Am zwölften Tag.
Denglers siebter Fall.
Taschenbuch.
Verfügbar auch als Book

Rebellen.
Roman. Taschenbuch.
Verfügbar auch als Book